흘러들의 아서제리 같은 관리회

류종형의
사상체질 실전
심리학

류종형 지음

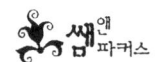 쌤앤파커스

류종형의 사상체질 실전 심리학

2017년 3월 30일 초판 1쇄 발행
2017년 5월 8일 초판 4쇄 발행

지은이 류종형

펴낸이 정해종   **펴낸곳** 박하
출판신고 2016년 5월 20일 제406-2016-000066호   **주소** 경기도 파주시 회동길 337-16 3층
전화 031-955-9912, 9913   **팩스** 031-955-9914
이메일 bakha@bakha.kr   **페이스북** bakhabooks

책임편집 이기웅, 김새미나   **마케팅** 심규완, 김명래, 권금숙, 양봉호,
경영지원 김현우, 강신우   최의범, 임지윤, 조히라
해외기획 우정민

© 류종형 (저작권자와 맺은 특약에 따라 검인을 생략합니다)

ISBN 979-11-87798-08-8 (03320)

저자의 말

　프로이트가 무의식의 비밀을 풀기 위해 무의식이 의식화된 '꿈'을 연구했던 것처럼, 저 역시 오랫동안 사상체질을 통해 무의식을 연구해왔습니다. 프로이트가 '꿈'을 무의식과 의식의 통로라고 생각했다면, 저는 우리 인간이 갖고 있는 무의식 세계가 '몸'에 내재되어 있다고 생각한 것이지요. 몸의 심리를 풀어내기 위해 사상체질을 통해 무의식의 좁은 문을 열어보고자 했습니다.

　그렇게 연구를 하면서 현대 사회에 사용되고 있는 심리 진단의 도구가 서양의 것을 기반으로 하고 있다는 것을 알게 되었습니다. 서양에서는 인간의 심리를 분석하기 위해 인간의 행동, 즉 의식의 영역에서 일어나는 부분을 바탕으로 진단을 내립니다. 심리분석 검사뿐만 아니라 성격유형 검사 역시 의식의 영역만을 주로 다룹니다. 우리 인간의 행동 이면에 크고 작은 영향을 미치는 것은 무의식의 세계인데, 이를 진단하는 검사가 존재하지 않는 것입니다. 그래서 저는 인간의 의식과 무의식, 그리고 성격유형이 어떤 관련성을 가지는지를 규명하고자 노력해왔습니다.

성격유형을 만드는 의식, 그리고 그 의식의 저변에 있는 무의식에 대한 연구의 끝에 다다르게 된 것이 바로 '사상체질 심리학'입니다. 이제마를 포함하여 과거에 사상의학을 연구한 사람들 또한 체질별로 정형화된 성격유형을 제시한 것은 사실입니다. 하지만 기존의 사상의학만으로는 복잡다변화된 사회에서 살아가는 우리에게 적용하기에 부족한 점이 많다는 걸 뼈저리게 느꼈습니다. 그리하여 저는 '사상체질 의학'을 '심리학'과 연결시켜 많은 사람들이 무의식의 세계를 폭넓게 이해할 수 있도록 재정립하였습니다.

이 책은 사상체질 심리학을 기반으로 쓴 자기계발서이자, 인간관계서입니다. 내면적으로는 의지와 열정, 지속가능한 힘을 갖고 있음에도 불구하고 자아실현에 지속적으로 실패하는 분들이 스스로 방향과 의지를 찾을 수 있도록 돕고, 외면적으로는 우리의 말과 행동에 감춰진 의식과 무의식의 단서를 통해 인간관계에 활용할 수 있는 실제적인 소통법을 제시하고 있습니다.

저는 이 책을 통해 독자들이 자신의 행동에 영향을 미치는 근원적인 메커니즘을 이해하고, 은밀하게 감춰진 채 억눌려온 무의식을 성공적으로 의식화시킴으로써 건강하고 행복한 삶을 살기를 바랍니다.

이 책은 사상체질 심리학을 바탕으로 독자들이 본인의 체질 유형을 직접 진단해보고, 유형에 따라 자신과 타인이 어떻게 다른지를 쉽게 받아들일 수 있도록 설명했습니다. 특히 우리가 주변에서 쉽게 마주하는 관계 속의 해프닝들이 왜 패턴화되는지를 규명하고, 더 나아가 행동양식의 변화가 어떻게 우리의 삶을 변화시키는지 진지하게 다루고 있습니다.

인간의 성격은 생물학적이고 유전적이며 사회문화적인 환경에 따라 각자가 다르게 발전할 수 있습니다. 그렇기에 어떤 성격이든 틀린 것이 아니라 다른 것이라는 깨달음을 이 책을 통해 얻게 되기를, 자신과 인간관계에 대한 이해의 폭을 넓힐 수 있기를 기대합니다.

다만 한 가지 당부를 드리자면, 이 책이 이론적 타당성 여부를 놓고 쟁점이 되지는 않기를 바랍니다. 기존에 갖고 있던 고정관념을 조금은 내려놓고 그저 재미있게 편안한 마음으로 읽어주시길 바랍니다.

저는 지난 18년 동안 수많은 산업현장에서 7,000회 이상 사상체질 강연을 해왔고, 대략 30만 명의 교육생분들을 만났습니다. 한 분 한 분을 일일이 기억하지는 못하지만, 제 강의를 듣고 때로 기쁨의 눈물을 흘리고 때로 환한 웃음꽃을 피웠던 여러분들을 결코 잊지 못합니다. 무엇보다 제 사상체질 강의를 듣고 매서운 비판과 피드백을 스스럼없이 해주신 분들께 더할 나위 없는 감사의 인사를 올립니다. 그러한 과정을 거친 고민이 없었다면 이 책은 분명 출간되지 못했을 것입니다.

오랜 세월 동안 사상체질 심리학에 관심을 갖고 의뢰해주신 기업체 경영자분들과 교육담당자분들, 그리고 사상체질을 배우고자 정규과정에 참여해주시고 아낌없는 조언과 질책을 해주신 모든 분들께도 다시 한 번 감사의 말씀을 전합니다.

차례

1

사상체질, 넌 도대체 뭐냐?

"이놈의 회사, 더럽고 치사해서
내가 때려치우고 만다!"

　　무역회사에 다니고 있는 40대 중반 태양석 차장. 오늘도 업무시간보다 일찍 사무실에 도착했다. 태양석 차장이 일찍 출근하는 이유는 회사 식당에서 밥을 먹기 위해서다. 태양석 차장의 꿈은 이 회사의 사장이 되는 것이다. 미혼인 그는 이성에 관심이 없고 누구보다 열심히 돈을 쫓는다. 결혼을 안 한 이유는, 누군가와 돈을 나누어 쓰는 게 싫기 때문이다. 태양석 차장에게 돈은 무엇보다 중요하다.

　　그다음 출근한 사람은 30대 중반 소음혁 대리다. 소음혁 대리는 스물한 살 대학 때 캠퍼스커플이었던 첫사랑을 잊지 못하여 결국 현재까지 미혼이다. 회사 일도 성실히 하며 야간대학원에 다닌다. 오늘도 아침 일찍 일어나 영어학원에서 수업을 듣고 출근하는 길이다. 출근하자마자 책상을 한번 닦고 그날 스케줄을 꼼꼼히 체크한다. 부하직원인 태음희 사원이 해야 할 일, 상사인 소양진 과장에게 보고해야 할 일을 다시 한 번 확인한다. 수시로 태음희 사원을 단속하는 일도 중요한 일과 중 하나다.

20대 후반의 태음희 사원은 지각이 일상이다. 시계 알람을 맞추는 것도 늘 잊으며 아침잠도 많다. 남편이 지금 지방에 내려가 있어서 주말부부로 지내기 때문에 아침에 깨우는 사람이 없어 지각이 더 잦다. 그런데도 늦게 출근하는 마당에 주위 사람들을 챙기느라 경비 아저씨, 청소 아주머니, 옆 사무실 직원까지 인사하고 이야기를 하다가 더 늦기도 한다.

아침 9시 회의 시간.

"태음희 씨는 왜 이렇게 늦는 거야? 회의 전에 커피 좀 갖다놔야 될 거 아니야?"

짜증스럽게 얘기하는 40대 초반인 소양진 과장. 천하의 바람둥이로 외모와 스타일은 거의 연예인 수준이다. 늘 다른 여자와의 스캔들이 끊이지 않는다. 현재 아내가 세 번째라는 소문까지 돈다. 본인 입으로는 재혼이라고 하지만 그 말을 믿는 사람은 드물다. 여직원들에게 늘 침을 흘리며 작업을 거는 재미로 회사에 다니고 있다. 그럼에도 지금껏 회사에서 버티고 있는 이유는 사장의 조카이기도 하지만 영업에 있어서만큼은 귀신도 울고 갈 귀재이기 때문이다.

"출근은 한 것 같은데 화장실에 간 건지 커피를 타러 간 건지 여튼 조금만 기다려보시죠. 제가 카톡으로 남겨놓을게요."

회사의 든든한 일꾼이며 원칙주의자인 소음혁 대리는 늘 대충 일하면서 월급을 받아가는 상사 소양진 과장과 자주 마찰을 일으킨다. 말이 끝나기 무섭게 태음희 사원이 커피를 들고 들어온다. 회사 앞 커피숍에서 10번 찍은 쿠폰을 주고 커피를 사오느라 더 늦어졌단다. 소음혁 대리는 한마디 하고 싶은 것을 꾹 참지만 튀어 나온 말에 가시가 박혀 있다.

"양반 되기는 글렀네? 태음희 씨 이야기 하고 있었는데."

"저 양반인데요. 아버지가 양반이라고 했어요. 족보도 있어요."

태음희 사원이 천연덕스럽게 대답한다. 눈치라고는 병아리 눈곱만큼도 없다. 언젠가는 농담이라며 이런 말을 한 적도 있다.

"소 대리님이 태 차장님을 좋아해서 병이 나면 상사를 좋아하니까 상사병인가요?"

썰렁한 개그를 하고는 혼자 깔깔대고 웃는 일이 비일비재하다. 태음희 사원 때문에 가뜩이나 신경이 날카로운데 회의가 시작된 지 5분도 되지 않아 중간중간 끼어드는 소양진 과장의 농담에 기어이 소음혁 대리가 발끈한다.

"과장님, 자꾸 그렇게 딴소리 하실 거예요?"

"내가 언제 딴소리를 했어? 이 사람 나만 갖고 그러네. 소 대리는 너무 까다로워. 그게 문제야. 그래서 장가를 못 가는 거야."

"장가 못 간 것과 일하고 무슨 상관이죠?"

서슬 퍼런 소음혁 대리의 말에 소양진 과장은 건성으로 사과하지만 그냥은 못 넘기는 소음혁 대리다. 마지막으로 쐐기를 박는다.

"그게 미안하다는 사람의 말투예요? 늘 과장님은 얼렁뚱땅 넘어가려고 하는데 그렇게 살지 마세요!"

태양석 차장이 나선 덕분에 겨우겨우 회의가 시작된다. 태양석 차장은 속으로 부글부글 끓어오르는 화를 참고 있다. 성질 같아선 한 소리 빽 질러서 소양진 과장을 야단치고 싶지만 억지로 생각을 다른 곳으로 돌린다. 영업팀의 모든 일은 소양진 과장의 손을 거치지 않고서는 진행이 되지 않는다. 사장의 조카인 점도 함부로 할 수 없는 이유다. 자신의 승진에 불똥이 튀지 않도록 적당히 넘어갈 수 있는 일은 넘길 작정이다.

소양진 과장은 남들이 나서기 전에 발표를 시작한다. 프레젠테이션을 좋아해서 상반기 영업실적에 대한 브리핑을 침을 튀기며 한다. 현란한 말투로 본인이 모든 영업실적을 올린 것처럼 떠들어 댄다.

신나게 브리핑을 하는 소양진 과장을 보며 태음희 사원은 '소 과장님은 왜 저렇게 잘생겼지? 일도 너무 잘 하셔'라고 생각하고 있다. 태음희 사원은 직장보다는 교회에 나가서 성가대에서 열심히 노래하고 기도하고 봉사하는 삶을 우선으로 한다. 직장 내에서도 동아리 모임, 청소하는 분들, 경비 아저씨들에게 관심이 많다. 그들의 이야기를 귀담아 잘 듣고 사내 고충 처리방에 올려주기로도 유명하다.

소양진 과장의 현란한 브리핑이 끝나며 회의도 끝났다. 이번

분기 실적이 좋아 사장님의 특별 보너스를 받았기에 오늘 저녁엔 회식을 하기로 했다.

"오늘 아무도 집에 가지 않도록! 사장님의 특별 보너스로 회식을 하기로 했으니 모두 퇴근 시간에 앞에 있는 소고기 집으로 모여!"

태음희 사원은 남편에게 느긋하게 전화를 한다. 소음혁 대리는 선약이 있어서 모임에 갈 수 없다고 태양석 차장에게 말하지만 태양석 차장은 오늘 회식은 전원이 참석해야 한다며 딱 잘라 말한다. 소음혁 대리는 어쩔 수 없이 친구들 모임을 취소한다. 오늘도 일방적인 태양석 차장, 천하태평인 태음희 사원, 옆에 있기도 싫은 소양진 과장 때문에 스트레스만 쌓여간다.

"오늘 소고기 먹고 2차, 3차까지 가는 거야. 치맥도 먹고, 족발도 먹고 노래방, 나이트까지 콜!"

"과장님! 멋져요. 오늘 끝까지 달려봐요!"

한술 더 뜨는 소양진 과장과 태음희 사원을 보고 소음혁 대리는 절이 싫으면 중이 떠나야 한다는 생각을 곱씹는다. 이놈의 직장 곧 때려치운다며 한없이 혼자 푸념을 늘어놓는다. 하지만 늘 꾹 참고 자기 자리로 돌아와서 일하는 소음혁 대리.

'누가 그렇게 살라고 했나? 그렇게 생겨 먹은 거지.'

누군가는 이렇게 생각할지도 모르겠다. 그러나 회의가 끝나자마자 모든 일을 정리하고 회사 업무를 처리하는 것은 소음혁 대리뿐이다. 소양진 과장은 회사 근처에 있는 사우나에 가서 땀을 뺀후 회식장소로 바로 이동할 예정이다. 태음희 사원은 사내 사원급

단톡방에서 새로 들어온 신입사원에게 힘든 점이 없는지 회사생활은 어떤지 상담해주며 다독인다. 태양석 차장은 회의가 끝난 후 지하 헬스장에서 회식 전까지 운동을 하고 있다.

1 사상체질을 알면 세상이 보인다

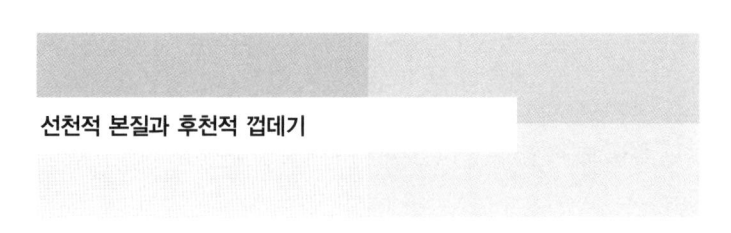

선천적 본질과 후천적 껍데기

'이놈의 직장 당장 때려치워야지!'

분하고 속상한 마음을 꾹꾹 눌러 참으며 사무실 책상 앞에 앉아 일을 하는 소 대리의 모습에 십분 공감이 가는 분들, 계시죠? 무서워서가 아니라 더러워서 참는다는 말은 나를 위해 존재하는 것 같습니다.

모든 게 빠르게 돌아가는 세상입니다. 나만 자꾸 소외되고, 도

태되는 것 같습니다. 시간이 지나면 지날수록 더 빠른 것이 만들어지고 눈에 띄고 잘난 사람만 부각되지 않나요? 너도 나도 뒤질세라 부지런히 달리며 어딘가로 향해갑니다. 그러다 문득 자신에게 묻습니다.

'나는 누구지? 왜 이렇게 살아가고 있지?'

누군가는 이런 질문 앞에 당황스러워하다가 곧장 다시 생활전선에 뛰어듭니다. 어떤 사람은 고민하며 잠시 멈춰 섭니다. 자신이 느끼는 본질과 생존을 위해 쓰고 살아가는 가면(껍데기)이 다른 까닭이지요. 앞의 이야기에 등장하는 네 인물 중 태 차장은 자신의 성공을 위해서 가면을 쓰고 자신의 본질을 억누르며 살아가는 사람입니다. 반면에 세상에 타협하지 않으려는 소 대리는 자신의 타고난 모습을 지키려고 합니다.

보통 우리는 인생을 살아가면서 태 차장의 모습일 때가 많습니다. 그렇게 세월을 살다보면 진짜 내가 누구인지 헷갈릴 때도 있습니다. 타고난 본질과 껍데기는 같은 것일까요, 다른 것일까요? 둘 다 내 모습이겠지만 자세히 들여다보면 둘은 다릅니다.

예를 들어 석유는 쓰임새에 따라 LPG, 경유와 등유, 플라스틱과 합성고무 등 다양한 형태로 바뀌어 사용되지만, 쓰임새로서의 목적을 달성하기 위한 형태만 다를 뿐 본질이 석유라는 것을 부정할 수는 없습니다. 다만 비교적 석유가 본질에 가까워 보이는 것과 달리, 플라스틱은 본질과 멀어져 보인다는 차이가 있을 뿐입니다.

사람도 마찬가지입니다. 누구나 타고난 본질이 있지요. 그런데 사회 속에서 살아가는 동안 사회에서 요구하는 사람이 되어갑니다. 자신의 타고난 모습 외에 또 다른 모습의 가면을 쓰고 세상을 살아가는 것이지요.

　동창회를 한번 상상해볼까요? 동창회에 간다고 결심을 했다면 그 때부터 무엇을 입고 갈지, 어떤 백을 들어야 할지 걱정하기 시작합니다. 오랜만에 만난 친구들은 자동차, 아파트, 아이들의 학업 이야기가 주를 이룰 테니까요. 그러다 보면 은근히 경제적·물질적인 것으로 서열이 드러납니다. 그렇지 않은 사람조차도 왠지 없는 것도 있는 것처럼, 나는 그런 것에 초월한 사람처럼 보이려고 합니다.
　왜냐하면 남들 앞이니까요. 다른 사람 앞에서 주눅 들지 않고, 초라해 보이고 싶지 않은 마음이 있기 때문이죠. 그러다 보면 나도 모르게 나를 포장하게 됩니다. 이게 타고난 내 모습과는 다른 가면이라고 할 수 있습니다. 그럼 가면을 쓰고 살아가는 나는 행복할까요? 제대로 살아가고 있는 걸까요?

　사회가 요구하는 가면을 쓰고 살아가더라도 어려움과 갈등을 겪습니다. 때로는 가면을 쓴 채 살아가는 삶에 피곤함을 느낍니다. 심해지면 스트레스가 마음을 야금야금 파먹게 됩니다. 마음에 병이 들면 당연히 몸에도 병이 깃들게 됩니다. 병증은 얼굴과 신체에 드러나지요.

소음혁 대리는 위장병에 시달리다가 조만간 쓰러질지도 몰라요. 동창회에 가서도 남들이 과시하는 모습에 경멸을 느끼더라도 겉으로는 결코 표현하지 않을 거예요. 친구들과의 좋은 관계를 위해서죠. 대신 속앓이를 하고, 스트레스를 잔뜩 받죠.

하지만 남을 위해 지나치게 참는 것은 건강에 좋지 않습니다. 마음과 몸은 하나로 연결되어 있다는 사실을 명심해야 합니다. 몸의 병을 고치기 위해서는 마음을 함께 들여다봐야 하고, 마음을 제대로 알기 위해서는 자신의 타고난 본성을 알아야 합니다. 자신이 어떻게 생긴 사람인지, 만나면 즐겁고 행복한 사람이 있는 반면 왜 어떤 사람은 만날수록 힘이 들고 아픈지, 갈등과 고민은 어디에서 오는지를 아는 것이 몸과 마음을 치유하는 기본입니다.

건강하고 행복하게 살 수 있는 길을 제시하다

최근 서양의학은 동양의학에 관심이 많습니다. 단순히 질병을 치료한다는 서양의학의 한계에서 벗어나고자 대안을 찾은 것이 동양의학입니다. 선천적으로 타고난 체질의 특징을 바탕으로 음식과 환경 더 나아가 관계까지 고려한 것이 바로 동양의학의 사상체질입니다. 사상의학의 창시자 이제마는 건강하게 잘 살 수 있는 답으로 질병을 치료하는 것을 넘어 그 원인까지 제시했습니다.

사상체질은 인간의 본성을 태양, 태음, 소양, 소음, 네 가지로 바라보는 관점을 가집니다. 앞에 예시를 든 스토리에 등장하는 직장인들은 각 체질을 대변하고 있습니다. 물론 특정 체질에 속하지 않는 경우나, 체질에 관한 설명이 본인과 맞지 않는 경우도 있지요.

하지만 이것은 본질에 관한 문제라기보다 사회와 문화, 종교와 계급 등과 같은 사회구조적인 측면과 동기, 역량, 신념처럼 개인적인 변수에 따라 달라졌을 가능성이 높습니다. 그렇기에 더욱 자신의 타고난 체질이 무엇인지 정확하게 아는 것이 중요합니다. 자신의 타고난 체질을 모른 채 살아간다면 가정에서든 직장에서든 우리는 더 큰 어려움을 겪게 되며 소 대리처럼 '이놈의 직장 때려치워야지'라는 말을 입버릇처럼 하면서 살지도 모릅니다.

그렇다면 어떻게 해야 맘 편하게 살 수 있을까요? 우선 타고난 체질이 무엇인지, 본질을 제대로 알아야 합니다. 그 후에 필요 때문에 만들어 쓴 가면이 무엇인지 파악해야 합니다. 사람은 누구나 타고난 것과 만들어진 것 사이에서 복잡한 심리와 행동 체계를 보입니다. 그 안에서 끊임없는 갈등과 충돌을 겪지요.

"나는 어떻게 살아가고 어떻게 행동해야 할까?"

"이 일이 나와 맞지 않는 것일까?"

"저 사람은 멀쩡해 보이는데 나는 왜 상처를 받을까?"

"기운이 떨어졌을 때 필요한 것은 무엇일까?"

한 번쯤은 이런 질문을 자신에게 던져보셨을 겁니다. 사람은 모두 다르기에 비슷하게 노력해도 능력에 차이가 생기고 사람들 속에서 불편과 갈등을 느낍니다. 과연 이런 문제들은 개인의 의지나 교육으로 바뀔 수 있을까요? 쉽게 해결할 수 있는 방법이 과연 있기나 할까요?

물음에 대한 답은 자신의 체질을 이해하는 데서 시작됩니다. 체질에 따라 마음이 어떻게 움직이는지 알게 되면, 장점을 키우고 약점을 보완해 현재 겪고 있는 문제를 해결할 수 있습니다. 다른 사람과 조화롭게 살아가는 지혜도 얻지요. 더 나아가 어느 한쪽에 치우치지 않고 중용의 미덕을 갖춘 '음양화평인'에 다다를 수 있습니다.

밑져야 본전이니 지금부터 제 말을 한번 잘 들어보고, 즐거운 인생의 전환점으로 삼아보면 어떨까요?

2 사상체질, 아! 이런 거였어

사람은 네 가지 종류다

"아, 저거 내가 하는 말인데. 어! 나도 저렇게 생각하는데."

태 차장(태양), 소 과장(소양), 소 대리(소음), 태 사원(태음)의 모습 속에서 '나'를 발견하지는 않으셨나요? 똑같은 상황인데도 태 사원은 눈치가 없고 별다른 상처도 받지 않는 것처럼 보입니다. 소 과장은 약삭빠른 밉상처럼 굽니다. 소 대리만 끙끙 앓는 것처럼 느껴지지만, 누군가는 소 대리 때문에 짜증 지수 가득입니다.

왜 이렇게 다른 모습과 반응을 보이는 것일까요? 답은 네 명의 친구들의 이름 속에 있습니다. 바로 사상체질이지요. 그럼 사상 체질이란 무엇일까요? 사상은 네 가지 모양, 체질은 몸의 성질을 뜻합니다. 곧 사상체질은 몸의 성질에 따라서 네 가지 모양으로 나눈 것이라고 볼 수 있지요. 양의 기운은 발산하고 생성하는 기운이고, 음의 기운은 수렴하고 응축하는 기운이라고 사상의학에서는 정의합니다.

　완전히 발산하여 발산의 정점에 이르는 기운이 태양이고, 발산을 시작해서 중간점에 해당하는 기운이 소양입니다. 태양을 큰 양, 소양을 반 개짜리 양으로 이해하면 좋습니다. 즉, 양은 기운이 뻗친다고 봐야죠. 기운이 조금 뻗치느냐, 많이 뻗치느냐 차이예요.
　마찬가지로 태음은 큰 음이고, 수렴의 정점에 이른 상태입니다. 소음은 수렴의 시작에서 수렴의 중간 단계까지를 이룹니다. 즉, 음은 기운을 거두어들이는 것입니다. 음인들은 몸과 마음을 자꾸 단속을 하는데 단속이 심한가, 아닌가에 따라 정도 차이가 나는 셈입니다.

　최대한 과학과 연계하여 물리학적으로 접근해보자면 빅뱅현상과 연관지어 설명할 수 있습니다. 예전에 사람들은 우주가 영원하고 움직이지 않는 정적인 상태라고 믿었다지요. 그러나 한 과학자가 우주는 가만히 있지 않고 움직이며 팽창하고 있다는 것을 밝혀냈습니다.

우주니 과학이니 너무 어렵다고요? 조금만 생각해보면 전혀 어렵지 않답니다. 빅뱅현상을 통해 시작되어 팽창하고 뻗어나가는 팽창우주를 양의 기운, 즉 양의 에너지에 비유해봅니다. 쭉쭉 뻗어나가는 기운을 플러스로 본 것이지요.

반면, 팽창해가는 기운에 맞서 저지하고 막아주는 에너지는 음의 기운으로 볼 수 있지요. 수축하고 움츠러드는 기운을 마이너스로 생각해보면 이해가 쉬울 겁니다. 사상체질은 이런 우주의 팽창과 수축의 원리를 사람에게 적용해서 양 체질과 음 체질로 나누고, 더 세분화해 소양 체질, 태양 체질, 소음 체질, 태음 체질로 나눈 것입니다.

이제마는 이와 같은 사상을 인간의 몸에 적용시킬 때 인간 장부의 강약을 기준으로 했습니다. 췌장이 강하고 신장이 약한 소양인, 폐장이 강하고 간장이 약한 태양인, 신장이 강하고 췌장이 약한 소음인, 간장이 강하고 폐장이 약한 태음인으로 말입니다.

즉, 장기의 강약에 따라 나누어서 사상인으로 배치한 것이지요. 그래서 어떤 사람은 찬 음식이 몸에 좋은가 하면 반면에 따뜻한 음식이 몸에 좋은 사람이 있죠. 자신의 장기가 지닌 강함과 약함에 따라 음식도 받아들이는 게 다릅니다. 그러니까 내게 잘 맞는 보양식이 있다고 해서 다른 사람에게도 무조건 권하면 안 됩니다. 그러다가 큰일 날 수 있어요.

인간의 장부를 사상에 배치할 때 또 다른 조건은 실질적으로 보고, 느낄 수 있는 물리적 성질에 근거한 것으로 보입니다. 크게 건, 열, 냉, 습 네 가지의 물리적 성질을 각 체질에 나누어 적용했지요. 폐장을 가장 건조한 장부로 보고 태양장부로, 간장을 가장 습한 장부로 보고 태음장부로, 췌장(위장)을 가장 열이 많은 장부로 보고 소양장부로, 신장을 가장 차가운 장부로 보고 소음장부로 배치했습니다.

여기에서 재미있는 점을 한 가지 발견할 수 있습니다. 각 장기의 특징은 신체적인 특징뿐 아니라 사람의 성격과 연결된다는 것이죠. 예를 들어 폐장이 강한 태양인은 실제로 다른 체질에 비해서 신체적으로는 어깨와 등이 두껍고, 성격은 다정다감함을 찾아보기 힘들 정도로 정서적으로 메말라 있습니다.

다른 체질들도 한 번 살펴볼까요? 습한 기운을 지닌 태음인은 신체적으로는 근육이나 뼈가 무력하며, 성격 또한 느리고 게으른 편입니다. 열 기운을 가진 소양인은 사계절 내내 찬물을 찾고 열을 내는 삼을 먹으면 설사를 합니다. 성격적으로도 주체할 수 없는 열을 발산해야 하기 때문에 밖으로 나돌아다니는 거죠. 찬 기운의 소음인은 어떨까요? 소음인인 저는 늘 따뜻한 것을 찾습니다. 여름에도 내복을 입고 다닐 정도니까요. 성격은 내성적이며 일을 잘 처리하면서도 차가운 구석이 있습니다.

사상체질을 물리적 성질의 특성을 지닌 건, 열, 냉, 습으로 나누고 여기에서 더 나아가서 철학적 배경이 있는 사상철학과 연결한 것은 현상을 다루는 물리학(실용학문)과 본질을 다루는 철학(인문학)과의 거대한 만남이자 예술 작품에 버금갈 만큼 멋진 결과물이라고 생각합니다.

무엇인가 거창하고 어려운 것 같다고요? 사상체질은 배우기 쉽고 재미있습니다. 복잡하고 어려운 것으로 치면 '인간의 마음'만한 게 있을까요. 그래서 만물의 영장인지도 모르겠지만 어쨌든 사람을 설명하는 데 한 가지 이론만으로는 부족한 게 당연하겠죠. 그런데 그 옛날에 '사상체질＋사상철학'이라는 이론으로 인간의 복잡 미묘함을 설명하고 있으니 얼마나 대단한 일입니까.

사상체질이 바로 심리학

저는 이제마가 나눈 물리적 성질의 특성을 바탕으로 하되, 심리적 특성을 유추해 새로운 심리적 분석체계를 만들었습니다. 프로이트와 같은 서양의 분석심리학 이론체계도 연구해서 이제마의 사상체질 의학이론을 사상체질·심리학이론 체계로 재탄생

시킨 것이기도 합니다. 하나 더 덧붙인 셈이라고요? 사람보다 사람의 속은 더 알 수 없지 않습니까? 그러니 속을 들여다봐야지요. 몸과 마음은 연결되어 있으니까요.

체질마다 다른 장부의 차이는 심리의 차이에도 영향을 미칩니다. 장기의 운동량에 따라 양과 음의 차이를 구분하면, 양의 기운을 갖고 있는 폐와 위장은 우리 몸에서 움직임이 많으며 행동이 빠른 장기입니다. 따라서 양인은 행동이 빠르고 외향적인 성격을 갖고 있습니다. 반대로 음의 기운을 갖고 있는 음인은 운동량이 적고 움직임이 작을 뿐 아니라 행동도 느리고 내향적인 성격인 경우가 많습니다.

이런 몸의 다름은 인간의 행동이나 표현으로도 나타납니다. 사람은 살면서 많은 탐험과 탐구를 합니다. 왜냐하면 인간은 혼자서 살아갈 수 없고, 호기심이 많기 때문입니다. 탐험을 좋아하는 사람들은 외부의 문제에 관심이 많고 발산형, 양인(+)으로 외향적인 성향을 띱니다. 도전과 성취를 중요하게 여기고 무질서한 상황에 노출되는 것에도 유연하지요.

태양인과 소양인이 여기에 속합니다. 앞의 이야기에 나왔던 소 과장을 생각해보세요. 외부(특히 노는 것, 여자)에 관심이 많지 않습니까. 작업을 하려면 놀아야죠. 그러니 당연히 활동적일 수밖에 없는 모양입니다.

양인인 태양인과 소양인은 모두 탐험형입니다. 그렇다고 다 즐기는 것에 관심이 많을까요? 아닙니다. 둘은 같은 양인이지만 외부에 관심을 보이는 동기는 완전히 다릅니다. 태양인은 오직 결과를 내기 위해 탐험하기 때문에 구체적이며 사람들을 모아 프로젝트에 착수합니다. 그리고 결과로 자신을 증명하지요. 태 차장을 보면 알 수 있지요? 전형적인 리더형이자 목적지향형입니다.

반면 세상에 대한 궁금증이 많은 소양인은 단순히 호기심 때문에 길을 떠납니다. 탐험이 끝난 후에는 자신이 경험하고 바라본 세상을 연극배우처럼 생생하게 들려줍니다. 소 과장이 다른 사람들 앞에서 보란 듯이 허풍을 곁들여 프레젠테이션을 하는 것을 보세요. 사람들은 소양인의 놀라운 말솜씨에 감탄하고 소양인은 사람들로부터 인정받으며 살아 있다고 느낀다니까요.

이번엔 음인들을 살펴볼까요? 태음인과 소음인은 탐구형입니다. 탐구형은 주로 내부의 문제에 관심을 가집니다. 이들은 수렴형, 음인(-)이며, 내향형입니다. 분석과 통찰을 중요하게 생각하고 안정을 추구하기 때문에 무질서한 상황에 놓이면 굉장히 혼란스러워 합니다. 실제로 발로 뛰면서 세상을 느끼기보다 안정적인 울타리 안에서 내부를 관찰하는 데 힘을 씁니다.

소음인은 태양인과 소양인이 들려주는 이야기들을 토대로 분석을 하고 지도를 만듭니다. 소 대리가 구체적이고 실질적인 모든 일을 도맡아 하고 있지 않습니까. 그들이 지도를 만드는 것은 철저한 이성의 눈으로 세상을 보기 위해서지만 좀 더 안정적인 세상 속에서 살고 싶다는 염원이 지도 제작의 가장 큰 동기입니다.

이와 다르게 태음인은 양인들의 이야기를 문학과 예술로 표현합니다. 그들이 문학과 예술에 집중하는 것은 사람들에게 깨달음을 주기 위해서입니다. 참고로, 태음인이 만들어놓은 작품은 소양인을 통해 생생하게 표현되고, 그들이 또다시 탐험에 몰두하게 하는 계기를 만들지요.

이렇듯 각 체질의 특성은 행동뿐 아니라 심리와도 연결됩니다. 저는 사상체질 심리학을 의식(우리가 알고 있는 부분)과 무의식(우리가 모르는 부분)으로 나누어 접근했습니다.

예를 들어, 소양인의 의식심리는 봄입니다. 봄처럼 즐겁게 노는 마음으로 스스로도 이것을 잘 알고 있지요. 그들의 깊은 내면에는 그들이 알지 못하는 여름과 같은 마음이 작용합니다. 여름처럼 열정을 불태우고 급하고 성취지향적이지요.

스스로 인식하기는 어렵지만 생활습관이나 인생을 바라보는 태도 등에 스며들어 있기에 삶의 지배적인 특징으로 나타납니다. 아마도 지금까지 글을 읽어오다가 '나는 소음인이야'라고 생각했을지도 모르겠습니다. 하지만 내가 아는 게 진실일까요?

무의식심리는 정작 자신은 잘 인식하지 못합니다. 노래도 있지 않습니까? "내가 왜 이러는지 몰라 도대체 왜 이런지 몰라~. 이러는 내가 정말 싫어. 이러는 내가 정말 미워"라고 말입니다. 오히려 곁에서 오랜 시간을 지낸 친구나 가족이 오히려 나를 더 정확하게 알고 있지요.

혹시 친구나 가족이 "넌 너무 차가워"라고 말하지 않던가요? '내가 그런 면이 있나?' 하고 깜짝 놀랄 때가 있다고 해도 너무 놀라지 마세요. 무의식심리는 인생 전반에 걸쳐 장기적으로 드러나는 특징이기 때문에 본인은 눈치채지 못할 수 있습니다.

사상체질 심리학의 이론체계는 바로 이 무의식심리를 집중적으로 다룹니다. 무의식심리는 정신심리학을 넘어선 몸의 심리학입니다. 우리 몸에 배어 있어 삶을 지배하는 것이 몸의 심리학입니다. 뇌를 몸의 일종으로 보고, 마음에서 일어나는 것도 뇌와 연결됐다고 생각한다면 결국 몸에서 모든 것이 일어난다고 해도 과언이 아닙니다. 그렇기에 우리가 몸의 심리를 이해하는 일은 매우 의미 있는 일이라고 생각합니다.

몸의 심리를 다루는 사상체질 심리학의 관점에서 또 하나 중요한 명제를 던져볼까 합니다. 몸을 통해 신체에도 유전되고 심리에도 유전되는 것인데 "신체적 유전보다 더 무서운 것이 심리적 유전이다"라는 명제입니다.

사상체질은 신체적 유전을 넘어서서 심리적 유전이 어떻게 작동하는지 발견하고, 심리적 유전에 얽매이지 않고 넘어서는 방법을 찾아가는 시스템입니다. 태어날 때 어떤 장애가 있어서 마음이 힘든지 탐색하는 도구라고 볼 수 있지요. 정말 내가 왜 이런지 모르는 나를 찾아야 되지 않겠습니까?

그렇기에 사상체질 심리학을 알아야 합니다. 사상체질 심리학은 자신의 삶을 힘들게 하는 원인을 찾아서 해결하고 긍정적 심리 유전자를 찾아서 삶의 질을 한 단계 높이는 데 유용합니다. 나를 아는 것에서 다른 이를 아는 것으로 나아갈 수 있습니다.

그러면 '이러는 내가 정말 싫어, 미워' 따위를 노래하지 않아도 됩니다. 개성이 다른 개인이 세상 속에서 어떻게 살아가고 세상을 어떻게 바라보는지 다양한 패턴을 살펴보는 데도 도움을 받을 수 있기 때문이죠.

사람은 궁극적으로 육체와 정신의 조화를 추구하는 존재입니다. 타고난 체질을 바탕으로 살아가되 지나치게 한쪽으로 치우치지 않아야 건강하고 행복한 삶을 누릴 수 있습니다. 사상체질을 통해 어떻게 하면 행복한 삶에 가까워갈 수 있는지 앞으로의 글에서 살펴볼 것입니다. 그 전에 먼저 사상체질에 대한 몇 가지 오해와 일반적인 생각들을 두루 짚어보고자 합니다.

3 사상체질, 오해는 그만

타고난 것도 바꿀 수 있는 사상체질의 비밀

사상체질의 주요 포인트는 기질입니다. 이미 정해진 채 태어난다는 뜻이지요. 각기 체질이 다른 태 차장, 소 과장, 소 대리, 태 주임도 함께 일하면서 서로 티격태격하잖아요. 다 생긴 대로 살려니 이런 고초를 겪는 거 아닙니까.

하지만 인간에게는 자유의지가 있습니다. 선천적으로 타고난 재능도 있지만 후천적 노력으로 길러지는 습성도 있지요. 그러니 나를 알고 남을 알면 이런 갈등은 작은 노력으로 확실하게 줄일 수 있습니다.

　세계 최고의 축구선수로 알려진 리오넬 메시를 예로 들어볼까요. 그는 축구 천재라 불리는 만큼 대여섯 명 정도는 가볍게 제치는 개인기는 물론 팀플레이에도 능합니다. 축구라는 메커니즘에 완벽하게 동화된 기계처럼 보일 때도 있습니다. 축구를 사랑하는 사람들은 그를 거의 우상시 합니다. 그의 놀라운 운동신경과 빠른 판단은 타고난 재능이기에 결정론적 요인입니다.

　그러나 빛나는 재능도 노력과 훈련이 있었기에 빛을 발했을 겁니다. 그는 사실 어렸을 때 성장 호르몬 결핍증을 앓아서 또래 아이들보다 키가 작았답니다. 열 살 때부터 성장 호르몬 주사를 맞아서 그나마 지금의 키 170센티미터가 되었답니다. 다른 축구 선수들에 비하면 신체적 조건은 불리합니다. 그런 그는 자신의 단점을 노력으로 극복해야 했습니다. 키가 작다고 불평하지 않고 작기 때문에 가질 수 있는 장점을 키웠습니다.

　이런 점에서 재능은 자유의지의 결과라고도 볼 수 있지요. 개인의 재능뿐 아니라 역사까지도 필연적이라고 보는 결정론과 의지에 따라 변한다는 자유의지론은 늘 논쟁의 한가운데 있습니다.

　사상체질은 타고난 기질은 변하지 않는다는 결정론을 기반으로 합니다. 소극적이었던 아이가 대범한 어른으로 바뀌는 일은 드뭅니다. 몇 초 간격으로 태어났지만 성격이 다른 쌍둥이도 있습니다. 그러나 인간은 끊임없이 변하는 존재입니다. 타고난 체질은 정해져 있지만 달라질 가능성 또한 분명히 있습니다.

　서점을 빼곡히 메우고 있는 수많은 책들의 저자들은 시대의 변화에 맞춰 개인 역시 빠르게 변화해야 한다고 강조합니다. 그러나 현실은 정확하게 예측할 수 있는 수학이 아닙니다. 변화의 역설逆說은 바로 여기에서 생깁니다. 시대가 원하는 것에 맞춰 빠르게 변화하기만을 바라다보면 탈이 나게 마련이지요. 만약 변화는 바라지만 방향과 원칙이 명확하지 않으면 어떻게 될까요? 방향과 원칙 없이 변해야 한다는 강박에 사로잡히게 되면요? 그것과 관련된 흥미로운 이야기가 하나 있습니다.

　폭설로 행방불명되었던 독일인 등산가가 알프스 산에서 기적적으로 구조된 일이 있었습니다. 길을 잃은 지 13일 만이었습니다. 그는 산 아래로 내려오기 위해 매일 12시간씩 필사적으로 걸었습니다. 하지만 처음 길을 잃었던 장소에서 고작 반경 6킬로미터 안에서 빙빙 돌았던 것으로 밝혀졌습니다.

　누구라도 눈을 가리고 걸으면 한 방향으로 똑바로 걷기 힘듭니다. 일직선으로 목표를 세운 후 눈을 가리고 20미터를 걷게 하면 목표지점에서 좌측으로 4미터쯤 벗어나게 되는데 이것을 독일어로 링 반데룽Ring Wanderung, 윤형방황이라고 합니다.

한번 상상의 나래를 펴볼까요? 기세 좋게 알프스에 올랐는데 갑자기 폭설이 쏟아집니다. 사고로 나침반마저 잃어버렸습니다. 눈은 그칠 것 같지 않고 기상악화로 북극성도 보이지 않습니다. 만약, 실종자가 당신이라면 어떻게 행동했을 것 같나요?

윤형방황은 외부의 불확실한 변화에 적극적으로 대응하는 방식만으로는 답을 찾기는 어렵다는 것을 알려줍니다. 같은 장소만 빙빙 돌 위험이 크지요. 이때는 외부에 반응하는 것을 멈추고 자신 안에 있는 지혜에 귀를 기울여야 합니다.

자식들을 키울 때도 이런 경험을 해보셨을 겁니다. 다른 사람의 말을 듣고 우리 아이들에게도 그렇게 했는데 우리 아이들에게는 맞지 않는 경우 말입니다. 그럴 때 우리 아이가 어떤 아이인지 생각해보고, 그 아이에 대한 반응과 해답은 부모 자신이 결정해야 합니다. 이처럼 우리가 일상에서 겪는 문제의 중심에는 자신이 어떤 사람인지 이해하지 못해서 복잡해지는 경우가 많습니다.

우리의 일상을 생각해볼까요? 다양한 스펙을 쌓고, 연봉을 높이고, 전문역량을 높이고, 인맥을 확장해가기에 바쁘진 않나요? 마음의 목소리에 귀를 기울이기보다 바깥의 성공만 추구하면서 살아오진 않았나요?

장기와 바둑을 예로 들어보겠습니다. 장기는 시간에 따라 무질서해지는 게임입니다. 초반의 질서 체계를 얼마나 잘 갖추었느냐에 따라 중후반 싸움의 승패가 결정됩니다. 한 수에 의한 외통이

가능하기 때문에 행마의 의존성과 직관이 중요하지요. 반면, 바둑은 초반이 가장 무질서하고, 점차 질서를 찾아가는 게임입니다. 시간이 흐를수록 형태가 갖춰지면서 수읽기와 계산 싸움이 시작됩니다.

앞서 언급한 우리의 삶은 주로 장기에서 행마의 공수 능력을 높이는 것과 관련이 깊습니다. 사회에서의 성공은 주로 이것에 집중할 때 가까워지는 듯합니다. 그러나 이 판이 바둑이라면, 무질서의 영역을 어떻게 질서의 영역으로 만드는가가 중요해집니다.

사람에 따라 다를 수도 있지만 대체로 우리가 느끼는 행복감은 혼란스러운 무질서가 예측할 수 있는 질서가 되기 시작할 때 싹을 틔우지요. 아이들도 긴 시간 키우다보면 '이 아이는 이렇지, 이럴 때는 이렇게 해야 하지' 하며 하나의 질서를 찾아가는 것을 느끼게 됩니다. 그때 자녀와의 갈등은 줄어들고 서로 평안하고 행복한 삶을 누리게 되죠.

지금까지 불확실한 가운데 게임을 하듯 살아오진 않았나요? 성공이라는 목표만 보고 달려오진 않았나요? 내가 누구인지, 인생에서 가장 중요한 가치가 무엇인지 알지 못한 채 남들이 가리키는 길을 따라 오진 않았나요? 나는 긍정적인 사람이니 어떠한 상황에서도 화를 내거나 낙담하면 안 된다고 하루에도 몇 번씩 다짐하진 않았나요? 만약 그랬다면 잠깐 멈춰보는 것은 어떨까요.

안정적으로 계속 행복할 수 있게 해주는 사상체질

그 어떤 사람도 혼자서는 살 수 없습니다. 그러나 항상 남의 눈을 의식하고 살아갈 수도 없지요. 우리는 각자 사회 속에서 조화롭게 살아가면서도 자신의 개성을 드러내야 행복합니다. 둘 중 어느 한쪽만 중요하다고 할 수는 없지요.

사상체질을 이야기할 때 한 가지 체질로만 몰고 가거나 나는 어떤 체질이니 어떠해야 한다는 선입견에 갇히지 않기를 바랍니다. 중요한 것은 우리가 체질을 통해 원하는 것을 어떻게 이뤄나갈 것인지, 어떤 삶을 살아갈 것인지 생각하는 일입니다.

한 가지 기억해야 할 것은 기존의 사상체질에 나오는 유형이 현상에서는 잘 안 맞는 경우가 있다는 것입니다. 사상체질 자체가 철학에서 왔기 때문인데 이론을 먼저 정리하고 나중에 현실에 맞추려다보니 차이가 생길 수밖에요. 또 한 가지 이유는 시대가 변하면서 몸이 달라졌기 때문입니다. 환경이 변하고 먹는 것이 좋아지면서 체형이 변했습니다.

처음 이제마 선생이 이 이론을 만들 때 나타났던 체질별, 체형적인 특징과는 많이 달라진 것이지요. 실제 제가 만났던 수많은 임상 경험으로 보면 소양인은 몸의 근육이 발달되어 다부지고, 소음인은 약하고 말랐으며, 태음인은 둔하고 살이 찌고, 태양인은 빨라 보이는 특징을 지니고 있어 처음 만들어질 때의 이론과는 조금 차이가 있었습니다.

　인간의 유형을 몇 가지로 나눈다는 것 자체가 의미 없는 일이라고 생각하는 분들도 분명 계실 겁니다. 거듭 말씀드리지만, 사상체질을 공부하는 이유는 자신이 정확하게 어떤 체질인가를 증명하기 위해서가 아닙니다. 사상체질은 승리를 거머쥐기 위한 전략이라기보다 각자에게 부여된 특별한 성향을 자신만의 방식으로 완성시키는 자아실현법입니다. 자신에 대한 이해를 바탕으로 세상과 좀 더 자유롭고 풍요롭게 공존하기 위한 인간관계백서인 셈이지요.

　그렇기에 우리는 자신과 자신을 둘러싼 사회 속에서 일어나는 일들에 대해 지속적으로 성찰하며 의미를 찾는 습관을 가져야 합니다. 사상체질을 통해 자기다움을 끌어낼 수 있다면 행복의 문을 활짝 열 수 있는 황금열쇠를 손에 쥐고 있는 것과 같으니까요.

4 사상체질은 삶에 어떻게 도움이 되는가?

나의 장점을 부각시켜 잘하는 일을 찾고 계속 잘하게 한다

"뱁새가 황새 따라가다 가랑이 찢어진다"라는 말 아시지요? '뱁새'는 우리나라에 흔히 있는 텃새인데 몸 전체가 13센티미터고 다리가 매우 짧습니다. 그에 비해 '황새'는 몸이 112센티미터니 다리도 깁니다.

뱁새가 황새를 따라 걷는다고 생각해보세요. 다리를 넓게 벌리다가 가랑이가 찢어질 수밖에 없겠지요. 이 속담은 자기의 능력

은 생각하지 않고 남을 따라 하다가 피해를 입을 수도 있다는 뜻입니다. 자신의 한계를 알고 분수를 지키라 이겁니다. 왠지 나를 우습게 보는 것 같아 기분 나쁘다고요? 자신을 알고 분수에 맞게 살아가는 건 어떤 걸까요? 저는 생긴 대로 놀라는 것이라고 말씀드리고 싶네요.

　주변에 보면 맨날 노는 것 같은데 일에 있어서도 늘 성과가 좋은 사람이 있습니다. 누군가는 부러움의 눈길을 보내고 누군가는 그 사람을 모델로 삼아 말과 행동을 따라 하기도 합니다. 그러나 기준을 만들어 똑같이 흉내 낸다고 한들 내가 그 사람처럼 될 수는 없습니다. 사람마다 경험과 생각이 다를 수밖에 없으니까요.

　그렇다면 남을 무작정 따라 하기보다 자신이 타고난 장점을 잘 살려 하고 싶은 대로 하는 게 낫지 않을까요? 자신의 체질을 이용해서 크게 성공했던 한 사람의 이야기를 자세하게 들려드리겠습니다. 그 포인트가 무엇이었는지 같이 생각해볼까요?

　그는 로큰롤과 맥주를 좋아했고, 가본 나라를 두 손으로 꼽는 게 힘들 정도로 방랑벽이 있었습니다. 한곳에 오래 있지 못하는 성향 때문에 히피 생활을 했던 소양인이었지요. 산을 사랑해서 전문 등반가들도 평생 목표로 삼을 법한 에베레스트, 칸첸중가에도 올랐으니 얼마나 많은 산을 다녔는지 짐작하고도 남을 겁니다.

　한자리에 가만히 있지 못하고, 놀기 좋아했던 기질을 지녔던

이 사람은 잔스포츠의 창립자 스킵 요웰Skip Yowell 입니다. 그는 산에 다니다가 단지 자신이 쓰기 위해 가방과 텐트를 만들었습니다. 노는 것을 즐기기 위해 생각한 아이디어가 비즈니스로 이어진 것이지요.

가방의 종류가 많지 않았던 시절이었기에 산행이나 여행 등 목적과 용도에 맞는 가방을 만들기로 하고 사촌과 여자 친구와 함께 삼촌이 운영하던 정비소 구석에서 시작했습니다. 처음엔 개인의 체험을 통해 만들어진 물품들이었지만 지금은 '아웃도어'라고 불리며 호평 속에 판매되고 있습니다.

스킵 요웰은 자신의 체질을 잘 알았고, 성향대로 잘 놀았습니다. 함께 간 친구들과 누가 가장 먼저 산을 오르는지 내기하며 즐기기도 했지요.

"비즈니스는 어떻게든 삶과 연관되어 있는 것 같아요. 저에겐 잔스포츠가 그랬습니다. 직접 물건을 쓰지 않고서는 자신 있게 팔 수 없었죠. 리테일러들과의 산행 행사는 함께 등반을 하는 아웃도어 모험인 동시에 더 나은 비즈니스를 위한 준비과정이었던 것 같아요."

인터뷰를 보면 자신이 좋아하는 삶과 비즈니스가 어떻게 연결되어 선순환이 될 수 있는지 알 수 있습니다. 스킵 요웰이 비즈니스에서 성공할 수 있었던 것은 자신의 성향과 좋아하는 일을 잘 알고 있었기 때문입니다. 자신의 체질을 잘 알면 스킵 요웰처럼 인생에서 성공을 거두는 법을 발견할 수 있는 가능성이 높아집니다.

부족한 점을 개선해서 타인과 협력하게 한다

자기 체질을 알게 되면 부족한 점을 보완할 수 있습니다. 예를 들어, 태양인은 자신의 일에만 관심이 있고 남의 일에는 개의치 않습니다. 본인은 괜찮지만 주변 사람들은 스트레스를 받고 그와 일하는 것 자체를 힘들어 하지요.

그렇기에 태양인이 성장하기 위해선 자신만의 독단에서 벗어나 주위와 조화를 이루어야 합니다.

태음인은 눈치 없이 굴어서 주변 사람들로부터 이만저만 스트레스를 받는 게 아닐 겁니다. 그럼 갖은 구박을 다 받는 태음인은 어떻게 하면 좋을까요? 자신의 내면을 풀어낼 수 있도록 메모하는 습관을 기르는 것을 추천합니다.

소양인은 한 가지 일에 집중하기 힘든 체질임을 인식하고, 한 번에 여러 가지 일을 할 수 있다는 시선으로 바라보는 게 중요합니다. 소양인은 즐거운 일만 하고 싶어 하죠. 일은 제대로 안 하는 사람처럼 보이니 소음인과 갈등이 깊어지기도 합니다.

소음인은 사람 만나는 것을 부담스러워하고 속으로 부정적인 감정을 쌓아두는 경향이 큽니다. 그래서 매사 혼자 끙끙 앓는 일이 많지요. 세상 고민은 혼자 다 짊어지니 얼굴로 '나는 왜 이럴

까' 노래가 저절로 18번이 됩니다.

자신의 체질을 이해했다면 다른 체질에 대해서도 공부해야 합니다. 함께 일하는 사람들의 체질을 이해하면 파트너로 일할 때 아주 유용하지요. 태양인과 소음인이 어떻게 조화를 이룰 수 있는지, 소양인과 태양인은 어떻게 일을 해야 하는지, 태음인과 태양인이 어떤 방식으로 일하면 시너지 효과를 낼 수 있는지 적절한 대응책을 마련할 수 있을 겁니다.

사상체질은 단순히 부족한 점을 보완하는 방법론에만 그치지 않습니다. 관계 속에서 편안함을 느끼고 자유와 행복을 누리게 합니다. 세상을 깊이 있게 바라보게 되어 의미 있는 삶에 한 발자국 다가서게 됩니다. 앞으로 이어질 두 번째 장에서는 각자 어떤 체질에 해당하는지 본격적으로 살펴보도록 하겠습니다.

2

체질을 아는 힘, 나를 아는 힘

"어장관리 할까? 말까?"

    최소양, 김태양, 정소음, 박태음 친구 네 명이 모였다. 유명 셰프가 한다는 레스토랑에서 식사를 하던 중 한 친구가 연애 이야기를 꺼냈다. 모두 귀가 쫑긋하다. 그렇잖아도 음식을 서빙해준 아르바이트생이 잘생겼다는 얘기를 침을 튀겨가며 하던 중이었다.

  "너희 요즘 어장관리 하니?"

  "어장관리가 뭐야? 너 물고기 키웠어? 언제부터?"

  "어장관리도 몰라? 어·장·관·리! 남자친구 관리하는 거 말이야."

  어장관리라는 말을 이해하지 못하고 엉뚱한 소리를 하는 박태음에게 김태양이 버럭 화를 냈다.

  "어장관리라니? 여러 물고기 관리하다가 다 놓치는 수가 있어."

정소음은 말을 꺼낸 최소양에게 핀잔을 주듯 이야기한다. 최소양은 '넌 여전하구나. 너랑 나랑은 정말 안 맞아'라는 말이 목구멍까지 차오른다. 하지만 그 말을 꾹 눌러 참고 이야기 했다.

"나 혼자 잘 먹고 잘 살려고 하는 게 아니야. 너희들에게 분양도 하고 맛있는 것도 사주고 크게 한번 쏘려고 하는 거야."

"애, 세상에 공짜가 어딨니? 내가 아는 친구 하나는 돈 많은 집에 시집가서 인간적인 대우도 못 받고 고생만 작살나게 하다가 이혼하고 정신과 치료받고 있대. 거기다 알코올 중독 증세까지 있단다. 공짜 좋아하지 마. 내가 노력한 만큼 얻는 거지."

정소음은 또 한 번 토를 단다.

"좋은 데 시집가서 왜 이혼 당했대? 남편이 바람피웠나? 아님 걔가 바람피웠다니?"

"그 집 부동산으로 갑자기 부자가 된 졸부였나 봐. 인간성이 개판인데 시집간 그날부터 구박이 시작됐대."

정소음은 태음에게 자세히 설명을 해준다. 그런데 이건 또 무슨 말인가. 실컷 그렇게 열변을 토하면서 한 사람이나 관리 잘 하라고 말했는데 김태양이 엉뚱한 소리를 하는 게 아닌가.

"소양아, 나도 어장관리 하고 싶다. 일하느라 바빠서 못하는데 네가 좀 대행해주면 안 될까?"

"태양아! 그런 걸 어떻게 대신할 수가 있어? 본인이 해야지. 넌 사람 시켜먹는 건 여전하구나."

"어머, 나 그런 거 완전 좋아해. 내 체질이야. 난 맛있는 거 사주고 잘 해주면 더 잘 관리해줄 수 있어. 내가 관리하는 물고기 말고도 많은 물고기가 내 어장에 널려 있어."

박태음의 말과는 달리 최소양은 반색을 하며 말한다. 정소음이 가만히 있을 리 없다. 목소리를 낮게 깔고 조용히 말한다.

"소양아! 태양아! 언제까지 그런 식으로 인생을 살래? 착한 태음이 물들겠다. 우리 이제 나이도 먹었으니 연애는 그만하고 좋은 사람 만나서 결혼해야지. 좋은 사람을 만나려면 우리가 먼저 좋은 사람이 되어야 하지 않겠니?"

소음의 훈계에 넌더리가 난 소양은 들은 척 만 척하다가 귀를 후비며 한마디 던진다.

"내 인생 내가 알아서 살게. 간섭하지 말고 너나 잘해!"

"어디서 지적질이야?"

이에 질세라 김태양은 또 버럭 화를 냅니다. 이 광경을 보고 있던 박태음이 울먹이며 말한다.

"싸우지 마, 나 겁나. 너희는 왜 모이기만 하면 싸우는 거야?"

"싸우는 게 아니야. 우린 대화하는 거야."

"우리는 싸우는 게 아니야."

최소양과 김태양은 똑같은 소리를 한다. 박태음은 그들의 말이 이해가 되지 않는다.

"싸우는 게 아닌데 왜 이렇게 인상 쓰고 소리 질러? 소음아, 너희 정말 싸우는 거 아냐?"

"정말 싸우는 거 아냐."

그제야 박태음은 안심을 한다. 박태음은 주로 최소양과 김태양의 말을 듣지 않지만 소음의 말은 진리처럼 받아들인다. 열띤 토론은 계속 이어진다. 이번에는 태음이 질문을 한다.

"얘들아, 나 궁금한 게 있는데. 결혼해도 사랑하는 사람이 생기면 그 사람을 만날 수 있는 거니? 요새 사람들 말 들으니까 결혼한 사람도 애인이 있대. 너희들은 어떻게 생각해?"

"당연하지. 만날 수 있지."

최소양은 박태음의 말이 끝나기가 무섭게 얼른 대답한다.

"그 사람 조건을 보고 만나야지."

"그걸 질문이라고 해? 결혼했으면 만나서도 안 되고 사랑하는 사람이 생겨서도 안 되지. 정 만나고 싶으면 이혼하고 만나야지. 양다리는 안 돼! 그것이 배우자에 대한 예의 아니겠니?"

이야기를 듣고 어이없어 하던 정소음이 단호하게 말한다.

"예의가 밥 먹여주니? 사람이 사람을 좋아하는데 꼭 이유가 필요해? 좋아하면 그만이지. 그리고 간통법도 폐지됐잖아? 간통법 폐지는 우리를 위한 것이었어. 이제 즐기자구!"

"이유가 중요한 것이 아니라 이득이 중요하다니까. 그 사람 돈 많대? 직업이 뭐야? 그 사람이 뭐 해준대?"

"뭐 해줘야 만나는구나."

최소양과 김태양의 이야기를 듣고 박태음은 이해했다는 듯 고개를 끄덕인다. 정소음이 절규하듯 말한다.

"그게 중요한 게 아니라니까. 사랑이 중요하지. 조건이 아니고 사랑이라니까! 그리고 결혼했으면 가정에 충실해야지 무슨 연애야? 연애하고 싶으면 헤어지고 나서 해야지. 떳떳하게!"

양인인 최소양과 김태양은 배우자가 있어도 애인을 둘 수 있다고 생각한다. 반대로 음인인 정소음과 박태음은 결혼과 동시에 모든 배타적인 사랑은 포기해야 된다는 규율과 원칙을 지키며 살려고 노력한다. 그렇기에 신혼생활 초기에 에너지를 모으는 양상은 체질별로 다르다.

"나는 결혼하면 무조건 통장부터 압수할 거야."

주도권부터 생각하는 이는 김태양이다.

"진짜 신나는 데로 여행갈 거야."

최소양은 같이 놀러갈 계획부터 세운다.

"음…… 친척 분들에게 인사를 먼저 가야 하나, 밀린 회사 일을 해야 하나…….”

정소음은 해야 할 일을 생각한다.

"나는 그이랑 같이 사진 찍으러 갈 거야."

박태음은 음악이나 예술 활동을 함께하고 싶어 한다. 네 친구는 여전히 합의점 없이, 끝날 것 같지 않은 토론을 계속 하고 있다.

1   나는 어떤 체질일까?

영화 속에도 사상체질이 있다

네 친구들은 왜 결론이 없는 토론을 계속하고 있는 걸까
요? 소양의 말에 소음은 왜 자꾸 태클을 거는 걸까요? 아마 소양
과 소음은 오래된 친구 사이일 것 같습니다. 저렇게 대화하고 있
는데도 머리카락 잡고 싸움이 일어나지 않는 것을 보니까요. 예
전에 벌써 몇 번은 맞장을 떴을 것 같네요.

혹시 영화 〈인사이드 아웃〉을 보셨는지요. 저는 영화를 보는 내내 인간의 감정을 대표하는 등장인물을 보며 네 가지 체질과 어쩌면 이렇게 잘 맞아떨어질까 생각했습니다. 소음의 말에 감정을 눌러 참으면서도 까칠하게 구는 소양은 영화 속 '까칠이', 친구들의 말다툼을 보고 겁을 내며 슬퍼하는 태음은 '슬픔이', 어디서 지적질이냐며 버럭 화를 내는 태양은 '버럭이', 말귀를 잘 못 알아듣는 태음에게 꼼꼼하게 설명을 하는 소음은 '소심이'를 보는 것 같습니다. 소음이 할 말 다하던데 웬 소심이냐고요? 자신의 생각을 조곤조곤 얘기하기는 했지만 친구들의 눈치를 보며 조심스럽게 한 말이라면 조금 이해가 되시나요?

영화 이야기를 조금 해보자면 영화는 기쁨이를 중심으로 흘러갑니다. 네 가지 감정을 중재하고 조정하기 위해 우리의 감정 주인공들은 고군분투합니다. 이들이 균형을 유지하는 모습은 소양인, 태양인, 소음인, 태음인이 모두 음양화평인이 되어 행복하고 기쁘게 살아가는 모습과 닮아 있습니다. 영화 속 인물들처럼 앞의 네 친구들도 음양화평인이 되는 날이 오기는 오는 걸까요?

조금 더 구체적으로 영화에 등장하는 감정 주인공들을 네 가지 체질의 단점과 연결해볼까요. 까칠하고 경박한 소양인 '까칠이', 단순하고 울컥하는 태양인 '버럭이', 쫀쫀하고 소심한 소음인 '소심이', 마지막으로 바보 같고 눈물 많은 태음인 '슬픔이'입니다. 각 체질의 단점을 부각시켜보면 내가 어떤 체질인지 쉽게 구별해볼 수 있지요.

'까칠이'는 다른 사람에게 시비를 잘 걸고 늘 약을 올리죠. 이 것은 소양인의 특성 중 하나입니다. 걸핏하면 '봐! 내 말이 맞잖 아'라고 말하는 '버럭이'는 태양인의 주도적인 특성을 짐작할 수 있는 대사이지요. '소심이'는 '학교에서 일어날 수 있는 최악의 상황을 늘 생각해야 해'라는 대사를 습관적으로 합니다. 미래를 걱정하는 소음인의 완벽한 특성을 엿볼 수 있습니다. '슬픔이'는 '나 어딘가 잘못 되었나 봐. 나는 어떻게 해야 할지 몰라'라고 말 합니다. 태음인의 우유부단함과 방황하는 모습을 볼 수 있는 대 사입니다.

그러고 보니 이들의 이름 자체가 사상체질을 단적으로 보여줍 니다. 네 체질의 성격과 심리를 잘 표현하고 있지요. 그러나 우리 가 잊지 말아야 할 것이 한 가지 있습니다. 우리 안에 있는 어느 한 체질이 다른 체질에 비해 강한 것이지 다른 체질이 갖고 있는 성격이나 특징이 전혀 없는 것은 아닙니다.

예를 들면, 태양이 아무리 강하게 화를 낸다고 해서 항상 화를 내지는 않을 겁니다. 겉으로 표현만 안 할 뿐이지 어떤 상황에서 는 소음처럼 세심하고 소심한 점도 조금은 갖고 있답니다. 하루 24시간 버럭버럭 하면서 살지는 않지요.

네 가지 체질도 최종적으로는 '기쁨'으로 대변되는 마음의 평화 로운 상태, 중용의 미덕인 네 가지의 체질이 갖는 각각의 특성들 을 조화롭게 하는 데 있습니다. 그게 바로 음양화평지인이지요.

네 친구들의 갈등은 영원히 끝나지 않느냐고요? 영화를 보신 분들은 아마 짐작하시겠지요. 스포일러가 될 수 있으니 저는 결말을 말하진 않겠습니다.

다만 기쁨을 유지하는 음양화평인으로 살아가려면 자신을 잘 알아야 합니다. 자신의 심리상태를 잘 알아야, 일그러진 감정도 회복할 수 있습니다. 내가 살아야 다른 사람의 기쁨도 아픔도 보이는 법이지요. 그놈의 사상체질 들어서 알긴 알겠는데 뭐가 뭔지 도통 잘 모르겠다고요. 지금부터 차근차근 설명해드리겠습니다.

성장하고 싶다면 반대 체질을 활용하라

제가 사상체질을 공부하다가 사상체질의 물리적 성질의 특성 위에 심리적 특성을 가미해서 하나의 분석체계를 만들었다는 말씀도 이미 드렸습니다. 이제부터 그 분석체계를 바탕으로 '나'에게로의 여행을 떠나겠습니다.

자신과의 대화, 자신의 치유를 도와주는 대표적인 심리학은 무엇일까요? 나에게 맞는 즉, 내 삶의 구조나 흔적과 닮았다고 볼 수 있는 심리학은 어떤 것일까요? 사상체질마다 잘 맞는 심리학

방법은 따로 있다고 생각합니다.

첫째, 소양 심리학에 가까운 심리학은 행동주의입니다. 행동주의의 핵심 키워드는 '행동중심' '반응' '변화' '자극' '강화'입니다.

둘째, 태양 심리학에 가까운 것은 형태주의입니다. 형태주의의 핵심 키워드는 '전체' '행동동기' '유기적 존재' '지금 여기' '선명함' '알아차림'입니다.

셋째, 소음 심리학에 가까운 심리학은 정신분석입니다. 정신분석의 핵심 키워드는 '성악설' '무의식' '동물적 본능' '변화불가능' '수동적 존재' '꿈의 해석' '성 에너지'입니다.

넷째, 태음 심리학에 가까운 심리학은 인본주의입니다. 인본주의의 핵심 키워드는 '성선설' '자각' '인간성 중시' '변화 가능성' '능동적 존재' '존재성' '정신적 사랑'입니다.

그렇다면 무엇으로 '기쁨'를 회복할 수 있을까요? 철학의 궁극적인 목적이 중용의 원리에 입각하는 것이라면 사상체질 심리학에도 같은 원리가 적용됩니다. 반대되는 것으로 자신의 행복과 힐링의 도구로 삼는 것이지요. 즉, 소양은 영원히 잘 맞지 않을 것 같은 소음의 심리를 알고 닮아가는 것입니다. 태음과 대화를 하면 울화통이 터질 것 같은 태양은 태음의 심리를 닮으려 하는 것이고요.

먼저 각각의 심리 작용이 무엇인지 잘 알아야 되겠네요. 다만, 각 체질마다 심리가 다르긴 하지만 공통적인 전제가 하나 있습니다. 바로 남자와 여자의 기질은 모든 체질을 막론하고 같다는 점입니다. 계절에 비유하자면, 남자는 여름이고 여자는 겨울입니다. 보통 양의 기운을 여름, 음의 기운을 겨울로 보는데 그런 맥락에서 보자면 남자의 기질은 양인에 가깝고 여자의 기질은 음인에 가깝다고 할 수 있습니다. 이 전제를 바탕으로 이제부터 다음의 네 가지 체질마다 갖는 중점적인 심리에 대해 알아보겠습니다.

소양인은 행동중심의 심리를 가지고 있습니다. 그래서 소음인에 비해 생각의 깊이가 얕습니다. 그러니 그저 즐거운 자신의 인생만을 외치죠. 앞의 이야기에서도 좋아하는 사람이 생기면 사귀는 게 당연한 거라고, 소양은 생각도 하지 않고 바로 말하지 않습니까.

이렇다보니 결혼생활이 많이 삐걱거리거나 이혼확률이 가장 높은 사람은 소양인입니다. 본인의 본능대로 행동하고 남편에게 간섭을 받는 것도 싫어하기 때문이에요. 결혼생활이 3년 정도 지나면 사랑의 호르몬 도파민, 페닐에틸아민과 같은 호르몬이 더 이상 나오지 않기 때문에 더더욱 그렇죠.

소양인은 신체적으로 건강하기에 본능적으로 다른 사람을 만나서라도 이 욕구를 채우려 새로운 사랑을 찾곤 합니다. 이들에게는 빠른 변화나 순간의 즐거움을 추구하는 방법을 넘어서 자신을 천천히 들여다보는 연습이 필요합니다.

어장관리에 탁월한 소양인은 여러 사람을 한 번에 만나고 관리할 수 있는 능력이 있습니다. 그러나 소음인은 본인과 대화가 통하고, 가치가 맞고, 함께 공부를 할 수 있는 사람을 선택합니다. 소음이 말하지 않습니까? 어떻게 사랑이 조건이냐고, 연애하고 싶으면 지금 사귀는 사람과 헤어지고 만나라고 말입니다. 오로지 한 사람에게만 집중하고 사랑하는 소음인의 특성을 잘 보여줍니다.

상대적으로 소양인의 사랑은 시간이 지나면서 얕아지고 소음인은 갈수록 사랑이 깊어질 확률이 높습니다. 그러므로 소양인은 자신의 반대 성향인 소음의 심리학인 정신분석을 활용하면 좋습니다. 소음인을 이해 못 하겠다고, 나하고는 정말 안 맞는 사람이라고만 생각하지 말고 이왕 친구가 되었으니 친하게 지내면서 그 친구의 좋은 점을 본받아야겠다고 생각하면 되지요.

한편 좀 더 빨리 소음인의 모습을 본받고 싶다면 자신의 꿈을 관찰하고, 명상하는 것입니다. 평소에 인식하지 못했던 자신이 알지 못하는 자신의 진정한 모습(무의식)이 원하는 것을 다시 한번 관찰해야 합니다. 자신의 단점까지도 냉정하게 직면할 수 있다면 자기 성장의 길로 이어질 것입니다.

태양인은 지금 현재 보이는 것을 중심으로 하는 형태주의 심리를 갖습니다. '조건을 보고 사람을 만나야지'라는 말을 들어보면 자신의 목표나 이익에만 초점이 맞춰져 있죠. 이들은 다른 사람도 그 기준에 맞춥니다. 그래서 조건이 어떤지, 무엇인가 자신에게 해줄 수 있는지에 관심이 있어요. 다른 건 눈에 들어오지 않습니다.

태양인의 연애관은 사람의 됨됨이가 아닌 상대가 가진 경제적인 것, 즉 돈이 많고 적음이 그 사람을 만나는데 가장 중요합니다. 사랑도 돈으로 살 수 있다고 생각하고 있기 때문이지요. 태양인은 외칩니다.

"그 사랑 얼마면 되니? 돈으로 안 되는 것이 어디 있어?"

다른 이에게 반문합니다. 그렇지만 경제적인 것과 물질적인 것이 완벽하다고 하더라도 사랑 앞에서는 추풍낙엽이요, 화무십일홍일 뿐입니다. 심지어 태양인은 결혼을 비즈니스의 한 영역으로 이용하기도 합니다.

또 이들은 사람을 물건처럼 마음대로 사용할 수 있고 조종할 수 있다는 오류에 빠져 있습니다. 왜냐하면 본능적으로 타인을 통제하고, 군림하고, 억압하고, 자신의 욕구를 빠르게 해결하려는 속성을 가지고 태어났기 때문이지요. 태양인은 사람을 만날 때 사람을 물질로서 평가하지 말고 그 사람을 있는 그대로 볼 수 있는 눈을 지녀야 합니다.

따라서 태양인은 태음인의 심리학인 인본주의를 활용할 것을 권합니다. 빠른 직관에만 의존하는 습관을 넘어서서 자신을 사랑하고 다른 사람에게 관심을 갖는 일이 필요합니다. 자기주장만을 앞세우는 것을 벗어나 타인의 이야기에 귀 기울일 줄 알아야 합니다.

태양인은 이성친구나 남편감을 구하는데도 너무 빨리 사람에 대해서 판단하죠. 모든 만남에는 첫인상이 중요한 점도 있습니다. 하지만 대부분의 사람이 누군가를 만날 때 자신만의 가면을 쓰고 나타난다는 사실을 아십니까?

어떤 사람은 이 가면을 아주 오랫동안 쓰고 있기도 합니다. 그러면 우리는 그 가면에 속고 맙니다. 그런 것처럼 태양인은 사람을 판단하는 데 그 사람과 사계절을 보내보는 것이 필요합니다. 여기서 사계절은 봄, 여름, 가을, 겨울을 넘어서서 두 사람이 서로가 즐겁고 행복할 때 이외에도 다투거나 경쟁할 때, 공부하거나 힘든 일을 견디고 열심히 살아갈 때, 여행하고 미래를 준비할 수 있는 충분한 시간의 사계절을 의미합니다.

태양인은 태음인이 미치도록 갑갑해 보이더라도, 타인의 관점에서 바라볼 수 있는 태음인의 삶의 태도가 필요합니다. 이것을 스스로 느껴야 합니다. 또한 소모품처럼 자신을 써버리는 것이 아니라 따뜻한 마음을 지닌 한 인간으로서의 삶을 회복해야 합니다. 자신과 타인을 비판하는 의식에서도 벗어나길 바랍니다. 언제든지 좋은 방향으로 변화할 수 있다는 긍정성을 마음에 품어보면 어떨까요.

소음인의 주요 심리학은 정신분석입니다. 소음인의 심리는 겨울에 가깝다고 할 수 있습니다. 여성성이 강하므로 상대방이 나를 좋아하면 자신도 상대방을 사랑하는 안정성을 지향합니다. 혹시 사랑이 부족한 결혼일지라도 자식을 낳았을 경우에는 책임과 헌신, 그리고 미션 위주의 삶을 꾸려 나갑니다.

함부로 결혼생활을 깨거나 자신의 욕구를 충족시키기 위해서 움직이지 않아요. 남편과 아이에게 약속했기 때문에 잘 참고 견며 냅니다. 결혼했으면 가정에 충실하라고 단호하게 충고하는 소음을 떠올려보시죠.

하지만 저는 저와 같은 이런 소음인에게 당부하고 싶습니다.

"참는 자에게 복이 있는 것이 아니라 병이 있나니."

이런 방식은 도덕적, 사회적으로는 훌륭하나 의학적, 생물학적으로 본인에게 손해입니다. 소음인의 정신분석 중 하나의 핵심 키워드는 '성 에너지'입니다. 알고 보면 소음인은 성적인 욕망이 약한 사람이 아니라 네 체질 중 제일 강합니다.

다만 그것을 내색하지 않고 개발되지 않은 상태이기 때문에 드러나지 않을 뿐이지요. 하지만 한번 개발되면 용광로처럼 성적에너지를 뿜어내며 주체할 수 없을 정도의 에너지가 쏟아져 나올 거예요. 부디 그 성적 에너지를 억지로 묻어두지 마시고 충분히 건전하게 발산하여 몸과 마음의 행복을 마음껏 누리시기 바랍니다.

그리하여 편한 상태에서 나오는 몸에 좋은 호르몬인 옥시토신, 손잡고 기분 좋은 상태에 나오는 세로토닌, 육체적으로 불타는 사랑을 할 때 나오는 도파민 등의 호르몬 덕분에 더 건강하고 행복한 삶을 누리십시오. 인간은 욕구를 참으면 코티졸, 아드레날린, 테스토스테론 등과 같은 공격 성향이 강한 스트레스 호르몬이 나옵니다.

그러니 소음인은 반대 체질인 소양인의 행동주의의 도움을 받으세요. 수동적이고 부정적인 상태에서 벗어나 스스로 동기부여를 할 수 있는 해결책을 실천하는 게 좋습니다. 미리 걱정하거나 지나치게 남을 의식하는 버릇도 버려야 합니다. 무엇이든 부딪혀 보면서 행동하는 게 중요합니다.

태음인은 인간에 대한 관심이 깊습니다. 인본주의 심리학이 강하게 자리 잡고 있어요. 태음인은 연애와 결혼에 있어서 우정과 사랑을 착각하는 오류에 빠집니다. 우정을 사랑으로 여겨 결혼을 합니다. 이것은 나에게도 상대방에게도 좋지 않습니다. 시간이 흐르면 커다란 상처로 남을 수 있답니다.

태양은 자신의 감정이나 생각이 뚜렷한 반면 태음은 그렇지 않습니다. 그래서 친구들이 무슨 말을 하면 다 맞는 것처럼 생각이 되죠. 이해도 느리지만 우유부단한 면도 보입니다. 태음은 친구들이 하는 말을 잘 못 알아듣죠. 그때마다 소음이 설명을 해줍니다. 또한 친구들이 다투는 모습에 슬퍼합니다. 다 타인에 대한 깊은 관심과 배려 때문이지요.

태음인의 내면에 더 들어가 보면 그 속에는 깊은 외로움이 있습니다. 자신의 외로움을 달래기 위해서 다른 사람에게 관심을 갖고 위로해주기도 하고 성심성의껏 돕기도 합니다. 그러면서 잠시 외로움을 잊게 되죠. 그것이 사랑이라고 착각합니다. 이런 사랑의 오류는 자신의 행복을 망치고 맙니다.

그러므로 태음인은 태양인의 형태주의를 활용하면 좋습니다. 문제가 생겼을 때 회피하기보다 현실 속에서 해결하기 위한 방법을 찾아봅니다. 특히 인간관계와 일이 복잡하게 얽혔을 때 삶을 단순하게 바라보며 문제의 핵심을 알아차리는 연습이 필요합니다. 자신이 정말 상대를 사랑하는지 자신의 감정을 관찰한 후에 진짜 자신의 감정을 알아내야 해요. 그 후 사랑이 아니라고 판단되면 태양인처럼 과감하게 헤어지자고 말하고 행동으로 옮겨야 합니다.

한 가지 주의할 게 또 하나 있어요. 설령 사랑에 골인했다고 하더라도, 다 잡은 물고기라 하더라도 자신을 포기하지 말라는 것입니다. 게으른 성향 때문에 비만이 올 수 있고 이것은 남편의 외도나 애인의 변심으로 이어질 수도 있습니다. 이 글을 읽으면서 코웃음 쳤다가는 큰코다칠 겁니다.

이제 소양-소음, 태양-태음과 같이 반대 체질의 특성과 구조를 활용한다는 말이 무슨 뜻인지 아시겠나요? 극과 극은 통한다고 하는 말이 있지요. 그러니까 네 친구가 저렇게 오랜 시간 친구로 지내는 게 아닐까요.

'정말 나하고는 안 맞다'라는 사람을 잘 관찰해보세요. 가끔 한 번씩은 자신도 모르게 죽이 척척 맞을 때가 있지 않았나요? 저마다 사는 환경과 지나온 시간에 따라 수많은 가면을 쓰고 삽니다. 그러니 겉으로 보이는 껍데기 기질만으로 나와 잘 맞는지, 잘 맞지 않는지 정확하게 알기는 쉽지 않습니다. 속은 태양인인데 겉은 소음인처럼 보이는 사람도 많고 겉은 태음인처럼 보이는

데 속이 소양인인 사람도 많습니다.

위에서 짚어드린 핵심들을 갖고 주변에 나와 밀접한 사람들을 살펴보면서 하나씩 실천해보세요. 혹여 서로 반대되는 성향을 가진 사람이어도 그 사람의 체질 특성을 잘 쓰면 삶의 영역을 더 크게 키울 수 있습니다.

2   나는 진짜 소양인일까?

"기쁨은 모든 이성적인 창조물의 목표이자 의무다." 볼테르

특징   낙관적인 팔방미인 VS 대책 없는 충동주의자

소양인은 위장이 강한 체질로 발산하는 특징을 가지며, 외향적인 성격입니다. 이들은 몸과 마음이 뜨겁습니다. 그래서 최소양은 한 사람으로 만족을 못하는 것입니다. 항상 자신의 열을 발산할 대상이 있어야 하니까 어장관리를 하고 있죠. 또한 그들

은 기분이 좋거나 나쁘거나 둘 중 하나입니다. 그래도 전체적으로 긍정적이어서 큰 문제가 되는 일은 없습니다. 어쨌든 정소음과 큰 싸움 없이 잘 지내는 것 보세요.

그들의 신체적인 특징은 매우 잘생긴 외모에 머리 부분이 긴 편이라는 것입니다. 특히 눈빛이 매우 강렬하고, 서양인의 외모에 가까운 사람이 많습니다. 건강한 체질이라 피부와 두피 상태도 좋습니다. 겉으로 가장 두드러지는 특징은 상체가 발달한 사람이 많다는 것입니다. 성격적으로는 급하고 정리를 잘 못한다는 특징이 있습니다.

소양인은 전형적으로 외향적인 성격을 지닙니다. 모든 일을 낙관적으로 보기에 밝고 명랑합니다. 처세술에 능하거나 다방면에 재능이 있는 사람이 많습니다. 아이디어와 상상력이 풍부하며 호기심이 많은 아이디어 뱅크지요.

이들은 사람들이 자신을 어떻게 생각하느냐를 중요하게 여깁니다. 그래서 항상 좋은 인상을 주려고 노력하지요. '철없는 아들'의 마음으로 세상을 즐기려 하고, 속칭 '날라리' 인생으로 변화를 창조해갑니다. 밖으로 나가는 것을 좋아하기 때문에 가정을 소홀히 해서 불화가 이어지기도 합니다.

좋아하는 이성상도 외향을 중요하게 여깁니다. 소양인 여성은 자신의 본능을 그대로 드러내어 잘생기고 섹시해 보이는 남자를 좋아한다고 표현하는 경우가 많습니다. 소양인 남성은 자신의 성적인 욕망에 충분히 응해주는 여성을 선호합니다.

육체적인 사랑을 나누고 싶을 때 소양인 남성은 "자기야 오늘은 별일 없을 거야, 꼭 손만 잡고 잘게, 걱정 마"라고 설득하며, 소양인 여성은 충분히 자신의 욕망을 드러내곤 합니다. 예를 들면 "우리 1박 2일로 여행 갔다 오자" 같은 경우지요. 앞의 이야기에 나오는 네 친구 중 소양이라면 기꺼이 여행을 가겠지요.

소양인은 인생을 온전히 자기 자신으로 채우려고만 합니다. 쾌락을 미루지 않고 추구하며 모험을 즐깁니다. 계획하지 않고 되는 대로 살아가지만 그것마저 즐기는 인생을 삽니다. 그러니까 소양은 결혼해서 사랑하는 사람이 생기면 애인을 사귀어도 되느냐는 질문에 서슴없이 당연하다고 합니다. 자신이 그 사람을 애인을 삼았을 때 생길 수 있는 갈등과 문제를 전혀 고려하지 않습니다. 왜냐하면 자신과 지금의 즐거움이 중요하기 때문이에요.

외향적인 성격의 소양인은 모호함과 혼란 속에서도 일단 일을 시작하고, 새로운 길을 개척하며 희망적인 삶을 꿈꿉니다. 호기심과 모험심으로 가득 차 있죠. 그런데 때로는 규칙을 무시하기도 하고 정해놓은 계획이 없어 타인과 충돌하기도 하지요. 하지만 긍정적이고 낙천적이기 때문에 공동체의 분위기를 즐겁게 이끕니다. 소양인의 삶은 타인의 관심과 사랑, 새로운 것에 대한 흥미로 가득합니다.

이들의 긍정적인 에너지는 자발성과 사랑입니다. 자발적으로 일을 할 때 엄청난 힘을 내며, 누군가를 사랑할 때 긍정적 에너지를 뿜어냅니다. 긍정 에너지는 소양인 여자에게 '존경'과 '공존', 소양인 남자에게는 '낙관'과 '친절'이라는 키워드로 나타나기도 합니다.

반면 소양인의 부정적인 에너지는 수치심과 욕망입니다. 상태가 좋지 않았을 때는 수치심이라는 부정적인 에너지를 마구 발산합니다. 소양인 남성은 '집착'과 '잔인함'이라는 방식으로 소양인 여성은 '질투'와 '시기'라는 형태로 자신과 주변을 힘들게 하지요.

특히나 소양인은 몸이 많이 뜨겁기 때문에 그로 인해서 마음도 저절로 뜨거워집니다. 앞의 이야기에서 소양의 어장에 있는 물고기가 다른 어장에 갔다고 상상해보면 어떨까요? 상상도 하기 싫습니다. 소양은 바로 질투에 눈이 멀어 게거품을 물 테니까요. 그 뒷감당을 누가 합니까.

혹시 그런 일을 당하거든 소양인을 시원한 물에 빠뜨리세요. 너무한다고요? 그럼 드라마에서처럼 얼음물 한 잔을 얼굴에 끼얹는 건 어떨까요. 이것도 심하다고요? 하지만 어쩝니까. 이게 바로 소양인의 마음을 가라앉히는 전략입니다! 몸을 시원하게 만들어줘야 해요.

반대로 소양인의 몸을 가라앉히는 전략은 마음을 진정시키는 일이 되는 거죠. 정말 맞는 말이냐고요? 한번 확인해보세요. 그렇다고 다짜고짜 얼굴에 물을 끼얹지는 마시고요. 이런 원리가 가능한 이유는 바로 동양의학의 관점인 심신상관설(마음과 몸은 연결되어 있다는 설)이 뒷받침해주고 있습니다.

그러나 소양인에게 수치심이 솟아오를 때야말로 진짜 마음이 성장할 수 있는 기회입니다. 욕망에 가장 쉽게 무너지는 체질이기 때문에 욕망이 솟아올랐을 때를 잘 관찰하고, 긍정적인 에너지로 바꾸는 연습이 필요합니다. 욕망을 사랑으로, 수치심을 자발성으로 바꾸는 연습이 핵심입니다.

강점 **호기심 천국**

소양인의 눈에 비친 세상은 신기하고 재미있는 것으로 가득 차 있습니다. 이들은 단순히 호기심 때문에 길을 떠납니다. 물론 소양처럼 사람에 대해서도 끊임없는 탐험을 계속하죠. 이 글을 읽는 분들 중에서도 이 대목에 가슴이 찔리는 분이 있다면 소양인일 확률이 높습니다.

탐험이 끝난 후에는 자신이 보고 들은 온갖 것들에 대해 연극배우처럼 생생하게 들려줍니다. 자신이 겪지 않은 일이라고 할지라도 자신이 겪은 이야기처럼 실감나고 재미나게 이야기를 풀어나갈 것입니다.

소양인은 췌장(비장)이 발달되어 있는 체질입니다. 췌장은 우리 몸에서 소화효소를 조절하며 혈당을 조절하는 기능을 합니다. 이들은 마치 소화효소를 분비하듯이 말을 쏟아내는 심리를 갖고 있어 하나같이 달변가이기도 합니다. 자신의 컨디션 상태가 좋을 때나 무언가 큰 성취를 이루어서 자신이 타인보다 월등히 뛰어나다고 생각될 때에는 다른 사람을 잘 돕고 성품도 너그러워집니다.

이들이 보이는 사랑과 관심은 한겨울 따뜻한 난로처럼 다른 사람들을 자신에게로 끌어들입니다. 사랑, 친밀함, 관대함, 친절, 우정 등은 소양인의 전매특허입니다. 조직이 튼튼하게 자리 잡기 위해서는 소양인이 반드시 필요합니다. 끈끈이처럼 타인과 타인을 엮는 가교 역할을 하기 때문이지요.

소양인은 대체로 자신을 긍정적으로 평가합니다. 작은 성취에도 기뻐하기 때문에 큰 야망이 없는 것처럼 보이기도 합니다. 다양한 분야에 관심이 많아 두루두루 넓게 알지만 실제로 아는 것은 얄팍할 수도 있습니다.

이들을 괴롭히고 싶다면 창문 없는 연구실에 몰아놓고 한 마디 말도 못하게 한 채 숫자 계산만 시키면 됩니다. 침묵을 지킨다는 것, 무언가 한 가지에 몰두해 생각한다는 것을 우주 정복만큼이나 어렵게 느낄 테니까요. 분석하거나 깊게 탐구하는 것도 마찬가지입니다.

소양인과 함께 있으면 파티를 즐기는 것처럼 요란하고 화려합니다. 이런 일에 관해서라면 소양인의 전문분야지요. 오죽하면 태양이 소양에게 어장관리를 다 부탁할까요. 이들에게는 갖가지 방법과 전략이 있습니다.

　A에서 B로 가야 할 때 이들은 한 가지 루트만 선택하지 않습니다. 아마도 어장을 잘 관리하는 비밀은 이게 아닌가 싶네요. 루트가 다양하니 어장 내 물고기들에게 들키지 않는 거죠. 들켰다면 물고기들이 가만히 있을 리 만무하죠. 이들은 우리에게 삶이 얼마나 풍요로운지, 얼마나 매력적인지 놀라울 만큼 다양한 방법으로 보여줍니다.

　가까이에 소양인 지인이 있다면 살아가는 일이 지루하지 않을 겁니다. 노래방에 간다면 소양인의 현란한 탬버린 솜씨와 춤솜씨를 보게 될 거예요. 놀러가는 버스 안에서는 어떨까요? 신나는 노래 몇 곡을 연달아 구성지게 부르겠죠. 소음인이라면 '쟤 왜 저래? 또 시작이네, 시작이야' 하면서도 빙그레 웃을 겁니다. 학창시절, 소풍이나 수학여행에 가서 장기자랑을 준비하고 무대를 장악하던 이들은 다 여러 명의 소양인입니다.

　한 소양인의 말을 들어볼까요? 그는 평범한 회사 생활을 하다가 레크레이션 강사로 이직했습니다. 회사에서 크고 작은 행사가 있을 때마다 사회를 도맡았던 경험이 계기가 되었다지요.
　"어떤 자리에서든 사람들을 즐겁게 하는 게 좋아요. 어떻게 웃길까 고민하는 것도 큰 즐거움이죠. 사람들이 저로 인해 기뻐하는 걸 보는 게 행복해요. 어렸을 때 장난치다가 걸려서 선생님께 자주 혼났어요. 야단맞는 건 싫었지만 친구들을 돌아보며 재미난 표정을 지어서 아이들이 큰소리로 웃곤 했어요."

활력이 넘치고 항상 즐겁게 수업에 임하는 중학교 과학 선생님인 한 소양인도 비슷한 고백을 합니다.

"수업 시간에 어떻게 하면 아이들에게 재미있게 수업 내용을 전달할 수 있을지 항상 연구합니다. 다른 선생님들은 저에게 두뇌 회전이 뛰어나다며, 그런 번득이는 아이디어가 어디에서 나오느냐고 진지하게 묻기도 합니다. 매번 수업 시간마다 제가 들어가는 교실은 아이들 웃음소리로 가득합니다. 아무래도 전 태어날 때부터 사람들 웃기는 능력을 갖고 태어난 것 같습니다. 어렸을 때 가족들 앞에서 개그맨 흉내를 냈는데, 그때 즐거워하던 가족들 얼굴이 지금도 기억나요. 그다음부터 저는 사람들이 저를 보고 재미있어 하는 게 좋았습니다. 제가 다른 사람을 행복하게 해주는 것 같아서요."

소양인은 무의식에서는 여름의 성질을 지니고 있지만 의식적 차원에서는 봄의 마음을 갖고 사는 사람들입니다. 무럭무럭 자라는 봄의 새싹처럼 자신을 최대한 드러내고 표현하는 것을 즐깁니다. 사람들을 돌보고 그로 인해 관심과 애정을 받을 때 살아있음을 느끼니까요.

소양인과 함께 있으면 즐겁기도 하지만 한편으로는 규칙을 무시하고 하고 싶은 대로 하는 막무가내 성격 때문에 힘이 들기도 합니다. 쉽게 열정을 불사르다가도 금세 싫증을 내지요.

한번은 강의를 하고 나서 자유 발언 시간에 소양인 친구를 둔 한 사람의 말을 들은 적이 있습니다.

"제 친구는 약속을 하면 자주 시간과 장소를 바꿔요. 자기 마음대로, 자기 편한 대로 하는 것 같아요. 다른 사람 사정은 생각도 안 하고요. 나중에는 점점 짜증이 나더라고요. 몇 번은 참았지만 소소한 일이 겹치니까 화가 났어요. 이 친구에게 나는 뭔가 싶기도 했고요. 친구가 또 마음대로 하려던 어느 날 제가 폭발해버렸죠. 그제야 알아차린 친구가 사과했지만 저도 쉽게 화가 풀리진 않았어요. 최근 사상체질에 대해 알게 되면서 소양인인 친구가 이해가 되네요. 하지만 지금도 여전히 그 친구랑 약속을 정하는 건 힘들어요."

소양인은 그저 자기감정에 충실하고, 꾸밈 없고, 솔직할 뿐입니다. 이렇게 생각하면 그들의 많은 부분이 이해가 될 거예요. 그러나 이런 모습은 직설적으로 드러날 때가 있어서 본의 아니게 다른 사람을 상처 입히기도 하지요.

　소양인 옆에 있는 소음인이나 태음인이 희생양으로 될 확률이
크지요. 심한 경우, 대인관계에 금이 가거나 구설수에 오르는 일
도 생깁니다. 속된 말로 '입이 방정'인 셈이지요. 이 문제로 어려
움을 겪었던 한 소양인의 고백입니다.

　"저한테는 친한 친구가 둘 있어요. A와 B와는 고등학교 1학년
때부터 친했죠. A가 고등학교 2학년 때 남자 친구를 사귀었어요.
그걸 저한테만 얘기한 줄 모르고 B한테 얘기했다가 사단이 났어
요. 왜 자신에게는 그 이야기를 하지 않았는지, A가 자기를 진정
한 친구로 생각하지 않는 것 같아서 많이 서운했대요. 셋 다 한 달
정도 서먹하게 지냈죠. 너무 힘들었어요. 온갖 방법을 다 동원해서
겨우 서로의 오해를 풀고 다시 친해질 수 있었어요. 그 후로도 제
가 말을 가볍게 하는 바람에 비슷한 일이 몇 번 있었죠. 그런데 최
근에 또 사건이 생겼어요. A의 남편이 사업 실패로 실직 상태라
경제적 어려움을 겪고 있었죠. 그런데 B와 함께 일자리를 알아본
게 화근이었어요. 저는 정말 도와주려고 그랬는데 A는 경제적으
로 여유 있게 살고 있는 B에게 일부러 말을 하지 않았던 거예요.
자존심이 상했겠죠. 조심하며 살아왔는데도 이놈의 입방정 때문
에 저도 괴로워요."

　이들은 자기감정에 충실하기 때문에 충동적인 경향이 큽니다.
일도 속전속결로 빠르게 진행합니다. 감정적으로 휘둘리다 보니

사고도 금방 치고 후회도 금방 합니다. 잘해보겠다고 나선 일을 오히려 망치기도 하지만요. 단기적인 일에는 잘 맞지만 장기적인 안목으로 크게 봐야 하는 일엔 참을성이 부족해 중도에 그만두는 경우도 많습니다. 매사에 금방 기뻐하거나 슬퍼하는 감정 기복으로 인해 신장에 무리가 올 수 있습니다.

변덕스러운 소양인은 스트레스를 그때그때 해소하려 듭니다. 다이어트를 하다가도 기분에 따라 폭식할 확률이 높습니다. 불규칙한 식습관으로 건강도 해치고 스트레스성 비만이 생길 우려가 있으니 조심하는 게 좋겠지요. 다이어트 중인 한 소양인은 이런 생각을 자주 한다고 합니다.

"오늘은 기분이 안 좋으니까 뷔페, 콜."

"되는 일이 없어. 짜증나. 안 먹어."

"에이, 다이어트고 뭐고 일단 먹자. 스트레스 쌓이는 것보다 먹는 게 낫지."

반복적인 폭식과 굶기로 위장은 안 좋아지고, 원래 먹던 만큼 먹는데도 살이 찝니다. 먹으면 기분이 좋아지지만 그로 인해 살이 찌면 바로 다이어트를 시작하고, 다이어트로 인한 스트레스를 먹는 걸로 푸는 악순환이 계속 됩니다. 심하면 위장이 망가져서 병원 신세를 져야 할 때도 있습니다. 소음인인 친구가 있다면 이렇게 말하겠지요.

"너 그렇게 살지 마."

자신을 잘 드러내고 표현하기 좋아하는 이들은 유행에도 빠르게 반응합니다. 쇼핑 횟수도 많고 새로운 상품을 보면 충동구매로 이어지지요.

"이거 예쁘지?"

"너한테 잘 어울리네."

친구의 단 한마디 말에 지갑을 엽니다. 소양인 친구에게 말하기 전에는 잠시 고민을 하는 게 좋습니다. 이들은 한 가지 옷을 색깔별로 살 수도 있습니다. 심지어 네크라인이 다르다는 이유로 비슷한 옷을 사기도 합니다. 옷뿐 아니라 다른 물건도 마찬가지입니다.

특히 컨디션이 떨어져 있을 때 쇼핑은 중독 성향을 보입니다. 필요 없는 물건임이 분명한데 사야 하는 이유를 만듭니다. '좋은 기분'을 유지하는 일이 중요하기 때문입니다. 사놓고 집 안 어딘가에 처박아둘 것이 빤한 물건인데도 단지 자신의 기분을 풀기 위해 손에 넣습니다. 건강한 삶을 살고 싶다면 자신의 감정을 잘 다스리길 바랍니다. 특히 분노와 슬픔은 양의 기운을 올리고 음의 기운을 더 떨어뜨리므로 적절한 조절이 필요합니다.

소양인은 재미를 추구하고 싫증을 자주 냅니다. 목소리는 낭랑한 편이지만 말을 생각 없이 할 때가 많고 흥분했을 때는 앞뒤에 조리가 없습니다. 무슨 일이든 빨리 시작하고 빨리 끝내므로 경솔해 보이고, 일하는 모습이 거칠고 실수가 잦습니다.

판단력이 빠르지만 어려운 상황을 견디지 못하고 쉽게 체념하기도 합니다. 침착하지 못하고, 깊이 생각하지 않는 소양인과 친하게 지내기란 어려운 일일 수 있습니다. 인간관계는 넓지만 한낱 모래성처럼 순식간에 무너질 수 있습니다. 사람을 쉽게 사귀는 만큼 관계도 쉽게 끊어지곤 하지요.

하지만 자신이 우두머리가 되어 책임을 져야 할 때에는 남이 어려움을 겪는 모습을 보고만 있지 않고 두 팔 걷고 나서는 의리파예요. 남을 위해 희생을 아끼지 않고, 그 일에 보람을 느낍니다. 남들의 관심을 끌거나 인정을 받을 때 행복을 느낍니다.

그래서 자기에게 관심을 주는 사람과는 누구라도 친하게 지내는 데 거리낌이 없습니다. 화가 났다고 하더라도 그 마음을 오래 품고 있지 않으므로 금세 잊어버립니다. 그만큼 타인에 대한 배려가 많고 마음이 따뜻한 사람들이지요.

그러나 모든 관계가 자신이 원하는 대로만 흘러가진 않습니다. 사람마다 각기 다른 식으로 애정을 표현한다는 것을 안다면 관계의 폭이 더 넓어지고 한층 깊은 관계를 경험할 것입니다. 다른 사람이 관심과 애정을 보이지 않는다고 해서 자신이 가치 없는 사람이 아니라는 사실 또한 알면 도움이 됩니다.

주변을 즐겁게 하는 이들의 긍정적인 에너지는 많은 이에게 힘과 위로가 됩니다. 사막에서 발견한 오아시스처럼, 삭막한 세상에 흥미롭고 신나는 일이 많다는 것을 알려주고, 살아갈 만한 힘을 선사합니다.

소양인의 마음은 순수합니다. 그들은 심각하지 않으며, 많이 웃고, 사람들과 더불어 삶을 즐길 줄 압니다. 미적 감각도 뛰어나 유행에 민감하고, 자신의 개성을 한껏 펼칩니다. 건강한 소양인이 가까이 있다면 세상은 행복한 곳이라고 느낄 겁니다. 밝고 유쾌한 친구를 찾는다면 소양인은 최고의 대상입니다.

소양인의 의식을 지나서 무의식 들여다보기

앞에서 살펴본 소양인의 모습은 겉으로 나타나는 의식적인 부분의 특징입니다. 사실 우리는 소양인이 하는 말만 생각하고 그 사람을 판단한 것인지도 모르죠. 자신이 하고 싶은 대로 한다고 대놓고 말하기는 했지만 살짝 미안해집니다. 그럼 이제 소양인 자신도 모른다는 그 마음을 파헤쳐볼까요.

심리적인 차원에서 살펴보면 프로이트는 의식을 우리가 느끼거나 표현하고 행동하는 모든 것으로, 무의식을 우리 안에 억압된 본능적이고 충동적인 모든 것으로 보았습니다. 그러니까 지금까지는 '소양인은 외향적이고, 호기심이 많고, 즐거움을 추구한다'라고 말한 것은 의식적인 부분이라는 것이지요. 왜냐하면 소양인이 그렇게 표현하고 행동하니까요. 그러나 나와 다른 사람을 알기 위해서는 나도 잘 알지 못하는 무의식의 부분도 들여다봐야하지요.

계절로 비유하면 이해가 빠르게 되실 거예요. 소양인의 의식은 봄의 특징을 강하게 지닙니다. 무의식은 여름의 특성이 강하고요. 봄이 되면 소양인이 아닌 사람도 예쁘게 핀 꽃들을 보면 기분이 좋아지고 어딘가 가고 싶은 마음이 생기죠. 여름 하면 뭐가 생각나시나요? 아무래도 저 높은 곳에서 강렬하게 타오르고 있는 태양이 떠오르죠. 이런 계절의 특성으로 유추해보면 이들의 의식은 호기심이 많고, 충동적이며, 무한 긍정의 마인드와 연결이 될 겁니다.

반면에 그들의 무의식은 강하고, 욕심 많고, 늘 최고가 되려는 경향을 보입니다. 이런 성향이 내면 안에 아주 깊숙하게 감춰져 있어요. 겉으로 볼 때 이들은 인간관계에서나 조직에서나 호기심을 충족시키는 행동을 나타내고, 충동적으로 놀이를 즐기며 매사에 긍정적입니다.

하지만 겉으로 보이지 않는 측면에서는 상대를 제압하고, 한없는 욕심을 채우려고 하며, 심지어 어떤 부분에서는 타인을 밟고 그 위에 올라서고 싶어 합니다.

좀 더 쉽게 말하면 소양인의 무의식 속에는 태양인의 의식적인 속성이 숨어 있어서 늘 보스가 못 돼서 안달난 사람처럼 보면 됩니다. 사실 이들이 철없는 아들처럼 보일지라도 그 속에는 독재자의 모습, 즉 상황을 통제하려는 속성이 숨어 있습니다.

앞서 말한 계절로 다시 돌아가 볼까요? 소양인의 의식이 봄이라고 했는데, 순리적으로 봄 다음에는 여름이라는 계절이 오기 마련이죠. 그래서 소양인은 늘 봄에서 여름으로 가려는 본능이 있습니다. 인간이 의식적인 욕망에서 무의식적인 욕망으로 가려는 것과 마찬가지 원리처럼 말입니다.

그럼 이제 소양인을 의식과 무의식을 통합해볼까요. 전체적으로 보면 그들은 늘 봄의 즐거움과 여름의 찬란함을 함께 추구하려고 합니다. 즐거움에서 출발하여 찬란함으로 도착하려는 심리, 즉 겉은 즐거움으로 포장하지만 그 내용물은 찬란한 무엇인가를 얻으려는 심리입니다.

자신이 인식하는 부분은 즐거움에 동기부여가 되지만 자신이 인식하지 못하는 부분은 어떤 물질이나 대상을 추구하는 심리를 가지고 있지요. 이것을 알면 그들의 보이지 않는 내면의 심리를 이해하는 데 매우 도움이 됩니다.

소양인이 자신의 이면에 이런 모습이 감춰져 있다는 것을 알면 참 좋을 것 같습니다. 그러면 괜히 사람들에게 가볍다, 생각 없다는 소리는 안 들어도 될 테니까요.

여기에서 중요한 것은 사상체질 심리학은 마음의 심리를 포함해서 몸의 심리에 더 큰 비중을 둔다는 점입니다. 잊지 마세요. 너무 의식적으로 무의식을 누르면 본래 자신의 모습대로 살아가기 더 힘들어집니다. 의식심리를 포함하여 무의식심리에 초점을 두기에 자기 자신도 인식하기 어려운 나를 발견해야 합니다.

2 | 체질을 아는 힘, 나를 아는 힘

❶ 재미만 붙이면 어떤 일이든 잘 해낸다. 윤리적인 틀에 갇히기보다 재미있고, 쾌락적인 것에 깊이 몰입하는 특성이 있다.

❷ 연예인처럼 화려한 모습을 추구하고, 자신을 방송매체 등에 보이는 것에 큰 에너지를 쏟는다.

❸ 어린 아이처럼 이상적인 꿈을 꾸며 낭만적인 면도 있다.

❹ 무엇인가를 시작하는 데 주저하는 면이 없고 시원하게 잘 해나간다.

강

약

❶ 말이 너무 앞서서 용두사미형으로 보여 타인에게 신뢰를 잃어버릴 수 있다.

❷ 일을 수박 겉핥기식으로 하는 경우가 많아 초반에 에너지를 많이 소비한다. 문제를 끝까지 해결하지 못하는 등 마무리가 약하다.

❸ 실수를 자주 한다.

❹ 자신의 감정을 쏟는 데 신경을 쓰느라 타인의 감정을 잘 이해하지 못한다.

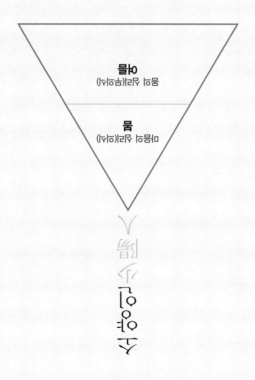

3 나는 진짜 태양인일까?

"백성들의 충성과 두려움을 동시에 확보하는 것, 휘하 군대의 존경을 받는 동시에 경외의 대상이 되는 것, 새로운 제도로 낡은 제도를 개혁하는 것, 엄격하면서도 자애로운 군주가 되는 법은 모두 군주가 반드시 지녀야 할 덕목이다." 마키아벨리

특징 **타고난 리더 VS 막무가내 독재자**

태양인은 한국인 체질 중 가장 드문 체질입니다. 이들은 폐가 강해 발산하는 특징을 가지며, 외향적인 성격이지요. 자신이

옳다고 생각하는 것은 전력을 다해 지키기 때문에 용감하게 싸우는 전사에 비유되기도 합니다. 용기와 힘이 넘치고 결단력도 있지만, 지나치게 자기주장을 하는 경우가 많아서 다른 사람의 눈에는 무섭게 보입니다.

외모를 보면 보통 정도의 체구에 단정한 편입니다. 또 소양인처럼 눈빛이 강한 사람도 많습니다. 어깨나 머리, 목이 어느 정도 발달해 있지요. 걸을 때에도 성큼 성큼 걸어서 시원한 분위기를 풍깁니다. 태양인은 마음도 몸도 건조합니다. '엄격한 아버지의 마음'으로 행동하기에, 속칭 '단무지' 인생을 주도합니다.

지도자로서 정의감이 있고 카리스마가 넘치는 변화 주도형인 태양인은 사랑도 단순하고 직선적인 행보를 보입니다. 태양인 여성은 자신의 경제적 욕망을 채워주는 남자를 선호하고, 태양인 남성은 자신의 성적 욕망을 바로 채워주는 여자를 선호할 만큼 좋아하는 이성상이 딱 부러집니다.

태양인 남성이 사랑을 고백할 때는 "나랑 결혼하자. 모든 책임은 내가 질게!"라며 밀어붙이는 경우가 많습니다. 태양인 여성은 "나랑 결혼 안 하면 절단 낼겨!" 등의 말로 자신의 의지를 진취적이고 저돌적으로 표현하곤 합니다.

태양인은 결과를 만들어가는 인생을 삽니다. 불확실성은 배제하고, 명확한 목적과 가치를 실행하며 만족을 느낍니다. 자신이 계획한 길을 가기 위해 명확하게 행동하고, 혼자 싸우는 사람이지요. 문제해결능력이 뛰어나고 상황 변수 계산에 능숙해 빠르고 주도적으로 갈등을 해결합니다.

태양인은 타고난 리더십으로 공동체를 지휘하고 성취감을 먹고 성장합니다. 하지만 지나치게 결과 중심적이어서 협력하는 데 어려움을 겪기도 합니다. 자율적이고 고집 센 성격으로 인해 권위에 반항하는 모습도 보입니다. 태양인의 이런 성향이 긍정적으로 표출되면 그들은 더 높은 목표를 추구하고 승리를 거둡니다.

태양인의 긍정적인 힘은 용기와 기쁨입니다. 태양인 여성은 '감사'와 '축복', 태양인 남성은 '긍정'과 '격려'라는 감정과 행동을 취합니다. 몸과 마음이 좋은 상태에 머물수록 용기와 기쁨이라는 긍정적인 에너지를 발산하지요.

반면, 태양인의 부정적인 측면은 죄의식과 분노입니다. 긍정성이 제대로 발휘되지 못할 때 태양인 여성은 '미움'과 '학대', 태양인 남성은 '비난'과 '공격'의 성향을 드러냅니다. 몸과 마음 모두 건강하지 못할 때 쏟아내는 부정적인 에너지는 거의 무기와 같습니다.
지나치게 주도적인 성격 때문에 사람들과 원만한 관계를 이루지 못하고 가정에서나 직장에서도 화를 내는 일이 자주 생깁니다. 자존심도 강해서 독선적인 모습을 종종 보입니다. 자신을 최고라고 여기고 다른 사람을 얕잡아 보기도 합니다. 자신의 의견을 끝까지 관철시키려 하기 때문에 주변 사람들의 미움을 사기도 합니다.

세상만사 자기 뜻대로만 되는 일은 없습니다. 자신감은 약이 될 수 있지만 오만은 독이 될 위험이 크지요. 태양인은 지나친 성취욕과 물불 가리지 않는 성급함을 조심하는 게 좋습니다. 특히 죄의식과 분노를 잘 다스리는 것이 인생의 최대 관건입니다. 죄의식은 용기로, 분노는 기쁨으로 승화시키기 위해 노력할 것을 권합니다.

강점 전사의 후예

인문고전 분야에 빠지지 않고 등장하는 마키아벨리의 《군주론》은 태양인의 지침서와도 같습니다. 어떻게 강해지고 위기 상황에서도 권력을 잡을 수 있을까요? 법을 이용하든 인간의 두려움을 이용하든 《군주론》에서 말하는 군주의 모습은 태양인과 많이 닮아 있지요.

태양인은 군집을 형성할 때 가장 빛나는 존재입니다. 신속하게 울타리를 만들고 영역을 지키며 적들을 무자비하게 배척하지요. 물자를 유통하는 시스템을 만들고 사람들이 편안하게 살 수 있는 환경을 구축하며 영역을 확장하는데 심혈을 기울입니다. 조직 안에서 결과를 내기 위해 불도저처럼 돌진하며 눈에 보이는 확실한 목표를 향해 프로젝트를 실행하지요.

그리고 반드시 성공시킵니다. 태양인인 여자는 이런 면이 조금 부각이 덜 됐지만 태양인이라면 남자에 비해 덜할지라도 여자 또한 이런 모습이 다분합니다. 앞에서 김태양이 어장관리하고자 하는 것도 어떻게 보면 일이 아닌 다른 면에서의 영역 확장이라고 볼 수 있으니까요.

그들이 다른 목표 지점으로 눈을 돌리지 않는 한 울타리 안에 있는 상황은 역동적입니다. 꼼꼼하게 대응책을 세우기보다 큰 지향점을 정해놓고 주어진 환경에 즉흥적으로 대응하며 상황을 만들어갑니다. 현장에 능숙하고 위기관리도 뛰어나지요. 일단 일을 시작하면 태양처럼 뜨거운 에너지를 발산하며 진취적으로 일을 합니다. 한 태양인 사업가는 이렇게 말합니다.

"저는 두려움이 없습니다. 낯선 일에 도전하는 것도 어렵지 않습니다. 막상 부딪히면 일은 시작되고 대체적으로 성공을 거둡니다. 제가 일하는 방식은 확실한 성과를 보장하죠."

태양인은 자신의 빠른 직관에 의존하며, 비판적인 의식을 지니고 있습니다. 아무리 목표를 촘촘히 계획한다고 하더라도 모든 상황이 계획한 대로 흘러갈 거라고 생각하지 않습니다. 그렇기에 불확실한 상황에 대응하는 직관력 또한 타의 추종을 불허합니다. 일이 어떻게 돌아가는지, 분위기가 어떤지 단번에 파악하는 능력이 있는 덕분이지요.

태양인은 자신이 옳다고 생각하면 전력을 다해 싸우는 전사의 후예입니다. 용기와 힘이 넘치고 결단력도 높습니다. 최상의 상태에서 타인의 삶을 개선시키는 데 앞장서며 불굴의 의지로 온갖 고난을 극복하기에 역사적으로 위대한 업적을 남긴 사람이 많습니다.

"내 사전에 불가능은 없다."

이렇게 외친 나폴레옹은 전형적인 태양인입니다. 그는 직관력이 뛰어난 사람이었고, 이런 능력은 전투에서 여지없이 발휘되었지요. 이탈리아–오스트리아 전에서 그는 상황판단을 위해 전장으로 신속히 이동했고 뛰어난 판단력으로 전투에 임했습니다. 자신의 목표를 향해 달려가는 나폴레옹의 역동적인 모습은 사람들의 뇌리에 깊은 인상을 남겼습니다.

음악의 성인으로 불리는 베토벤 또한 늘 최고를 지향하는 태양인의 후예입니다. 불타오르는 창조력으로 귀가 들리지 않는 장애를 극복하며 뛰어난 작품을 남겼습니다. 웅장하고 힘이 넘치는 〈영웅〉에서부터 감미로운 피아노 멜로디가 일품인 〈엘리제를 위하여〉까지 수많은 명곡을 작곡했지요.

'엘리제'가 누구인지에 대해서는 여러 가지 설이 있었지만 베토벤의 주치의 조카였던 '테레제'로 좁혀졌습니다. 난청 때문에 우울한 시간을 보내던 베토벤은 테레제로 인해 웃음을 되찾았고 점점 그녀를 사랑하게 되었습니다. 사랑에 빠진 베토벤은 매일 편지를 쓰며 그녀를 그리워했지만 귀족이며, 스물네 살 차이가 나는 그녀와의 사랑은 이루어질 수 없었습니다. 그녀는 오스트리아 귀족과 결혼을 하기로 예정되어 있었거든요.

베토벤은 그녀를 위해 〈엘리제를 위하여〉를 결혼 선물로 바칩니다. 베토벤의 악필 때문에 '테레제'는 '엘리제'로 읽혔지만 베토벤은 죽을 때까지 이 곡을 발표하지 않았다고 합니다. 슬픈 결말의 사랑이지만 그야말로 불굴의 사랑이네요. 시간을 뛰어넘어 베토벤의 사랑의 그녀는 모든 사람들에게 오르내리니 이런 태양인다운 열렬한 사랑을 받은 여인이 또 어디 있을까요.

태양인은 설득의 귀재이자 뛰어난 도전자입니다. 새로운 도전을 두려워하지 않고 한 번 결정을 내리면 자신을 마음껏 불태웁니다. 어려운 업무를 만날수록 힘이 솟고 자신의 능력 이상의 일을 해내는 데에서 기쁨을 느낍니다. 회사를 꾸려나가는 것부터 가정을 일구는 것, 평화를 지키는 일까지 훌륭하게 할 수 있는 신체적 정신적 강인함을 지닌 이들입니다.

태양인은 어렸을 때부터 강하게 자라는 게 미덕이라는 소리를 많이 듣고 자란 경우가 많습니다. 제 강의를 감명 깊게 들었다는 프랜차이즈 사업가인 어느 태양인은 이렇게 말했습니다.

"전 아버지를 많이 닮았어요. 아버지는 항상 맞고 들어올 바에야 때리고 오라고 하셨죠. 절대로 약한 면을 드러내지 말고 울어서도 안 된다고 배웠어요. 열 살 때 그네를 타다가 떨어져 다리가 부러졌는데 끝까지 울지 않고 버텼어요. 그 일은 지금까지도 자랑스러운 기억이에요."

그의 사업 스타일은 일관됩니다. 상황을 보다가 적기라고 판단하면 온힘을 다해 밀어붙이지요. 주변 사람들이 힘들다고 아우성을 쳐도 아랑곳하지 않습니다. 그의 머릿속에는 타인과 수평적 관계를 맺는 개념이 없는 것처럼 보일 때도 있습니다. 존칭어를 쓰는 데도 듣는 입장에서는 이상하게 '부하'처럼 느껴지지요.

이들의 머릿속에는 사실 자신 외에 다른 사람은 자신이 돌봐야 할 대상이지 존중의 대상으로 생각되지는 않습니다. 그래서 다른 사람의 예의에 어긋나는 행동을 보면 참을 수가 없습니다. 자신이 막 야단을 치지 않으면 안 될 것 같은 책임감을 누가 시키지도 않았는데 느낍니다. 그런데 정작 자신은 타인이 예의 있다고 느낄 만큼 먼저 인사를 하는 법이 거의 없습니다. 자신의 위에는 그 누구도 존재하지 않는 것처럼요.

태양인은 지나치게 독립적이어서 누군가에게 의존하는 것을 치욕으로 여깁니다. 사람들의 의견을 듣고 따르는 것을 자신이 '지는 것'이라고 느끼기 때문입니다. 그것은 남에게 고개를 숙이는 일과 같습니다. 마음이 움직이지 않으면 무엇도 하려 하지 않습니다.

강철과 같은 의지로 추진력을 발휘하는 모습은 듬직하기도 하지만 때로는 지나치게 위압적으로 보입니다. 주변 사람들이 왜 자기를 힘들어 하는지 이해하지 못합니다. 정서적으로 이해를 바라는 아내가 조금이라도 잔소리를 하려고 하면 단숨에 입을 막아 버립니다.

"난 죽도록 일하는데 뭐가 불만이야? 꼬박꼬박 돈 갖다줘, 밥 먹여줘, 뭐가 더 필요해?"

이들에게 일차적으로 중요한 것은 생존입니다. 강한 신체와 정신에 자부심을 갖고 있기 때문에 남들 앞에 약한 모습을 절대 드러내지 않습니다.

사랑하는 사람을 통제하려고 하는 경향이 강해서 자기 뜻대로 되지 않으면 거의 분노로 폭발합니다. 말을 잘 못 알아들으면 순간을 참지 못하고 벌컥 화를 내며 말하는 모습을 종종 보이기도 합니다. 왜 〈인사이드아웃〉이라는 영화에 나오는 '버럭이'를 태양인과 연결시켰는지 아시겠지요.

태양인 남편과 함께 마트에 가면 자주 겪는 일이라며 소음인 아내가 말해준 인상 깊은 사례입니다. 계산대에 길게 늘어선 줄이 줄어들 기미가 보이지 않았다고 합니다. 맨 앞에서 계산을 하고 있던 여자의 카드에 문제가 생긴 것 같았습니다.

아내는 남편의 붉으락푸르락하는 얼굴을 보는 것만으로도 겁이 났습니다. 언제 터질지 모르는 남편의 고함소리가 들리는 듯했습니다. 참지 못하던 남편은 투덜거리더니 기어이 목소리가 높아졌습니다.

"도대체 언제까지 서 있어야 되는 거야? 어, 사람이 양심이 있어야지! 뒤에 사람들 기다리는 거 안 보여? 카드가 잘 안 되면 물건을 사지 말든가!"

이런 남편의 성미 때문에 그녀는 어디 함께 가기가 겁난다고 합니다. 과연 자신의 차례였다면 어땠을까요? 뒤에서 투덜거리는 누군가에게 벌게진 얼굴로 화를 내며 그럴 수도 있다고 화를 내고 있을 것만 같습니다.

　　태양인과 적이 되는 일은 두려운 일입니다. 태양인에게 분노의 대상이 되는 순간 공포와 두려움이 무엇인지 제대로 알게됩니다. 혹시 태양인을 적으로 돌려야 하는 일이 있나요? 아주 간단한 방법이 있습니다. 그를 모욕하면 됩니다. 단, 처절한 복수와 응징을 경험하고 싶다면 말이지요.

　하지만 너무 두려워할 필요는 없습니다. 태양인은 속이 복잡하지 않기 때문에 의외로 단순합니다. 마음보다 말이 앞서고, 말보다 행동이 앞설 뿐입니다. 솔직담백한 모습 때문에 엉뚱해 보이기도 하지요.

　이들은 사람들의 말이나 자신의 행동이 남의 눈에 어떻게 보일지 신경 쓰지 않습니다. 누군가에게 지시받는 것을 싫어해서 독창적으로 일을 하지만 지나친 의욕과 독선적인 스타일은 주변 사람과 화합을 어렵게 합니다.

　상대방의 단점을 파고들며 인신공격을 잘 하기 때문에 인간관계의 범위가 의외로 좁습니다. 이분법적인 태도로 옳고 그름을 따지는 습성 때문에 사람들을 멀어지게 하기도 합니다. 리더의 위치에 있을 때는 사람들을 잘 이끌지만 부하의 위치에 있을 때는 은근히 소외되는 경우도 생길 수 있습니다.

부하인 주제에 상사한테 명령을 한다고 생각해보세요. 가만히 있을 상사가 누가 있겠습니까. 동료들도 괜히 기분이 나쁘겠지요. 그러니 함께 어울리고 싶은 생각이 들 리 없지요. 이로 인해 극명한 갈등 구조가 형성되기도 하지요. 아마도 사람들은 생각하겠지요. '이럴 거면 너 혼자 놀아라' 하고 말이에요.

혼자 놀지 않으려면 이들에게는 차분함이 필요합니다. 경험을 통해 인생의 의미를 깊이 있게 성찰하고 바라봐야 합니다. 그러다 보면 자연스럽게 인간이 평등함을 인정하게 됩니다. 자신도 잘못을 할 수 있고 사과를 할 수 있다는 점을 배운 태양인은 크게 달라진 인생길을 걷습니다. 다른 사람을 이해할 수 있는 포용력과 겸손을 겸비한다면 사람들은 태양인의 넉넉한 그늘로 저절로 모여들 테니까요.

건강한 태양인은 자신감이 넘치고 통이 큽니다. 태양빛이 세상을 고루 비추듯 따지거나 가리지 않고 자신의 책임 아래 있는 사람들을 지키고 보호합니다. 자신과 자신의 주변에 있는 사람들의 삶이 더 나아지도록 최선을 다해 능력을 발휘합니다. 더할 나위 없이 멋진 리더의 탄생입니다.

그래서 모임의 리더 역할을 맡을 때가 많습니다. 든든하고 책임감 있는 모습은 사람들에게 신뢰를 줍니다. 갈등을 조절하고 문제를 해결하며 넓은 아량으로 사람들을 품고 믿음직한 모습을 보입니다. 높은 이상과 목표를 향해 달리는 이들은 조직을 더 나은 방향으로 이끕니다.

태양인의 의식을 지나서 무의식 들여다보기

이제 태양인에 대해서 어느 정도 감 잡으셨나요? 못 잡으셨다고요? 걱정하지 마세요. 아직도 기회는 있습니다. 태양인 자신마저도 그냥 모르고 지나갈 수 있는 그들의 무의식에 대한 이야기를 해볼까요. 그들의 의식은 여름의 특성이 강한데 비해서 무의식은 가을의 특성이 더 강합니다.

이들은 늘 최고를 지향하며, 모든 일에 책임을 지려 하죠. 모든 상황을 자신의 뜻대로 통제하려는 마인드를 가지고 있어요. 그러나 그들의 무의식은 자신에게 늘 철저하며, 일에 있어서 완벽을 추구하며, 시작한 일은 어떤 일이 있어도 끝까지 수행하려고 합니다.

이런 잠재된 본능은 늘 타인을 자기 뜻대로 통제하려고 하고, 모든 상황을 주도하려고 하며, 모든 일에 자신이 최고가 되려 하는 사람처럼 보이게 합니다. 하지만 이들의 이면에는 인내를 가지고 자신을 통제하고, 일이나 인간관계 있어서 완전함을 추구하며, 자기 자신이 관여한 일은 끝까지 책임지려 하는 속성이 있다면 믿어

지나요?

좀 더 쉽게 말하면 태양인의 무의식 속 깊은 곳에는 소음인의 의식적인 특성이 숨겨져 있답니다. 늘 완벽증과 강박증에 시달릴 만큼의 스트레스를 달고 다닌다고 보면 됩니다. 그래서 이들은 겉으로는 강한 아버지처럼 보이는 반면 그 속에는 모든 면에서 완전과 완벽을 추구하는 치밀함 때문에 괴로워하기도 합니다.

태양인의 의식은 여름, 무의식은 가을이에요. 태양인은 늘 여름에서 가을로 움직이려는 특성을 품고 있습니다. 이들의 의식과 무의식을 통합해보면 여름의 화려함과 가을의 고독함을 함께 추구한다는 말입니다.

화려함에서 출발해서 고독함으로 도착하려는 심리, 즉 겉보기에는 화려함으로 가장하지만 그 내면은 고독하게 무엇인가를 바라보고 관찰하려는 심리를 지녔어요. 자신이 인식하는 부분은 화려한 무엇인가에 의미가 부여되고, 그것에서 힘을 얻지만 자신이 인식하지 못하는 부분에서는 혼자서 무엇인가에 집중하고, 해결되지 못한 것을 해결하기 위한 것에 많은 에너지를 쏟아붓습니다.

이제는 태양인의 보이지 않는 속내를 좀 알게 됐나요? 알고 보면 고독한 등대이자 홀로 나는 갈매기 같은 존재입니다. 외로운 태양인과 좀 어울리고 함께 놀아주세요.

태
양
인
太
陽
人

① 일을 처리하는 데 탁월한 스피드를 가지고 있으며 빠른 직관력을 소유하고 있다.

② 두뇌 활동이 활발하여 여러 가지 문제를 동시에 처리할 수 있다.

③ 생각을 행동으로 빠르게 옮기는 행동주의자다.

④ 과감한 성격으로 타인을 놀라게 하기도 하지만 뒤끝이 없다. 변화와 혁신을 추구한다.

강

약

① 천상천하 유아독존으로 세상을 마음대로 조정하려는 욕구가 있다. 그로 인해 스스로에게 화가 나기도 한다.

② 의견 대립 시 반드시 이겨야 한다는 생각 때문에 타인과 대화가 잘 이루어지지 않는다. 절대 양보하지 않는 기질 때문에 대인 관계가 나빠질 수 있다.

③ 일을 너무 빨리 재촉해서 타인을 혼란에 빠뜨린다.

④ 세상 문제를 한 가지 패러다임으로 단순하게 보기 때문에 폭넓은 시각이 부족하다. 일을 단순화시키므로 세밀한 부분에서 실수가 많다.

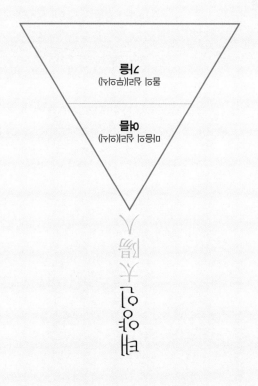

4   나는 진짜 소음인일까?

"벽돌을 열심히 나르면 무엇 하나? 무엇을 지을지 모르는데." 비트겐슈타인

특징   **섬세한 전략가 VS 원한 깊은 쫌생이**

한국인의 약 30퍼센트에 해당하는 소음인은 남녀 모두 허벅지와 엉덩이 부분이 발달한 경우가 많습니다. 대체적으로 마른 체형을 지니고 있으며 생김새는 착해 보이고 아기자기한 인상을 줍니다.

소음인 여성은 겉보기와 달리 친해지면 애교가 많아지며, 우리 나라 전통적인 미인상에 어울리는 외모로 보입니다. 움직임은 조심스럽고 얌전한 편이며 많이 움직여도 땀을 거의 흘리지 않습니다. 평소엔 차갑고 무심해 보이지만 가까워지면 작은 눈웃음으로 뭇 남성의 마음을 설레게 하기도 합니다.

무엇인가를 생각하다보니 걷는 모습이 앞으로 숙이는 형태를 자주 보입니다. 그래서 외롭고 고독하게 보일 때가 많지요. 이런 제 모습을 보고 아내가 저에게 다가왔지요. 저를 위로해주고 싶은 마음이 들었다나요.

소음인은 몸이 차가워서 마음도 차갑습니다. 마음이 차갑다는 얘기는 마음이 가라앉아 있다는 뜻입니다. 사회가 정한 올바른 가치와 목적을 추구하며 거짓이나 불확실성을 허용하지 않습니다. 체계적인 사고 능력이 뛰어나서 분석과 탐구에 능숙하고 시간을 철저히 지킵니다. 책임감이 강하고 상황을 완벽하게 분석해서 실패 확률을 줄입니다.

섬세한 성격이지만 부도덕이나 불의에 타협하지 않습니다. 굉장히 도덕적입니다. 특히 소음인 여성이라면 더 그렇죠. 완벽을 추구하는 성격도 가지고 있어요. 오히려 이것이 이들을 외롭게 만들기도 합니다. 하지만 그런 과정을 통해 목표를 건설하고 준비된 인생을 완성합니다.

신중한 소음인은 이성을 선택할 때도 믿음이 가는 상대를 찾습니다. 소음인 여성은 공부를 많이 해서 속이 찬 남자, 즉 신뢰와 믿음이 넘치는 남성을 선호합니다. 소음인 남성은 시간이 지나도 배신을 안 하고 함께해줄 것 같은 안정적인 여성을 선호합니다. 즉, 영원히 사랑한다는 약속을 지킬 사람을 선호한다는 것이지요.

줄기차게 한 사람에게만 충실해야 한다고, 가정을 지켜야 한다는 소음인끼리 만난다면 잘 어울릴까요? 에휴, 잘 맞는 경우도 있겠지만 서로가 답답해서 속병이 날지도 모릅니다. 소음인 남성이라면 소양인 여성과의 만남을 추천합니다. 아, 사랑을 고백할 때 말과 행동으로 표현하지 못해 끙끙 앓다가 다른 말로 아주 조금 마음을 드러내는 소음인 남성이 답답해서 더 열이 뻗치면 어떡합니까.

역시 남녀의 만남은 정답이 없는 것 같네요. 그저 자연의 섭리에 맡기는 수밖에요. 그럼 소음인 여성은 소음인 남성과 다를까요? 소음인 여성은 "우리 인연이 아닌 것 같아, 다시 한 번 생각해보자"라는 부정적인 말투로 사랑과 믿음을 재확인하려 합니다. 고백도 제대로 못하는 소음인 남성보다야 조금은 나은 것 같습니다. 어쨌든 연애는 하고 있으니까요.

소음인의 긍정적인 힘은 이성과 깨달음입니다. 그들은 이성을 통해 세상을 깨닫는 사람들입니다. 특히 의식수준이 높아졌을 때 이성과 깨달음이라는 엄청난 긍정적인 에너지를 발산합니다. 소음인 여성은 '본질'과 '순수', 소음인 남성은 '이해'와 '통찰'이라는 긍정적인 키워드를 갖습니다.

반면 스트레스를 받거나 트라우마를 경험하면 무기력과 자존심이라는 부정적 에너지를 마구 퍼트립니다. 긍정적인 감정과 행동이 균형을 잃으면 소음인 여성은 '절망'과 '포기'로, 소음인 남성은 '경멸'과 '과장'이라는 부정적 상태에 빠집니다. 그러나 이 때야말로 성장으로 가는 디딤돌로 삼을 수 있는 기회입니다.

소음인은 의식의 상승과 하락 폭이 커서 네 가지 유형 중 감정 기복이 가장 심한 사람들입니다. 계절에 비유하면 가을과 같아서 아침저녁 온도 차이가 심한 날씨처럼, 좋고 나쁠 때의 감정이 짧아, 그 잠깐 동안 천당과 지옥을 오갑니다. 조금만 상처를 받아도 무기력과 자존심을 내세우는 습관이 있습니다. 자신의 무기력과 자존심에 압도되지 말고 이성과 깨달음으로 넘어갈 수 있도록 삶의 에너지를 모아야 합니다.

강점　**시스템을 만드는 완벽주의자**

소음인은 노력파이며 원칙주의자고 완벽함을 추구합니다.

결실을 맺는 계절이지만 찬 기운이 도는 스산한 가을 같은 분위기를 지닙니다. 매사에 완벽을 기하고 이상을 추구하며, 이를 위한 노력을 아끼지 않습니다.

군집을 형성할 때, 살기 좋은 마을을 형성하는 시스템을 만드는 데 가장 집중하는 유형입니다. 그들은 길을 잃을 경우를 대비해 지도를 제작하고, 안정적이고 효율적인 방식을 찾아 나섭니다. 개인적이고 독립적인 삶의 방식을 추구하며 전체적인 균형을 잡는 데 탁월한 능력을 보입니다.

그들 역시 태양인과 마찬가지로 가시적인 동시에 거시적인 성과를 만들어 가는 일에 탁월하지만, 태양인이 보지 못하는 빈틈을 쉽게 찾아내어 그것을 메워나갑니다. 경계 안팎의 기준이 확실하기 때문에 즉흥적인 대응을 싫어하며 전체와 부분을 안정적으로 조망하는 데 뛰어납니다. 분석력과 통찰력이 뛰어나고 책임감이 강해 '철든 딸의 마음'을 가지고 있습니다.

소음인은 원칙적인 유형으로 자존심이 무척 셉니다. 속칭 '쫌생이' 인생으로 변화에 저항하는 경우가 많습니다. 제 강의를 들었던 한 소음인이 회상한 본인의 어린 시절 기억이 아직도 생각나는데요.

"저는 어렸을 때부터 어떤 것이든 제가 잘하면 좋겠다고 생각했어요. 엄마는 곧잘 이런 말씀을 잘 하셨어요 '아기 때부터 잘 울지도 않고, 얼마나 순했는지 별명이 순둥이였다니까. 사람들은 네가 효녀라며 엄마에게 복 받은 사람이라는 말을 자주 했단다. 그때마다 엄마가 얼마나 자랑스러웠는지, 우리 딸은 어릴 때부터 엄마를 실망시킨 적이 없어.' 엄마의 이런 말을 들으면 더 잘해야겠다는 생각이 들었어요. 그래서 항상 모든 일에 열심이었죠. 어렸을 때 한번은 피아노 대회가 있었는데 사실 자신이 없었어요. 배가 아프다고 꾀병을 부리고 대회에 참석하지 않았죠. 지금도 엄마한테는 사실을 얘기하지 않았고요. 가끔 우리 집을 방문한 사람들은 주방을 보고 놀라요. 어쩜 이렇게 티끌 하나 없냐고 말이에요. 친구들도 너는 어쩌면 못하는 게 없느냐는 말을 자주 해요. 전 제 가정도, 일도 완벽하길 바라요."

소음인은 부드럽고 겸손합니다. 그러나 온화해 보이는 겉모습과 달리 내면은 강인하고 생각도 치밀합니다. 이런 성향은 그들을 독립적으로 만들지만 외로움도 잘 탑니다. 인간관계를 잘 못하고, 까다롭고, 지나치게 진지합니다. 이들은 사실 세상을 향해 팔을 벌리고 싶어도 두려움이 앞서기 때문에 용기가 없는 거랍니다.

약점 **상처받기 쉬운 외톨이**

생각이 많아 사려 깊다는 소리를 듣기도 하지만 소극적이고 추진력이 약해 생각하는 시간이 깁니다. 뚜렷한 목표를 정하지 못하거나 작은 모험조차 두려워하므로 크게 성취할 수 있는 기회를 놓치기도 합니다. 세 친구들과 연애에 대해서도 이야기를 나누는 소음은 누군가 한 사람을 만나고 있다면 다른 사람을 만나는 일은 그녀의 고려 대상에 들지도 않습니다. 도덕적이기도 하지만 이들의 이면에는 모든 일에 있어서 두려움이 존재합니다.

한편으로는 지나치게 신중한 성격이죠. 모든 것을 심각하게 생각하기에 작은 일에도 조바심을 내고, 걱정이 많습니다. 일어나지도 않은 미래를 걱정하느라 옆에 있는 사람이 보기에 피곤할 정도지요. 걱정이 많아서 신경증을 앓는 사람이 다른 체질에 비해 많은 편입니다.

취업을 준비하고 있는 한 소음인의 고백을 들어볼까요.

"원래도 신경이 예민한 편인데 취업을 준비하면서부터는 엄청난 스트레스를 느낍니다. 그래서인지 요즘은 짜증을 자주 냅니다. 식구들조차 제 눈치를 보는 것 같아 미안한 생각이 들어요. 입사 서류를 준비할 때도 뭐가 빠진 건 없는지 열 번은 다시 봅니다. 자기소개서에 쓴 내용이 기분 상하게 할 말투는 아닌지, 지나치게 나를 드러내려 하지 않는지도 꼼꼼히 살펴보고요. 평소에도 문자를 하거나 카톡을 할 때 문장을 쓰고 바로 보낸 적은 한 번도 없습니다. 늘 내가 쓴 글을 두 번 이상 다시 읽어본 후에야 보내곤 합니다. 서류가 통과되고 나면 면접에 입을 옷에서부터 머리

모양, 양말, 신발까지 미리 준비하고, 몇 번을 다른 것으로 바꾸기도 합니다. 거울을 보며 면접관이 앞에 있다 생각하고, 수없이 연습을 합니다. 적절한 목소리, 표정, 몸짓까지도요. 그렇게 하지 않으면 불안해서 견딜 수가 없습니다. 한순간도 긴장을 놓은 적이 없는 것 같아요."

이들은 자기가 한 일에 남이 손대는 것을 가장 싫어하고, 남이 잘하는 일에 질투를 느낍니다. 한 번 싸우면 쉽게 마음이 풀리지 않고 오해가 생겼을 때 푸는 것도 쉽지 않습니다. 심한 경우 묵은 꼬투리를 끄집어내어 현재와 결부시키는 경우도 있습니다.

한 번 입었던 상처는 잊을 수가 없다는 소음인의 말입니다.

"초등학교 때부터 단짝인 친구가 있어요. 지금도 그 친구와는 친하게 지내고 있는데, 얼마 전 옛날이야기를 하다 은근슬쩍 예전 일을 얘기했지요. 그런데 그 친구는 기억을 못 하고 있는 거예요. 전 정말 화가 났습니다. 초등학교 3년 때, 전 우리 반 남학생을 좋아했고 그 비밀을 이 친구에게 말했습니다. 그런데 그 친구는 그 남자아이와 저를 연결시켜준다면서 저 모르게 그 애에게 제가 좋아한다고 말해버린 거죠. 그런데 어느 날부터 그 남자 아이는 저를 피하는 것 같았어요. 예전처럼 저를 보며 웃어주지도 않았고, 가끔 학교 가는 길에 만나고 어색하게 인사만 하고 서둘러 먼저 가버리곤 했습니다. 지금 돌이켜보면 이 친구는 매사 이런 식이었던 것 같아요. 이 친구 때문에 꼬인 일이 몇 번 있었죠. 하지만 저는 대놓고 얘기할 수조차 없었어요. 왜냐하면 이 친구가 저를 위해서 했다는 걸 알고 있었거든요. 그래도 그 일련의 일들을 생각하면 그 친구를 볼 때 불편해질 때가 있어요. 그리고 하고 싶은 말이 있어도 망설여지고 숨길 때가 생겼어요. 친구한테 솔직하지 못한 저를 자책하기도 합니다."

두려움을 지닌 소음인은 준비하지 않으면 늘 불안해합니다. 타인을 만나면서도 지레 상상하고 결론을 내버려서 친해지기 쉽지 않습니다. 포커페이스인 데다 자신을 잘 표현하지 않기 때문에 답답해 보이기도 합니다. 소음인의 이런 복잡한 감정은 관계에 어려움을 겪게 합니다. 소음인들은 속으로 이렇게 외치지 않을까요.

"다들 친해 보이네. 어떻게 그럴 수 있지? 왜 다들 나만 빼고 행복해 보일까? 나는 왜 저기에 낄 수 없을까, 저 사람들이 나를 거부하는 것일까? 같이 있어봤자 불편하기만 한데, 그래, 난 외톨이야."

이들은 사람들과 좋은 관계를 형성하고 싶어 합니다. 관심을 받고 싶지만 표현이 서툴 뿐이지요. 표현을 했을 때 나타날 사람들의 반응이 두렵고 걱정스럽기도 하고요. 안타까운 일이지만 스스로 상처 입고, 움츠러드는 성향 때문에 사람들과는 더 멀어지는 일을 반복해서 경험하기도 합니다.

얼음처럼 차갑게, 불처럼 뜨겁게

겉모습은 부드럽고 소극적으로 보이지만 마음은 강인하고 치밀한 구석이 있습니다. 철저한 개인주의로 남에게 주목받거나 나서는 걸 좋아하지 않지요. 얼음처럼 차가운 이성과 불처럼 뜨거운 정열을 지닌 소음인은 네 가지 체질 중에서 가장 복잡한 마음구조를 지녔습니다.

주로 혼자 있는 것을 좋아하며 내향적입니다. 자신의 감정을 잘 표현하지 않고 혼자만의 장소에 있는 것을 좋아합니다. 그러면서 자신이 느끼고 있는 내밀한 감정을 사람들이 이해하지 못한다고 생각합니다.

이런 시간이 오래 지속되면 부정적 감정은 쌓여가고, 사람들과의 관계도 원활하지 못하게 됩니다. 모든 일에 꼼꼼하고 예민하기에 불안정한 심리가 자동적으로 만들어지지요. 자신의 감정과 세계에 갇히게 되면 우울증을 앓을 수도 있습니다. 스스로 자신이 고통을 만들어가는 것이지요. 이야기 속에 등장하는 정소음도 세 친구들과 수다를 떨고 있지만 진정한 자신의 마음을 털어놓지 않고 있을 겁니다.

대신 소음인은 자신의 내면을 잘 들여다 볼 수 있고, 타인의 감정을 이해할 수 있는 능력을 타고 났습니다. 그러므로 혼자만의 세계에서 빠져나와 자신을 이해해줄 진정한 누군가를 만나야 합니다.

자신에게 있는 긍정성과 능력을 바라보고 건설적으로 미래에 대한 계획을 세우는 것이 좋습니다. 자신의 장점을 발휘할 수 있는 일을 통해 스스로 돌보고 다른 사람들과 함께 살아나가는 기쁨을 경험하세요.

분석적이고 총명해 타인의 마음을 직관적으로 이해하지만 의외로 감정에 둔감한 면도 있습니다. 이들은 기계를 잘 다루는 엔지니어가 될 수도 있고 난해한 작품을 만드는 예술가가 될 수도 있습니다. 유형의 스펙트럼 자체가 넓어서 자유로운 느낌을 줍니다. 소음인은 현실의 질서를 사랑하지만 우주의 불가해함도 사랑합니다. 집 밖으로 나가는 걸 좋아하지 않을 수도 있지만 누구보다 자유롭게 여행을 떠나기도 한답니다.

자기도 잘 모르는 소음인 이야기
소음인의 의식을 지나서 무의식 들여다보기

소음인이 나오니 할 말이 많아지네요. 긴 세월 소음인으로 살아온 제가 산증인 아닙니까. 그렇다면 소심한 소음인의 무의식 세계는 어떤 걸까요? 소음인의 의식은 가을을 닮아 대쪽 같습니다. 그래서 그런지 이들은 목에 칼이 들어와도 움직이지 않는 사람처럼 보여요.

물론 본인도 자신을 그렇게 인식합니다. 그러나 그들의 무의식은 겨울과 같아요. 나뭇잎이 다 떨어진 나무처럼 모든 것을 놓아 버린 사람입니다. 상당히 유연하고, 겸손하고, 우울하고, 슬프고 착한 사람입니다.

소음인은 의식과 무의식이 완전 반대로 형성되어 있습니다. 겉은 그렇게 강한 바위처럼 무장하고 있지만 속은 늘 흐르는 강물처럼 바다를 향해서 흘러가지요. 또 겨울 강물처럼 겉으로는 단단히 얼어서 어떤 요동도 없어 보이지만 강물 깊숙한 곳은 언제나 낮은 곳으로, 나보다 약한 것을 향해서 흘러가는 사람이라고 해석해볼 수 있겠네요.

이들의 무의식은 너무나 섬세해서 타인과의 갈등 상황에서도 갈등을 자신의 몫으로 받아들입니다. 가슴에 상처를 간직한 채 힘겨운 상황을 받아들이고 그렇게 한 차원 높은 단계로 자신을 승화시키는 사람입니다.

소음인은 스스로 이대로는 그다음 삶들을 감당할 수 없다고 생각합니다. 그래서 본인의 의지로 고난을 자처하죠. 자신의 화려했던 여름날을 접으며 정리를 하는 사람입니다.

그와 동시에 무의식은 겨울이라서 마음속 깊은 곳은 차갑게 얼어붙어 스스로 침전한 상태가 되고 맙니다. 그 힘겨운 침전은 모든 것을 버리고 외면하는 침전이 아니라, 오히려 투명하게 자신을 바라보기 위한 슬픈 침전이라고 할 수 있습니다.

삶의 먼지를 최대한 가라앉혀서 세상과 자신의 삶을 보다 더 통찰하기 위한 아프디 아픈 침전 같아 보입니다. 그래도 이 슬픈 침전은 오게 될 봄의 즐거움을 맞이하기 위한 고통이라 말하고 싶습니다.

또 소음인의 무의식은 모든 생물이 기나긴 휴식과 멈춤, 그리고 죽음을 상징하는 겨울의 특성을 그들의 무의식 속에서는 벌써 수용해버린 상태입니다. 가장 최악의 상황까지 시나리오로 구상했다는 것이지요. 이들은 예기치 못한 일이 벌어졌을 때의 혼란함을 가장 싫어하기 때문입니다. 즉, 죽음과 가장 근접한 삶을 받아들이고 익숙해진 상태라고 볼 수 있습니다. 그렇기에 소음인의 죽음마저도 얽매이지 않는 삶, 대자유인이 되는 초월적 삶을 추구하는 것인지도 모르겠습니다.

그들의 무의식의 겨울이 늘 봄을 향해서 긴 터널의 한 점만 보고 달려가듯이 한 꿈을 향해서 힘을 모읍니다. 선택의 기로에서 그 상황이 완벽해질 때까지 늘 결정장애를 안고 기다리는 사람입니다. 냉정함을 가지고 상황이 완벽해질 때까지 기다리지요. 그 냉정함이 행동으로 옮겨졌을 때는 뒤도 돌아보지 않고 자신이 정한 길을 일심으로 흔들림이 없이 걸어갑니다.

소음인은 의식보다 무의식이 더 강하기 때문에 겉으로 드러난 영역보다는 그들의 삶에 꼭꼭 숨겨진 부분에서 우리가 생각하는 것보다 훨씬 냉정함을 유지하고 있다는 사실입니다. 이것을 안다면 소음인을 더 넓고 깊게 이해할 수 있으리라 생각됩니다.

다시 반복해서 얘기하면 소음인은 자신도 모르게 자신을 한없이 나락으로 떨어트리는 습성이 그들의 무의식에 깃들어 있는 사람인데요, 그들은 그들의 삶을 한없이 바닥으로 침전시켜서 자신을 돌아보고, 관조하고, 반성하고, 후회하는 과정을 통해서 자신과 세상에 대해서 더욱더 통찰력을 가지려 하죠. 그래서 더 의미 있고 깊이 있는 삶을 누리려고 하는 사람입니다.

소음인의 의식과 무의식을 교집합으로 하여 마지막으로 정리해 보겠습니다. 비유하자면 그들은 검은 밤 깊은 바닷가에서 갈 길을 정하지 못하고 있는 작은 돛단배와 같습니다. 뱃머리를 어디로 돌리는 것이 옳은 것인지, 무엇이 정의로운지 끝없이 고민하고 방황합니다.

그러면서도 망망대해 위의 작은 조각배 하나에 희망을 담아봅니다. 그 조각배에 아무도 보지 않을지라도 작은 희망을 놓지 않아요. 외롭고 어두운 곳이라도 닻을 내리고, 그대로 온 밤을 지새우며 차가운 새벽을 홀로 맞이합니다. 또 바람이 불어도 함부로 닻을 올리지 않고 갈 길이 아니면 거센 비바람이 흔들어대도, 조각배가 찢어지는 한이 있어도 그 자리를 지킵니다.

❶ 높은 몰입도와 추진력으로 타인들과 신뢰관계를 쌓아간다.

❷ 몸과 마음의 상태가 좋았을 때는 침착하게 집중해서 최고의 성과를 낸다.

❸ 현실적으로 높은 안목을 지녔으며, 학자나 이론가로 유명해지는 이가 많다.

❹ 한 가지 목표를 정하면 꾸준하게 끝까지 행한다. 일의 마무리를 잘 한다.

강

약

❶ 자기를 표현하는 능력이 천부적으로 부족해서 타인의 시선을 받지 못하고 늘 외롭다. 심해지면 우울증으로까지 치닫는다.

❷ 보기에는 유해 보이나 자존심이 매우 강하다. 모든 문제를 혼자서 해결하므로 건강과 인간관계에서 손해를 보는 일이 많다.

❸ 지나친 완벽주의로 스트레스로 인한 질병과 타인의 부담을 살 수 있다.

❹ 매사에 분석적이라서 인간미가 부족하다는 소리를 들을 수 있다.

소음인 少陰人

2 | 체질을 아는 힘, 나를 아는 힘

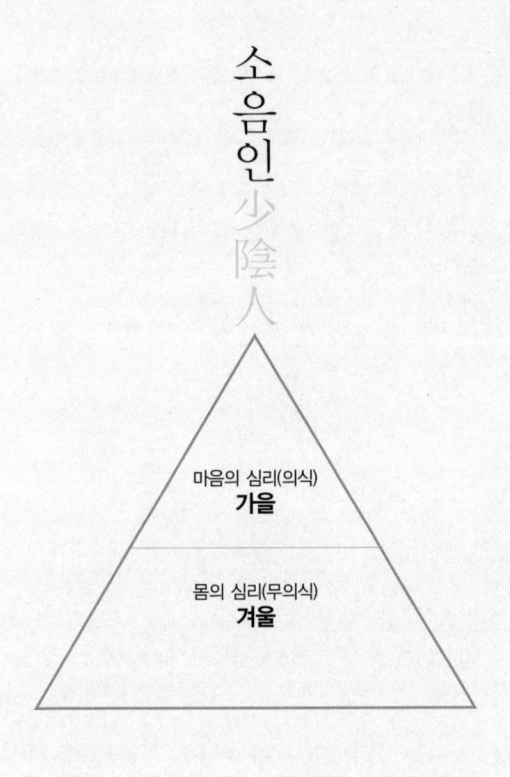

5   나는 진짜 태음인일까?

"평화는 일차적으로 인간의 내면으로부터 온다. 그들이 우주와 그 안의 수많은 존재들과 거미줄처럼 서로 연결되어 있으며, 모두 한 뿌리에서 나온 형제요 친척이라는 것을 깨달을 때, 그리고 우주의 중심에 신이 있다는 것을 깨달을 때, 그리고 그 중심이 모든 곳에 있으며, 우리들 안에서 있다는 것을 깨달을 때 비로소 온다." 블랙 엘크

특징   **평화로운 중재자 VS 속 좁은 외골수**

태음인은 우리나라 사람의 40퍼센트를 차지하고 있습니다.

30퍼센트의 소음인보다도 많은 비율이죠. 체형은 대부분 배에 살이 찐 경우가 많으며 운동으로 단련해 몸이 다부진 경우도 있습니다. 허리와 배 부분이 발달해서 듬직해 보이기도 하고요. 대체적으로 큰 체구에 골격과 키가 큽니다. 아무래도 활동성이 떨어지는 특징이 있겠죠.

겉으로 드러나는 체형처럼 표현과 행동도 다소 느린 경향을 보입니다. 행동이 느리면 아무래도 살이 쉽게 찌겠지요? 그런데 사실 이것은 태음인의 간과 담의 기능이 좋기 때문입니다. 피부 상태는 거친 편인데 땀을 시도 때도 없이 많이 흘리곤 합니다.

문학과 예술을 사랑하는 태음인이 이상향을 꿈을 때, 태음인 여성은 자신의 철학이 있고 소신이 있는 남자, 즉 자기만의 세계를 스스로 구축해가는 남자를 선호합니다. 태음인 남성은 자신의 외로움을 함께 달랠 수 있는 취미생활을 같이하며 마음 깊은 대화를 나눌 수 있는 여성을 선호합니다.

자신의 사랑을 표현하고 싶을 때 태음인 남성은 간접적이고 예술적인 표현으로 "너의 초상화를 그리고 싶어"와 같은 말을 하지요. 태음인 여성도 "라면 먹고 갈래?" 등의 말로 간접적이고 은유적으로 표현합니다. 그런 표현으로 자신의 사랑을 전달하며 서정적이고 낭만적인 사랑의 세계를 구축하지요. 이들은 공통적으로 음악과 영화를 사랑하고 예술적인 분위기를 좋아합니다.

은유법을 사랑하는 태음인은 자신의 입장을 분명히 말하지 못할 때가 많습니다. 생각이 많으며 단호하게 거절하지 못해서 오해를 사기도 합니다. 겉으로는 부드럽고 유약해 보이지만 깊은 내면에는 강직과 고집이 있기에 어디에든 적응을 잘 하고, 끈기가 있습니다.

이들은 나서서 경쟁하기보다 먼저 희생하고, 다른 사람들의 가치와 목표를 돕는 역할을 하며 만족을 느낍니다. 태음인은 힘든 이들을 위로하고, 타인의 말을 경청합니다. 때문에 사람들에게 인기가 많습니다. 어떻게 보면 자신의 말보다 다른 사람의 말을 잘 들어주는 게 가장 공감을 살 만하지 않을까 하지만 혹시 상대방의 말을 이해하지 못해서 그냥 듣고 있는지도 모르죠.

나무보다는 숲을 보며, 공동체에 헌신하고 상대의 기분에 깊이 공감할 줄 압니다. 상대의 입장에서 다양하게 생각해보고 여러 가지 의견을 수용하여 협동합니다. 주체적으로 갈등을 해결하거나 적극적인 경쟁을 하기보다 적들과도 협력하고 그들을 설득하여 좋은 관계를 유지합니다. 그러니 태음인이 있는 곳은 큰 갈등이 벌어질 일이 없겠죠. 수많은 넓은 잎을 지닌 나무 아래에서 다양한 생물들이 쉼을 얻는 것처럼요.

태음인 여성은 '균형'과 '공헌', 태음인 남성은 '책임'과 '용서'라는 긍정적인 감정을 지니고 있습니다. 그러나 스트레스를 받으면 '근심'과 '회피', '후회'와 '낙담'이 드러납니다. 태음인의 부정적 성향은 자신이 나아가야 할 방향을 잃었을 때 방황 혹은 게으름으로 나타납니다.

이들의 무기력함은 생각보다 깊고 오래 지속됩니다. 이런 상태를 그냥 놔두면 안 됩니다. 이때는 적극적으로 운동을 하거나 사람들을 만나는 것이 좋습니다. 상담이나 코칭을 받는 것도 의지를 개발하는 데 도움이 됩니다.

태음인의 사람들과 잘 어울리는 장점은 다른 쪽에서는 우유부단하다고 느껴지기도 합니다. 때로는 중심 없는 사람으로 비춰지기도 하고요. 고지식한 모습을 보이기도 해서 답답하게 느껴지지요. 생각이 많아 쉽게 결정을 내리지 못할 경우엔 너무 자신의 생각에 깊이 들어가지 않도록 주의해야 합니다. 자칫 자신의 일에만 빠져 있으면 우울감이 심해질 수 있으니 평화로운 마음 상태를 유지하는 것이 좋습니다.

태음인은 모든 사람이 기대고 싶을 만큼 마음이 넓은 사람들입니다. 대기만성형이 많고 타고난 인내심과 따뜻한 마음으로 다른 사람을 포용합니다.

강점 **평화와 공존**

태음인의 살이 잘 찌는 체질이라는 이야기를 하면서 그 이유가 간의 기능이 좋다고 했는데요. 간은 영양소를 저장하는 역할을 함으로써 태음인은 수렴하는 체질로 보며 따라서 성격도 내향적입니다.

실제로 발로 뛰면서 느끼기보다는 안정적인 울타리 안에서 내부를 관찰하는 데 힘씁니다. 그래서인지 울타리 안에서 눈에 띄지 않는 사람들, 즉 소외된 사람을 쉽게 찾아내며, 그들을 위로하고, 조력자가 되어주지요. 태음인은 조직에서 구성원들이 조화롭게 공존하는 데 가장 큰 역할을 합니다. 빠르지는 않지만 최선을 다해 책임과 의무를 묵묵하게 완수해나가는 타입이라고 볼 수 있어요.

태음인은 천국에 있어야 할 천사가 지상에 떨어져 사는 사람으로 통합니다. 정이 많고 곤경에 빠진 사람들에게 곧잘 도움의 손길을 뻗습니다. '자애로운 어머니의 마음'을 가지고 헌신하며, 변화에 수용적이에요. 자기주장을 지나치게 내세우지 않고, 고요한 가운데서 빛을 발합니다. 사람들과 더불어 조화롭고 평화롭게 지내기를 원하기 때문이지요. 친구들의 싸움에 슬퍼하는 박태음의 마음은 바로 이런 성향에서 비롯된 것입니다.

이들은 활동성이 적고 잦은 변화는 싫어하지만 집념이 강합니다. 가을걷이가 끝난 후 다가올 봄을 준비하는 겨울처럼, 다음을 위해 묵묵히 실천합니다. 남보다 생각하는 시간이 길지만 한번 결정을 내리면 끝까지 소신 있게 밀고 나가 실천에 옮기기에 대성할 확률이 높습니다.

직장 5년 차 회사원인 한 태음인은 이렇게 말합니다.

"저는 사람들의 입에 오르내리는 게 싫어요. 사람들 앞에서도 제 입장을 내세우지 않아요. 괜한 갈등을 일으키고 싶지 않거든요. 그렇다고 사람들에게 무신경한 건 아니에요. 다른 사람들이 무엇을 좋아하는지, 어떤 생각을 하는지 관찰하는 걸 좋아해요. 한번은 우리 팀에서 진행했던 프로젝트가 채택되지 않은 일이 있었는데 팀원들은 제 잘못으로 돌렸어요. 하지만 전 따지거나 화내지 않았습니다. 시간이 지나고 팀원들은 그 일이 전적으로 제 잘못이 아니라는 것을 알았고, 다시 기회가 왔을 때 저는 최선을 다했습니다. 결국 우리 프로젝트는 성공을 했고 저는 헌신적이라는 칭찬을 받았지요."

태음인은 네 가지 체질 중에서 가장 강한 인내를 가진 사람들입니다. 넓은 포용력으로 다양한 사람과 관계를 맺기 때문에 흥미로운 직업을 가진 사람들이 많습니다. 이런 점을 활용해 사업을 할 경우 그만의 특별한 아이템으로 성공할 수 있습니다. 타고난 현실 감각과 끝까지 밀어붙이는 뚝심과 인내심은 불가능도 가능하게 합니다. 지혜나 순발력은 부족하지만 은근과 끈기로 버티는 '대기만성형'에 가깝습니다.

인생은 단거리 경주보다 마라톤 같은 장거리 경주에 비유할 수 있습니다. 총체적으로 보면 초반에 두각을 나타내지 못했던 태음인이라도 종국에는 우직하게 한 우물을 팜으로써 인생을 승리로 이끕니다. 길고 짧은 건 대봐야 알죠.

인생은 끝까지 살아봐야 압니다. 언뜻 보기에 뚜렷한 재주도 없어 보이고 말도 없는 태음인이지만 그 안에는 집념과 끈기, 재주와 능력, 삶을 통해 얻은 지혜가 잠재되어 있습니다. 묵묵히 다른 사람을 배려하고 수용하기 때문에 사람들을 하나로 모으는 힘을 지니고 있습니다.

약점   좀처럼 알 수 없는 속마음

변화 속도가 빠른 현대에는 유유자적한 태음인이 잘 맞지 않는 것처럼 보이기도 합니다. 때로는 고집스럽고 편협한 것처럼 보이지요. 빤히 잘못된 일인 줄 알면서도 무모하게 밀고 나가려고 할 때는 답답하기까지 합니다.

태음인 아이를 키우는 엄마의 말을 들어볼까요?

"우리 애는 누굴 닮아 고집이 그렇게 센지, 한번 작정하면 말릴 수가 없어요."

태음인은 자신의 마음을 잘 표현하지 않습니다. 대부분 체격이 크고, 먹을 것을 좋아하는데 큰 덩치와 맞지 않게 겁이 많은 모습입니다.

겉은 온순해 보이지만 자신만의 공간이나 물건을 잘 챙길 정도로 현실적인 면모를 보이기도 합니다. 자신의 의견을 먼저 얘기하지 않기 때문에 타인의 말을 잘 들을 것 같지만 은근히 폐쇄적입니다. 사람들과 소통이 잘 안 될 때도 있고, 간혹 고집불통이라는 소리도 듣습니다.

태음인 남자 친구를 사귀고 있는 소양인 여성은 처음에는 태음인 남자 친구의 과묵함이 마음에 들었고 든든하고, 포용적인 남자라고 느꼈다고 합니다. 그러나 시간이 지날수록 말이 없고, 속내를 드러내지 않는 남자 친구가 점점 의심스러워졌습니다.

"오빠가 별 반응도 없고, 말이 없을 때는 나를 정말 좋아하기는 하는 건지, 별별 생각이 다 들어요. 속마음을 모르니 불안하기도 하고요. 사귄 지도 오래됐고 점점 나이는 먹어가는데 결혼하자는 말을 하지 않아요. 답답해 죽을 것 같아요."

태음인 입장에서 보면 단지 표현하지 않을 뿐이고, 결단을 하기까지 시간이 걸리는 것이라고 생각할지 모릅니다. 하지만 정작 옆에 있는 사람들은 음흉한 사람이 아닌가 하는 생각마저 하지요. 태음인 아이를 키울 때는 되도록 정면대결은 피하는 것이 좋습니다.

일의 옳고 그름을 따지는 건 아이의 고집을 부추기고 대화를 거부하게 만들 뿐입니다. 평소에도 표현을 잘 하지 않던 아이가 아예 입을 다물고 더 이상 부모의 어떤 말도 듣지 않는 고집쟁이가 되어버립니다. 부모의 일방적인 야단 역시 좋은 방법은 아닙니다. 태음인의 넘치는 체력을 감안하면 폭발적이고 공격적인 역

반응까지 불러일으킬 수 있습니다.

　소심증이 심하거나 기가 약한 태음인인 경우에는 어떨까요. 자꾸 다그치거나 몰아세우면 아예 입을 다물어버립니다. 혼자 고민에 빠지고 자신의 감정을 전혀 내비치지 않아 주위 사람들을 답답하게 만듭니다. 소심하고 걱정이 많아 우울증에 빠질 수 있으니 평소 주의 깊게 살펴보는 게 좋습니다. 이런 상황이 계속 되면 모든 일에 흥미가 떨어져 아무것도 하지 않으려 듭니다.

　주위 사람들은 덩치가 큰 태음인에게 포근함을 느끼지만 막상 태음인은 별다른 생각 없이 받아들입니다. 말이 없고 감정에 민감하지 않기 때문에 사람들은 태음인을 의지하지요. 생각의 폭이 넓고, 감정이 무뎌 속상할 만한 일도 그냥 잊고 맙니다.

　이런 태음인의 성격은 장점이 되기도 하지만 시간이 지나면 속을 알 수 없고 답답한 사람이라는 인상을 줍니다. 폭넓은 관계를 맺더라도 대인관계에서 실속을 차리기는 어렵습니다. 게다가 한번 흥미를 가지면 빠져나오지 못하는 치명적인 성향 때문에 끝장을 봐야 직성이 풀리므로 중독에 빠질 위험마저 있습니다.

태음인은 변화를 좋아하지 않고, 겁이 많은 편입니다. 움직이는 것을 싫어해서 비만이 오기 쉬우며 신경이 예민하지 않아 깊은 잠에 빠져 코를 고는 체질입니다. 너그러운 성품 덕분에 사람들의 사랑을 받지만 조용하고 말이 없어 타인에게는 도통 속을 알 수 없는 사람으로 비치기도 합니다.

다른 사람과 상황만 생각하지 말고 자신이 원하는 것이 무엇인지 분명하게 표현하는 연습을 하는 게 좋습니다. 단번에 되지는 않겠지요. 천천히 하나씩 실행하다 보면 조금씩 달라지는 자신의 모습을 볼 수 있을 거예요.

태음인은 나서서 말하기보다 잘 듣기 때문에 다른 사람을 배려하는 느낌을 줍니다. 상대방의 이야기를 들을 뿐 그들이 원하는 대로 자유롭게 내버려두기 때문에 사람들은 자신을 가치 있게 여겨주는 태음인 곁에 머무는 걸 좋아합니다.

태음인은 한번 시작한 일은 지구력을 가지고 꾸준히 노력합니다. 어떤 상황에서도 끝까지 참고 버텨서 목표한 일을 해내고 경쟁에서 이깁니다. 자신의 주장을 상대방이 듣지 않아도 소신을 다해 드러냅니다. 타인의 의견이나 충고를 귀담아 듣지 않을 때는 고집스럽게 느껴질 수 있습니다. 이럴 때에는 자신의 감정에서 물러나 객관적으로 자신과 상황을 바라보는 법을 배우는 것이 좋습니다.

태음인이 사람들에게 사랑받는 이유는 타인을 향한 넓은 긍정 에너지를 지녔기 때문입니다. 유머감각을 발휘해서 분위기를 부드럽게 만들기도 하지요.

주변의 태음인을 관찰해보세요. 비록 썰렁할지언정 그 유머로 웃는 사람이 있다니까요. 태음인처럼 사람 좋은 사람은 또 없습니다. 상처받은 사람들을 아무 조건 없이 다 받아줍니다.

이들은 천성적으로 훌륭한 상담자입니다. 평가하거나 판단을 내리기보다 있는 그대로 받아들여주지요. 만약 고민이 생기면 태음인을 찾아가세요. 자신의 일처럼 느끼며, 묵묵히 끝까지 잘 들어줄 겁니다. 상담 내용이 밖으로 새어나갈 염려도 없습니다. 혹시 사람들의 말을 이해하지 못해서 어떻게 얘기해야 할지 몰라서는 아닐까요.

태음인太陰人

❶ 세속에 욕심이 없고 타인을 돕는 일에 잘 나선다.

❷ 타인을 도우며 자신의 꿈을 이루기에 자신과 타인의 꿈을 일치시키는 면이 있다.

❸ 타인이 상처받지 않도록 애쓰는 마음이 강하다.

❹ 모든 일이 끝나고 난 다음, 그다음을 생각하는 안정적인 면이 있으며 사려가 깊다.

강

약

❶ 현실성이 부족하여 타인들과 관계에서 종종 손해를 본다. 그로 인해 우울이나 슬픔 등의 감정이 가슴 속에 남아 있다.

❷ 싫어도 싫어하는 티를 나타내지 않으므로 손해 보는 방식을 선택하기도 한다.

❸ 사람들과 좋은 관계만 유지하려는 성향 때문에 일이 진행되지 않을 때가 있다.

❹ 지나치게 수용적이어서 타인에게 이용당해 마음이 상할 수 있다.

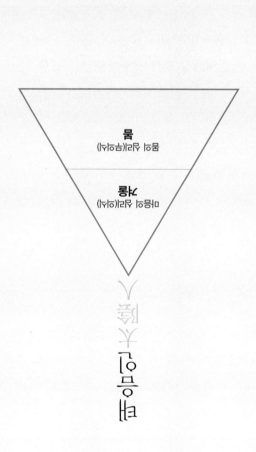

먼저, 아래의 40번까지 문항 중에서 자신에게 맞으면 2점, 보통이면 1점, 틀리면 0점을 줍니다. 그다음 1번 문항에서 10번 문항까지의 합, 11번 문항에서 20번 문항까지의 합, 21번 문항에서 30번 문항까지의 합, 31번 문항에서 40번 문항까지의 합을 계산하여 가장 많은 점수가 나온 곳을 자신의 체질로 보시면 됩니다.

☐　**소양인 체질**

1. (　　) 더울 때는 컨디션이 최악이며 더위를 아주 많이 타는 편이다.
2. (　　) 찬 음식을 좋아하고 찬 음식을 많이 먹어도 탈이 쉽게 나지 않는 편이다.
3. (　　) 편식을 하지 않아 무엇이든지 잘 먹고, 식사를 매우 빨리하는 편이다.
4. (　　) 몸의 컨디션이 좋지 않으면 변비부터 생긴다.
5. (　　) 평소 소화가 잘 돼서 배탈이나 설사를 해본 경험이 매우 드문 편이다.
6. (　　) 자주 아프지 않지만 한 번 아프면 심하게 앓는다.
7. (　　) 주로 손발이 뜨거운 편이며 전체적으로 몸에 열이 많다.
8. (　　) 승부근성이 강해 경쟁하는 스포츠를 즐기며 활동적인 운동을 좋아한다.
9. (　　) 몸 전체에 근육이 잘 발달되어 있으며 누가 봐도 건강한 사람으로 보이는 편이다.

10. (   ) 잘 놀라지 않는다. 겁이 없는 편이며 무서운 것
이 별로 없다.

총점   (   )점

□   **태양인 체질**

11. (   ) 폐가 튼튼한 편이라 오래 달리기나 마라톤을 해
본 경험이 많고 좋아한다.

12. (   ) 감기가 걸려도 기침이 잦지 않다. 기관지가 튼튼
한 편이다.

13. (   ) 땀이 잘 나지 않아 몸이 건조하고 피부에 윤기가
없는 편이다.

14. (   ) 간 기능이 약한 편이며 피로를 회복하는 데 꽤 시
간이 걸린다.

15. (   ) 술을 전혀 마시지 못하는 편이다. 마시고 나면
숙취로 괴롭다.

16. (   ) 뒷목이 당기는 증상이 잦다. 목 주변 부위가 종
종 경직되는 적이 많다.

17. (   ) 몸의 컨디션이 좋지 않으면 소변볼 때 매우 불편
해진다.

18. (   ) 목이 굵은 편이며, 목과 머리가 몸 전체에 비해
서 발달한 편이다.

19. (   ) 피곤하거나 무리하면 다리에 힘부터 빠진다.

20. (   ) 평소 기운이 위로 향하는 듯하고 자꾸 움직이게
된다.

총점   (   )점

□ **소음인 체질**

21. (   ) 추워지면 컨디션이 매우 좋지 않다. 겨울이 가장 견디기 어려운 계절이다.

22. (   ) 몸에 열이 부족한 편이고 특히 손발이 차가워서 손발이 저리는 증세가 있다.

23. (   ) 소화가 잘 되지 않고 예민해지면 체할 때가 많다.

24. (   ) 몸의 컨디션이 좋지 않으면 먼저 소화불량과 설사 증세부터 나타난다.

25. (   ) 식사량이 적고 편식을 하는 편이다.

26. (   ) 몸이 대체로 마른 편이고 뼈대가 얇으며 특히 손목, 발목이 가늘다.

27. (   ) 겁이 많고 무서움을 많이 타며 작은 일에도 잘 놀란다.

28. (   ) 전체적으로 근육이 많지 않다. 근육을 만드는 데 시간이 꽤 걸린다.

29. (   ) 몸에 체중변화가 거의 없으며 많이 먹어도 살이 쉽게 찌지 않는다.

30. (   ) 비위가 약해서 냄새에 민감하고 특히 차멀미가 심한 편이다.

총점   (   )점

□ **태음인 체질**

31. (   ) 몸에 땀이 많은 편이고 사우나나 찜질방을 좋아한다.

32. (   ) 폐 기능이 약해 오래달리기를 싫어하며 숨이 급

하게 찬다.

33. (　　) 땀을 빼고 나면 몸의 컨디션이 좋아져서 운동으로 땀을 빼곤 한다.

34. (　　) 술을 잘 마시는 편이고 그 다음날 숙취해소가 잘 되는 편이다.

35. (　　) 감기에 걸리면 제일 먼저 목이 불편하고 기침도 많이 한다.

36. (　　) 몸에 살이 쉽게 찌는 편이고 운동을 멈추면 요요현상이 쉽게 일어난다.

37. (　　) 몸에 컨디션이 안 좋으면 땀이 잘 나오지 않아 몸이 무거워진다.

38. (　　) 몸무게의 변화가 매우 심한 편이라 늘었다 줄었다를 반복한다.

39. (　　) 대체로 체구가 큰 편이며 살이 찔 때 배부터 살이 찐다.

40. (　　) 근육이 많지 않은 물렁살이고 근육을 만드는 것이 쉽지 않다.

총점　　　　　　　　　　　　　　(　　　　)점

아래의 40번까지 문항 중에서 자신에게 맞으면 2점, 보통이면 1점, 틀리면 0점을 줍니다. 그다음 1번 문항에서 10번 문항까지의 합, 11번 문항에서 20번 문항까지의 합, 21번 문항에서 30번 문항까지의 합, 31번 문항에서 40번 문항까지의 합을 계산하여 많은 점수가 나온 것이 타인에게 가장 대표적으로 보이는 자신의 껍데기라고 보시면 됩니다.

□ 소양 껍데기

1. (   ) 나는 인생을 재미있게 살고 또한 마음껏 즐기려고 태어난 사람이다.

2. (   ) 내 마음을 보여주는 단어는 재미, 여행, 농담, 식탐, 유머, 재치 등이다.

3. (   ) 즐거운 세상을 만들고 인생을 재미있게 살아가기를 희망한다.

4. (   ) 일을 벌이기를 좋아하지만 자신 스스로 생각하기에도 마무리가 부족한 편이다.

5. (   ) 두 번째 마음을 보여주는 단어는 시작, 미래, 기쁨, 즐거움, 봄, 철부지 등이다.

6. (   ) 나는 일과를 빨리 끝내고 친한 사람들과 잘 어울리면서 행복을 느낀다.

7. (   ) 나는 재미없고, 진지한 게 싫다.

8. (   ) 나는 아이디어를 쉽게 내며 재치가 넘친다는 이야기를 자주 듣는다.

9. (   ) 나는 말이 너무 앞서서 나중에 난처한 상황이 생

기는 경우가 많다.

10. (　　) 나는 진지한 이야기보다는 재치 있고 가벼운 대화가 좋다.

　　　　　총점　　　　　　　　　　　　　　(　　　　)점

□　**태양 껍데기**

11. (　　) 내가 하는 일에 최고가 되어 더 유명해지고 싶다.

12. (　　) 나의 마음을 잘 보여주는 단어는 힘, 열정, 실행, 책임감, 현재, 현실 등이다.

13. (　　) 내가 하는 일에 책임감을 가지고 끝까지 실행하는 것이 나의 임무다.

14. (　　) 나는 뒤로 물러나는 것은 추호도 싫으며 남의 지시를 받는 것도 싫다.

15. (　　) 두 번째로 내 마음을 보여주는 단어는 여름, 자신감, 행동, 결단, 속도 등이다.

16. (　　) 나는 항상 무엇인가를 이루기 위해서 열심히 노력하고 행동하고 있다.

17. (　　) 나에 비해 타인이 너무 느리다는 생각이 든다.

18. (　　) 나는 문제가 생기면 바로 해결하는 편이며 진취적인 문제해결을 시도한다.

19. (　　) 나는 자신감과 실행력이 넘쳐서 현재의 문제를 빠르게 해결하는 사람이다.

20. (　　) 나는 목표가 생기면 앞만 보고 달리는 승부사다.

　　　　　총점　　　　　　　　　　　　　　(　　　　)점

□   소음 껍데기

21. (   ) 낯을 많이 가려서 앞장서서 나서는 것을 많이 싫
              어한다.

22. (   ) 내 마음을 잘 보여주는 단어는 인내, 약속, 결실,
              고독, 윤리 등이다.

23. (   ) 호랑이는 죽어서 가죽을 남기고 나는 죽어서 이
              름 석 자를 남기고 싶다.

24. (   ) 나는 추진력은 모자라지만 끝마무리를 확실히
              하는 편이다.

25. (   ) 두 번째로 내 마음을 보여주는 단어는 원칙, 논
              리, 신중, 완벽, 통계, 의리 등이다.

26. (   ) 나는 때때로 완벽하고 결벽해서 내 자신을 스스
              로 힘들게 만든다.

27. (   ) 나는 남에게 피해를 주기도 싫고 도움을 받는 것
              도 부담스러워서 싫어한다.

28. (   ) 나는 원칙을 반드시 지키려고 애쓰며 말과 행동
              이 일치하도록 노력한다.

29. (   ) 나는 해결하지 못한 지난 일에 많이 집착하며 흘
              러간 과거를 잊지 않고 있다.

30. (   ) 나는 마음에 맺힌 무엇인가를 풀기 위해서 늘 노
              력하며 인생을 살아간다.

총점   (   )점

31. (   ) 나는 사람 사이에 사랑과 봉사가 미덕이라고 여긴다.

32. (   ) 나의 마음을 보여주는 단어는 사랑, 용서, 감사, 정신, 봉사 등이다.

33. (   ) 나는 세상이 아름답다고 느끼며, 이 안에 내가 존재하는 것만으로도 큰 의미를 두고 싶다.

34. (   ) 화가 나도 겉으로 잘 표현하지 않고 혼자 속으로 삭이면서 문제를 해결하거나 용서하게 된다.

35. (   ) 두 번째로 나의 마음을 보여주는 단어는 유연성, 지혜, 배려, 감성, 영성 등이다.

36. (   ) 나는 내가 어떤 사람인지 깊게 생각해봐도 한두 마디로 정리하기 힘든 것 같다.

37. (   ) 잠이 많고 게으르다는 지적을 받는 편이다.

38. (   ) 문제가 생겼을 때 적극적으로 해결하기보다는 자연스럽게 외면하게 된다.

39. (   ) 나는 장기적으로 꿈을 이루려고 애쓰며 타인을 도우면서 사는 것에 행복을 느낀다.

40. (   ) 나는 정이 많은 편이며 슬픈 영화를 보면 주체할 수 없게 눈물이 마구 흘러내린다.

총점   (   )점

위의 체질 진단을 통해서 나의 체질을 파악해보셨나요? 껍데기 진단을 통해서 겉으로 보이는 나의 성격이 어떤지도 알아보셨을 겁니다. 체질 진단은 타고난 것이면서 불변적인 것이고 껍데기 진단은 환경과 노력으로 영향을 받거나 학습되는, 가변적인 요소입니다.

체질 진단만큼 껍데기 진단도 중요합니다. 껍데기와 체질이 잘 맞지 않으면 심리 상태가 불안전하고 스트레스를 받을 수 있기 때문입니다.

체질과 껍데기가 같아야 한다는 말이 아닙니다. 앞서 설명한 체질마다 의식과 무의식의 계절 표현을 기억하시죠? 나의 체질에서 의식과 무의식의 계절이 껍데기의 계절과 중복되지 않는다면 심리적으로 안전한 상태라고 합니다. 반대로 나의 체질에서 의식과 무의식의 계절이 껍데기의 계절과 중복되면 스트레스를 받는 상태라고 합니다.

껍데기의 계절은 다음과 같이 구분합니다. 소양 껍데기는 봄, 태양 껍데기는 여름, 소음 껍데기는 가을, 태음 껍데기는 겨울이라고 봅니다.

나의 체질과 껍데기 관계를 계절 표현으로 예를 들자면, 소양인 체질에 태양 껍데기로 진단되면 불안전한 상태라고 합니다. 이유는 계절로 보면 소양인은 의식이 봄, 무의식이 여름입니다. 태양 껍데기는 여름이고요. 여기서 무의식과 껍데기가 여름으로 같아, 이 경우 심리적으로 기복이 있고 스트레스에 노출되어 있는 상태라고 봅니다.

그럼 체질 진단과 껍데기 진단을 통해서 나올 수 있는 모든 경우의 수로 상태를 정리해보겠습니다.

소양인(의식-봄 / 무의식-여름)

소양 껍데기(봄)	조금 불안전한 상태(조금 스트레스 상태)
태양 껍데기(여름)	매우 불안전한 상태(매우 스트레스 상태)
소음 껍데기(가을)	조금 안전한 상태(조금 행복한 상태)
태음 껍데기(겨울)	매우 안전한 상태(매우 행복한 상태)

태양인(의식-여름/ 무의식-가을)

태양 껍데기(여름)	조금 불안전한 상태(조금 스트레스 상태)
소음 껍데기(가을)	매우 불안전한 상태(매우 스트레스 상태)
태음 껍데기(겨울)	조금 안전한 상태(조금 행복한 상태)
소양 껍데기(봄)	매우 안전한 상태(매우 행복한 상태)

소음인(의식-가을/ 무의식-겨울)

소음 껍데기(가을)	조금 불안전한 상태(조금 스트레스 상태)
태음 껍데기(겨울)	매우 불안전한 상태(매우 스트레스 상태)
소양 껍데기(봄)	조금 안전한 상태(조금 행복한 상태)
태양 껍데기(여름)	매우 안전한 상태(매우 행복한 상태)

태음인(의식-겨울/ 무의식-봄)

태음 껍데기(겨울)	조금 불안전한 상태(조금 스트레스 상태)
소양 껍데기(봄)	매우 불안전한 상태(매우 스트레스 상태)
태양 껍데기(여름)	조금 안전한 상태(조금 행복한 상태)
소음 껍데기(가을)	매우 안전한 상태(매우 행복한 상태)

3

인생을 바꾸는
사상체질 의사 소통법

"연병장으로 튀어 나간다!
   실시!"

강원도 첩첩산중. 눈이 내리기 시작한다. 군인들에게 너무 힘든 시간, 겨울이다. 눈과의 싸움이 시작되기 때문이다. 아침 일찍 일어나 허겁지겁 먹은 밥이 채 내려가지도 않았는데 전날 밤 차곡차곡 쌓인 눈을 치워야 한다. 태양인 병장이 와서 말한다.

"눈이 30센티미터나 왔다. 지금 바로 튀어나간다. 모든 눈을 다 치우도록! 시간은 2시간! 실시!"

"눈이 언제 저렇게 내렸습니까? 밤새도록 내린 저 많은 눈을 어떻게 치웁니까? 혹시 포크레인은 옵니까?"

"포크레인 따위는 없다, 이 자식아. 포크레인 기사인 네 아버지가 온대? 정신 차려! 저 눈 다 치워야 해! 저 눈 다 못 치우면 우리 점심도 못 먹어, 이 자식아. 눈이 중요한 게 아니야, 밥이 중요한 거야. 빨리 삽 들고 연병장으로 튀어!"

태음인 이병이 눈치 없이 묻는다. 답답해서 죽을 것 같은 소양인 상병이 '이 자식, 저 자식' 막말을 하며 태음인 이병에게 핀잔을 퍼붓는다. 소음인 일병이 미리 제설작업에 대한 책과 인터넷을 검색한 뒤 세웠던 계획을 말한다.

"오늘 눈이 온 양으로 봐서 약 4시간 30분 정도가 소요됩니다. 그러니 2시간은 너무 시간이 부족합니다. 넉넉히 5시간 정도 주시면 충분히 치워놓겠습니다."

"포크레인이 있으면 한 시간이면 가능한데……."

태음인 이병은 자꾸 포크레인 타령을 한다. 급기야 소양인 상병은 열이 받을 때로 받고야 말았다.

"너 포크레인 이야기 한 번만 더 하면 포크로 입을~! 가만히 찌그러져 있어!"

"우리가 이렇게 시간을 낭비할 때가 아닙니다. 지금도 눈이 내리고 있으니 더 쌓이기 전에 제설작업을 하도록 합시다. 근데 병장님도 함께합니까?"

정확하고 분석적인 소음인 일병이 어떻게 감당하려고 태양인 병장에게 묻는다. 그러나 돌아오는 대답은 없다.

"왜 대답이 없으십니까? 인간은 평등한데 당연히 함께 치우는 거 아닙니까?"

"안 되겠다. 포크 좀 가져와봐라!"

한 술 더 뜨는 태음인 이병의 말에 태양인 병장이 짧게 말한다.

"죽을래? 빨리 튀어 나가!"

소양인 상병과 소음인 일병이 뛰어 나가고 제일 꼴찌로 연병장으로 향하는 태음인 이병은 혼잣말로 중얼거리며 따라 나간다.

"포크레인 오면 좋은데……."

눈을 치우는 데 한나절이나 걸렸다. 내무반으로 돌아온 병사들의 대화 내용이 이어진다.

"야~이제야 눈 다 치웠다! 포크레인이 없어도 가능하네. 와, 신기하다."

태음인 이병의 말을 듣고도 다들 아무 말도 하지 않는다. 소양인 상병은 그 말에는 대꾸도 하지 않더니 갑자기 명령을 내린다.

"야! 라면 좀 끓여봐. 배고파 죽겠다. 눈 아주 징글징글하다. 다음부터는 눈 올 때 나 부르지도 마. 내가 지금 눈 치울 군번이냐? 빨리 라면이나 끓여 와! 계란, 파도 넣고 맵지 않게 세 개는 끓여라. 소음인 일병, 넌 국물 먹어. 고생했다. 태음인 이병! 넌 포크로 김치만 먹어라! 국물 먹으면 죽는다!"

라면을 끓여서 먹고 행복한 시간을 보내고 있는 내무반의 풍경. 저녁 무렵 태양인 병장이 들어와서 다시 비상을 건다.

"야, 눈 또 내린다. 다시 완전무장해서 눈 치우러 간다. 실시!"

이때 소음인 일병이 논리적으로 태양인 병장에게 말한다.

"제가 조사해본 결과는 이 눈은 아침까지 온다고 합니다. 지금 치우는 것은 큰 의미가 없다고 봅니다. 차라리 내일 아침에 치우는 것이 좋을 것 같습니다."

"저도 그렇게 생각합니다!"

소양인 상병도 동조한다. 한쪽에서는 태음인 이병은 기도하고 있다.

"신이시여, 내일은 꼭 포크레인을 보내주시면 감사하겠습니다."

1 　소통하지 못하면 고통이 온다

언어 속에 담긴 욕구를 파악하라

　　태양인은 타고난 군인 체질입니다. 리더십을 발휘하며 우두머리 기질을 십분 발휘하지요. 이들의 어조는 강하고, 분명하고, 명령적이에요. 자신이 모든 문제에 중심적인 해결자임을 과시하지요. 권력과 책임감을 동시에 먹고 살기에 멋진 리더임에는 틀림없지만 군대가 아닌 곳에서도 고압적인 말투를 쓰다가는 다른 사람에게 반발을 살 수 있습니다.

군대 생활을 제일 잘하는 사람이 소양인입니다. 소양인은 몸에 열도 많고 신체적으로 건강하고 겁도 없습니다. 그리고 이들은 달변가이며 임기응변의 대가입니다. 예쁜 무용과 친구들과 친하다며 선임에게 소개팅을 약속하는 등 선임들의 환심을 삽니다.

그러나 허울 좋은 말을 늘어놓다 보면 나중에는 자신의 말을 수습할 수 없는 지경에 이르기도 합니다. 당연히 다른 이에게 상처주는 말을 하면서도 본인은 그것을 모르는 일도 있고요. 너무 긴장이 풀리다 보면 커다란 사고를 낼 수도 있으니 조심해야 합니다.

군대 생활이 제일 고통스러운 체질은 소음인입니다. 겁도 많고, 대인관계도 어려워하고, 낯선 환경과 음식에 대한 적응이 어렵습니다. 특히 견디기 힘든 것은 추위와 힘든 훈련이죠. 모든 상황이 소음인을 초라하게 만들고, 자책과 비관으로 이끌 수 있습니다. 아무리 상관의 말이라도 해도 상처받기가 쉽습니다. 이들에게는 지속적인 위로와 배려의 말이 필요합니다. 그러니 그들이 누군가에 대해 뒷담화를 한다 해도 그저 들어주세요.

태음인은 학교에서와 마찬가지로 군대에서도 선임, 간부, 동기, 후임들에게까지 부하 역할을 하는데 후임일 때는 더 이상 말할 수 없을 만큼 생활이 고달플 수 있지요. 특히 태음인은 어떤 말을 들어도 별 다른 반응을 보이지 않기에 사람들은 아무 생각 없이 말하곤 합니다. 태음인 스스로도 인식하지 못합니다. 하지만 언젠가는 탈이 나고 맙니다. 그러니 태음인은 가슴속에 하고 싶은 말들을 담아두지만 말고 표현해야 한다는 것을 명심하세요.

군대에서 있을 법한 이야기를 들려드렸지만, 이상하게 느껴지는 점이 있을 겁니다. 태음인 이병은 왜 자꾸 포크레인 이야기를 하는 것일까요? 눈을 치워야 하는 상황은 같은데 네 명의 욕구는 서로 다른 것처럼 보입니다. 욕구가 다르다는 건 무엇을 뜻할까요? 바로 소통법이 다르다는 것입니다.

사람은 주로 언어를 통해 자신의 욕구를 표현합니다. '말로 천 냥 빚 갚는다'는 속담도 있는 것처럼 언어를 잘 쓰는 사람은 자신이 지닌 지식을 제대로 이해하고 다른 이에게도 잘 전달하기에 본인이 원하는 결과를 얻을 확률 또한 높습니다. 또한 언어에는 그 사회의 문화가 담겨 있습니다. 한 사회에서 통용되는 언어에 능숙하다는 것은 그 사회의 문화를 제대로 이해한다는 뜻이기도 하지요.

언어는 일상생활에서 주고받는 소통의 수단인 동시에 무의식적 욕구를 충족시키는 매개체이기도 합니다. 인간은 언어를 통해 무의식적 욕구를 충족시킴으로써 의식의 차원으로 나아갑니다. '고기는 먹어야 맛이고 말은 해야 맛'이라는 말도 있지 않습니까. 자신의 숨겨진 뜻을 겉으로 드러내는 도구로 언어를 사용하는 것이지요. 그렇기에 언어에 담긴 욕구를 채워주는 것만으로도 인간이 지닌 욕구의 많은 부분을 해결할 수 있답니다.

다시 태음인 이병 이야기를 해볼까요? 태음인 이병의 대화를 보면 다른 이들과 의사소통을 제대로 하고 있지 못한다는 것을 알 수 있습니다. 태음인 이병이 하는 말은 무시되는 것처럼 보이지요.

사실 태음인 이병이 이렇게 포크레인에 집착을 하는 이유는 태음인 이병의 아버지와 관계가 있어요. 태음인 이병의 아버지는 포크레인 기사로 어렵게 삼형제를 잘 키웠습니다. 그런데 태음인 이병이 군대에 오기 전 아버지가 돌아가시고 말았습니다.

태음인 이병은 아버지를 존경하고 또 포크레인 자체를 좋아했어요. 그래서 늘 아버지에게 포크레인에 대한 이야기를 들었고, 군입대 전에 포크레인 기사 자격증도 땄지요. 이번 기회에 부대를 위해서 포크레인으로 눈 잘 치워 청결한 부대로 만들고 싶었던 착한 소망이 있었던 겁니다. 아버지에 대한 사랑과 효와 부대에 대한 헌신의 마음이 포크레인에 대한 집착으로 보였던 것이지요. 결국 자신의 속마음을 온전히 표현하는 능력이 부족했던 겁니다.

이렇듯 체질이 다르고 체질별로 사용하는 언어에도 각각의 특징이 있습니다. 체질마다 차이가 나는 욕구를 언어로 채워주는 일은 상당히 중요합니다. 언어는 그 사회의 문화도 반영하기 때문에 각 계층이나 자신이 속한 집단의 특성에 맞는 언어를 사용하는 것도 중요하지요.

특히 군대와 같은 특수한 환경에서는 일반 사회와는 다른 언어 방식이 통용되지요. 그러나 언어가 의사소통의 기본이라는 것에는 변함이 없습니다. 그러니 자신의 욕구와 타인의 욕구 사이의 빈틈을 채워줌으로써 서로 원하는 지점에 다가가야 합니다. 그래야 원활한 의사소통이 이뤄져 서로의 욕구를 채울 수 있고 서로가 만족하는 지점에 이를 수 있으니까요.

말이 통하는 게 왜 이렇게 중요할까요? 말이 통하면 감정도 통하기 때문입니다. 언어는 감정과 밀접한 연관을 맺고 있거든요. 타인과 소통할 때 상대의 말 속에 숨어 있는 욕구, 즉 무엇을 원하는지를 파악하면 감정을 이해하게 됩니다. 그렇기 때문에 소통이 더욱 원활해지는 것이고요.

체질별로 자주 쓰는 언어를 파악하고 이해하면 상대가 원하는 것을 알게 되고 이를 바탕으로 신뢰관계를 구축할 수 있습니다. 서로 구속하지만 않는다면 정이 넘치는 끈끈한 인간관계는 삶의 질을 한 단계 더 높이는 역할을 합니다.

욕구를 충족하고 충족시키는 일은 인간관계에서 핵심적인 부분입니다. 특히 서로 주고받는 말 속에 담긴 욕구를 알아주는 일은 훌륭한 소통을 위한 지름길이지요. 이제부터 소통의 변비를 앓고 있는 사람들에게 소통의 달인이 되는 방법을 제시하고자 합니다.

체질별로 자주 쓰는 언어를 이해하라

소통의 달인이 되는 것, 과연 가능할까요? 물론입니다! 체질에 따른 욕구와 언어를 이해한다면 말이지요. 이야기에 등장한 네 명의 군인들을 한번 떠올려보세요. 이들의 대화에 힌트가 들어 있습니다. 조금 짐작이 되시나요? 아직 뭐가 뭔지 잘 모르겠다고요? 그래도 괜찮습니다. 지금부터 체질별로 자주 쓰는 언어를 천천히 설명해드릴 테니 따라오기만 하면 됩니다.

우선, 말 속에 담겨 있는 감정을 이해하면 소통이 쉽다고 했습니다. 감정을 이해하는 것이 왜 그렇게 중요하냐고요? 인간에게는 감정을 공유하려는 본능이 있기 때문입니다. 감정이 통한다고 느끼는 사람들끼리는 소통도 잘 된다고 느끼거든요. 그렇다면 타인과 소통을 잘 하기 위해서는 무엇이 가장 중요할까요?

먼저 자신과 소통을 잘해야 합니다. 그러려면 의식과 무의식의 통로를 최대한 크게 확보해야 합니다. 특히 무의식, 즉 자신의 몸이 어떤 상태인지 아는 게 중요합니다. 자신의 몸을 잘 살펴서 원하는 것을 알아차리고 이것에 맞게 살아나가는 것이 핵심입니다. 몸은 우리에게 부족한 것은 무엇인지, 필요한 것은 무엇인지 정직하게 말해주기 때문이지요.

예를 들면 소양인의 의식은 봄에, 무의식인 몸은 여름에 비유할 수 있습니다. 그래서 소양인은 봄에서 여름으로 가는 통로를 확보하는 것이 중요합니다. 다르게 말하면, 봄의 입장에서 여름을 이해해야 한다는 뜻입니다. 봄이 여름을 이해하는 방법은 뭘까요. 자신의 미래, 즉 여름을 예측해보는 것입니다.

조금 더 구체적으로 말하면, 봄의 즐거움과 여름의 열기를 서로 조화시키는 일입니다. 마찬가지 원리로 태양인의 의식은 여름, 무의식인 몸은 가을이라고 볼 수 있습니다. 또한 소음인의 의식은 가을, 무의식인 몸은 겨울이지요. 마지막으로 태음인의 의식은 겨울, 무의식인 몸은 봄입니다.

사계절은 봄-탄생과 즐거움, 여름-열정과 열기, 가을-결실과 정리, 겨울-희망과 기다림으로 특징지을 수 있습니다. 이를 바탕으로 형성된 체질별 몸과 정신의 심리를 깨달아서 조화를 향해 나아가는 게 목표입니다.

자신과 소통을 잘할 수 있는 방법을 몇 가지 알려드릴까요? 첫 번째, 자신의 의식을 정확히 아는 것입니다. 소양인이라면 봄과 같은 성향이 있다는 것을 아는 것이고, 태양인이라면 여름의 성향을 이해하는 것이지요.

두 번째, 무의식에 관심을 갖는 것입니다. 예를 들어 소양인은 여름의 특성에 귀를 기울여야 합니다. 소양인의 무의식에는 여름의 특성(에너지 넘치고 열정적이며 사방으로 뻗어가는 불과 같은 기운)이 많은 부분을 차지합니다. 그러므로 소양인과 소통할 때는 이런 특성에 맞추는 게 좋습니다. 즉, 여름의 특성인 '폭발하는 열정'의 코드에 맞추어서 소통하는 것이지요. 대화를 할 때 리액션을 잘 해주거나 흥겹게 추임새를 넣어주는 것도 한 방법이겠지요.

세 번째, 자신의 의식과 무의식이 어떻게 연결되어 있는지 아는 것입니다. 몸과 마음은 따로 작용하는 것이 아니고 서로 영향을 주고받으니까요. 무의식은 의식에 영향을 미치고 의식은 무의식에 영향을 미칩니다.

네 번째, 의식과 무의식의 내용물이 무엇인지 아는 것입니다. 앞에서 말씀드린 것처럼 소양인의 의식은 봄과 닮았고 무의식은 여름을 닮았습니다. 소음인의 의식은 가을을 닮았고 무의식은 겨울을 닮았지요. 봄, 여름, 가을, 겨울에 따라 자연이 변하듯 체질에 따라 의식과 무의식의 내용물도 달라지겠지요. 여기에서 계절은 물론 비유적인 표현인 것 아시죠?

다섯 번째, 의식과 무의식의 통로를 넓혀 의식적으로 무의식에 대한 통제력을 높이는 것입니다. 분석심리학의 대가 칼 구스타프 융은 '개성화 과정은 무의식의 의식화'라는 말을 했습니다. '무의식을 의식화하지 않으면 무의식이 우리 삶을 결정하는데 이것을 운명이라고 한다'라고도 했지요.

무의식을 통제하는 일이 중요한 이유는 부정적인 면이 나타날 경우 파급효과가 크기 때문입니다. 가끔 가까운 사람에게 작은 일로 엄청나게 화를 내고 "내가 왜 그랬는지 모르겠어. 미쳤었나 봐"라고 할 때는 없으신가요? 이런 게 바로 무의식이 하는 일입니다. 이유 없이 자주 화가 나거나 짜증이 나는 분들은 자신의 무의식을 좀 들여다볼 필요가 있습니다.

여섯 번째, 의식의 측면에서 무의식의 방향을 미리 예측하고 방어하는 것입니다. 어떻게 하면 되냐고요? 어떤 행동을 하거나 생각을 할 때 의식적으로 관찰을 해보세요. 내가 어떤 것에 자주 좌절하는지, 어떤 것에 약한지, 어떤 것에 마음이 들뜨는지 말입니다. 화가 난 상황에서 자신이 어떻게 하는지 '자동적으로 일어나는 패턴'을 알면 생각 없이 말을 내뱉어 주위 사람을 상처 입히는 일을 줄일 수 있습니다. 어때요, 이것만으로도 커다란 이익이지요?

효과적인 의사소통 방법이 세상엔 많이 소개되어 있지만 제가 권하고 싶은 의사소통의 해법은 두 가지입니다. 첫 번째는 체질에 따른 소통법이 다르다는 점을 이해하는 것이고, 두 번째는 다른 사람을 대할 때 내 방법만 고집할 게 아니라 상대의 체질에 맞춰 유연하게 대처해야 한다는 것입니다.

이야기에 나온 소양인 상병을 떠올려보세요. 어떻게 보이시나요? 자신은 물론 타인과 소통을 잘 하고 있는 것 같은가요? 척 봐도, 둘 다 잘 안 되는 것 같지요? 자신의 말과 감정만 중요하지 다른 병사들이 말하는 것엔 통 관심이 없어 보이지요.

소양인 상병에게는 '의사소통'이라는 말의 의미부터 알려줘야겠습니다. 의사소통은 자신의 생각이나 의견을 일방적으로 전달하는 것이 아닙니다. '소통'이라는 말 자체에는 상대의 존재적 가치를 인정한다는 뜻이 들어 있어요.

우리가 아는 몇몇 사람만 생각해봐도 살아온 환경이 각자 다릅니다. 관심사와 성격, 가치관 등을 온전히 파악하기 어렵습니다. 그렇기에 더욱 체질에 따른 언어를 알고 익혀서 소통하고자 하는 노력이 중요하다고 생각합니다. 소양인 상병에게 인생의 소중한 팁 하나를 제대 선물로 남겨봅니다.

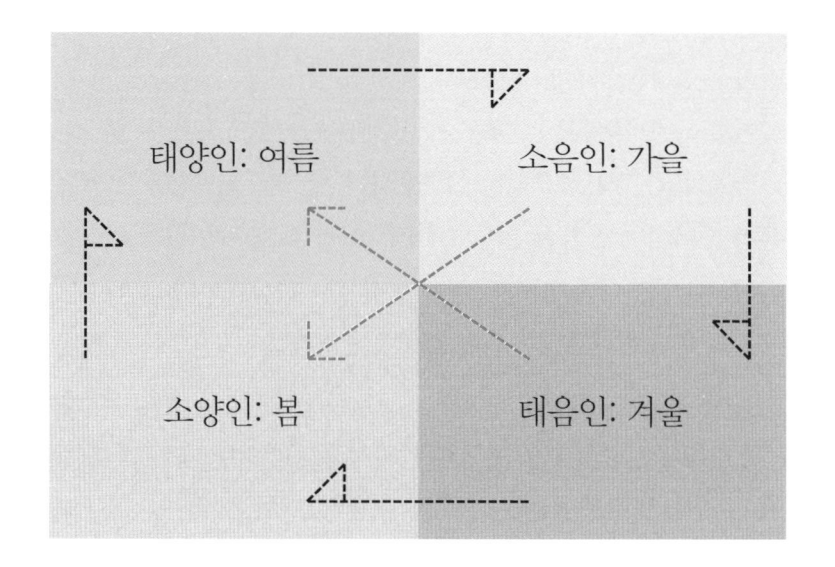

태양인: 여름

소음인: 가을

소양인: 봄

태음인: 겨울

------------- 통제하고 리드하는 관계 ------------- 사랑하고 도와주는 관계

의식적 상호관계

위의 도표를 보면 소양인이 태양인을 사랑하고 도와주며, 태양인은 소음인을 사랑하고 도와주며, 소음인은 태음인을 사랑하고 도와주며, 태음인은 소양인을 사랑하고 도와주는 심리를 가지고 있습니다. 또 소음인은 소양인을 통제하고 리드하려고 하고, 태음인은 태양인을 통제하고 리드하려고 합니다. 구체적으로 두 사람 간의 서로 도와주는 비율은 소양인이 태양인을 80퍼센트의 비율로 도와주면 태양인이 소양인을 20퍼센트의 비율로 도와주려는 심리를 가지고 있습니다. 이와 같이 나머지 체질의 관계도 도와주는 사람이 80퍼센트, 도움을 받는 사람이 다시 20퍼센트의

비율로 되돌려서 도와주려고 하는 심리를 가지고 있습니다. 또 두 사람 간의 서로 통제하려는 비율은 소음인이 소양인을 80퍼센트로 통제하려고 하면 소양인은 소음인을 다시 20퍼센트로 통제하려는 심리를 가지고 있습니다.

이제 여기서 두 사람 간의 승패관계를 알아보도록 하겠습니다. 바깥쪽의 검은색 화살표는 화살표의 출발점이 도착점을 이기는 심리를 가지고 있지요. 즉, 도와주는 사람이 도움을 받는 사람을 이기는 원리입니다. 안쪽은 청색 화살표는 화살표의 출발점이 도착점을 완전히 이기는 심리를 가지고 있습니다.

정리하자면 소양인은 태양인을 이기고, 태양인은 소음인을 이기고, 소음인은 태음인을 이기고, 태음인은 소양인을 이기고, 소음인은 소양인을 완전히 이기고, 태음인도 태양인을 완전히 이기는 구조입니다. 여기서 같은 체질끼리는 서로가 비기는 성향이라고 할 수 있습니다.

그렇다면 지는 쪽에서는 반대로 이길 수 없는 걸까요? 이길 수 있습니다. 바로, 껍데기를 사용하면 됩니다.

예를 들어, 태양인이 소양인을 이기는 방법을 보겠습니다. 소양인에게는 소음인의 기운이 더 센데요. 태양인이 소음인 성향의 껍데기를 이용하면 소양인을 이길 수 있습니다. 껍데기는 학습과 환경을 통해 누구나 가변적으로 사용할 수 있는 것으로, 쉽게 말해 가면과 같은 용도인 셈입니다.

도표에서 대각선으로 통제하고 리드하는 관계를 나타냈는데,

이것은 리더십이 필요한 조직이나 위계가 있는 집단의 경우에 활용하면 매우 효과적입니다. 직장 내 상사와 부하직원 또는 선후배 사이가 대표적이겠죠. 학교에서 스승과 제자 사이, 가정에서 부모와 자식 사이도 적용하기 좋습니다.

소음인은 소양인을, 태음인은 태양인을 다스리고 이끌기에 이상적인 구조입니다. 만약 이 구조가 반대로 작용된다면 큰 갈등과 문제가 생기고 그에 따른 감정 소모로 쉽게 지치게 됩니다.

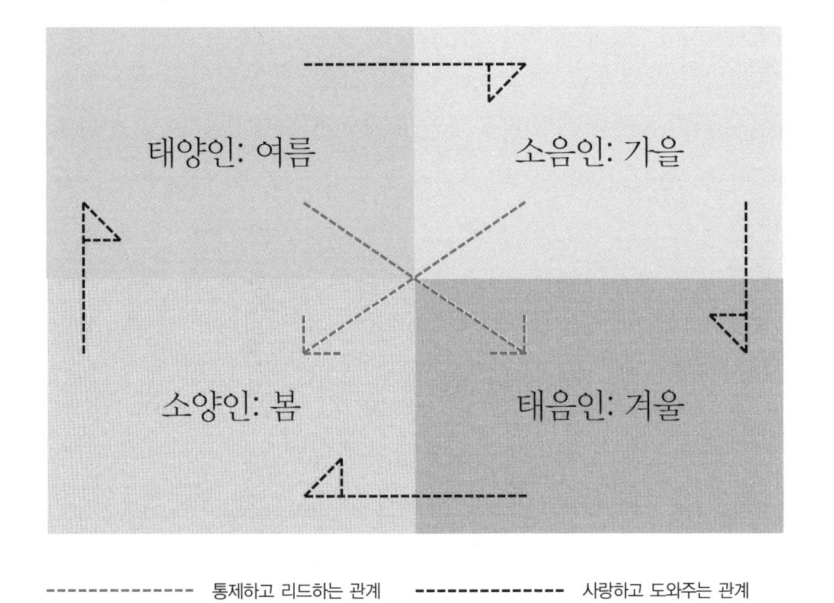

태양인: 여름　　　소음인: 가을

소양인: 봄　　　태음인: 겨울

--------------- 통제하고 리드하는 관계　　------------- 사랑하고 도와주는 관계

무의식적 상호관계

마찬가지로 무의식적인 상호관계에서도 소양인은 태양인에게 호의적이고 도와주며, 태양인은 소음인에게 호의적이고 돕습니다. 또 소음인은 태음인에게 호의적이고 도움을 주며, 태음인은

소양인에게 호의적이고 돕는 심리가 내제되어 있습니다.

　반면, 소음인은 소양인을 통제하며 리드하려 하고, 의식적인 차원에서와는 반대로 태양인이 태음인을 통제하며 리드하려고 합니다. 의식적인 차원과 마찬가지로 두 사람 간의 서로 도와주는 비율은 소양인이 태양인을 80퍼센트의 비율로 도와주면 태양인이 소양인을 20퍼센트의 비율로 도우려는 심리가 있습니다. 이와 같이 나머지 체질의 관계도 도와주는 사람이 80퍼센트, 도움을 받는 사람이 다시 20퍼센트의 비율로 되돌려서 도와주려고 하는 심리를 무의식적으로 가지고 있습니다. 또 두 사람 간의 서로 통제하려는 비율은 의식차원에서와 마찬가지로 소음인이 소양인을 80퍼센트로 통제하려고 하면 소양인은 소음인을 다시 20퍼센트 정도 통제하려는 심리를 가지고 있습니다. 또 태양인이 태음인을 80퍼센트 정도 통제하려고 하면 태음인은 태양인을 20퍼센트 정도로 통제하려는 심리가 있습니다.

　두 사람 간의 승패관계를 알아보도록 하겠습니다. 바깥쪽의 검은색 화살표는 화살표의 출발점이 도착점을 이기는 심리로 의식 차원의 해석과 같습니다. 즉, 도와주는 사람이 도움을 받는 사람을 이기는 원리입니다. 안쪽의 청색 화살표는 화살표의 출발점이 도착점을 이기는 심리로 의식의 상호관계와 같은 원리로 보시면 됩니다. 소양인은 태양인을 이기고, 태양인은 소음인을 이기고, 소음인은 태음인을 이기고, 태음인은 소양인을 이기고, 소음인은 소양인을 이기는 기질입니다. 하지만 반대로 의식의 상호관계와 다르게 태양인은 태음인을 이기는 구조입니다. 여기서 같은 체질끼리는 서로가 비기는 것으로 보면 됩니다.

의식과 무의식으로 체질끼리 어떤 상호 관계가 있는지 살펴봤습니다. 대부분 의식의 관계도와 무의식의 관계도가 같지만 다른 경우가 있습니다. 태양인과 태음인의 관계죠. 이 두 체질은 의식적인 관계에서는 겨울이 여름을 이기듯 태음인이 태양인을 이기는데, 무의식적인 관계에서는 가을이 봄을 이기듯 태양인이 태음인을 이기는 구조입니다.

그렇다면 이 경우는 최종적으로 어떤 결과인 걸까요? 태양인이 태음인보다 우세라고 보시면 됩니다. 의식보다 무의식이 더 영향력이 세기 때문입니다. 그러므로 태양인이 윗사람인 경우가 더 원만한 관계가 되고, 어떤 일을 도모하는 데 있어서 좋은 성과를 낼 수 있습니다.

2   소양인, 말로만 소통하려
      들지 맙시다!

상황1   **약 올리는 신경질적인 언어-의식언어-봄언어**

다시 앞에 나온 이야기로 예를 들어보겠습니다. 소양인 상병의 말을 한번 살펴볼까요? 욕설은 물론이고 말을 하는 상대에게 비아냥거리는 말투로 대꾸합니다. 너는 그것도 모르냐는 식이지요. 게다가 숫제 다른 사람에게 명령조는 다반사에 신경질을 대놓고 부립니다.

"내가 지금 이거 할 군번이냐. 가서 라면이나 끓여와!"

듣는 사람은 생각하지 않는 것 같네요. 소음인 일병과 태음인 이병은 고참만 아니면 소양인 상병의 말마따나 그냥 콱 포크를 가져와서 찍고 싶은 심정일 겁니다. 군대이니만큼 특별한 상황 아니냐고요? 여자 소양인은 어떨까요? 어디 좀 살펴볼까요? 별 다를게 있기나 하면 좋겠습니다.

"진희야, 언니 물!"

"내가 무슨 언니 심부름꾼이야? 나도 이제 고등학생이라고."

"이거 좀 봐. 이 옷 어때?"

"또 내 말은 씹고 언니 하고 싶은 말만 한다?"

소희 씨는 직장 생활을 시작하고 월급을 받기 시작하면서 지금까지 자제하던 쇼핑의 욕구를 불태우기 시작했습니다. 사고 싶은 것, 먹고 싶은 것, 하고 싶은 것을 다 합니다. 어때요? 자기 본위로 생각하는 소양인 상병과 비슷하지요? 그런데 카드 값을 내야 하는 월말이 되면 어떨까요?

"뭐야 누가 이런 걸 샀지? 내가 쓴 거 아닌 것 같은데?"

스스로에게 신경질을 부릴지도 모를 일입니다. 심지어 고등학생인 동생 진희에게 이자를 주겠다며 돈을 빌리기도 했습니다. 그것도 갚지 못하거나 잊어버리기 일쑤입니다. 다 '뼁카'죠. 소희 씨는 다시는 카드를 흥청망청 쓰지 않으리라 결심을 합니다. 하지만 다음 달 월급날이 되면 언제 그랬다는 듯 다시 쇼핑에 몰두합니다.

소희 씨가 하는 말은 전형적인 소양인의 언어 패턴입니다. 세상을 만만하게 볼 만큼 자신감 넘치는 성향이라 주변 사람들을 잘 살피지 못합니다. 지루한 것은 절대 참지 못하고 싫증도 자주 냅니다. 상대를 종 부리 듯하며, 자신이 하고 싶은 말은 실컷 하면서 정작 상대가 하는 말은 듣지 않습니다. 정말 딱 여자 소양인 상병입니다.

이렇듯 소양인의 언어는 '요구'하는 언어입니다. 이거 한 번 봐달라, 저거 해달라 하는 식이지요. 그래놓고 만약 상대가 자신의 말을 듣지 않으면 그때는 투정을 잔뜩 부리는 언어로 바뀝니다.

이날도 소희 씨는 친구들을 만나 쇼핑을 하고 들어왔습니다. 하루 종일 신나게 놀고 들어와서는 지친다며 동생을 불러댔습니다. 소희 씨의 잦은 심부름과 휘둘림에 지쳐가던 진희는 참고 참다가 폭발하고 말았습니다. 발단은 물심부름이었지만 기폭제는 엄마가 집에 들어온 후 시작된 잔소리였습니다.

"집 안이 이게 다 뭐냐!"

엄마는 먼저 진희의 방문을 열고 소리 질렀습니다.

"엄마가 아침에 나가면서 집 안 정리 좀 하라고 했니, 안 했니?"

"난 내 방 청소했어. 봐, 깨끗하잖아."

"네 방만 청소하면 다야? 주말에도 가게 나가는 엄마가 청소 좀 부탁한 게 그렇게 어려운 일이냐?"

"엄만 왜 나한테만 그래? 언니도 있잖아!"

"언니는 일주일 내내 일하느라 피곤하잖아."

"나도 피곤해! 아침 일찍부터 학교 가서 하루 종일 공부하다 밤

늦게 오잖아. 언니는 주말에는 쉬기라도 하지. 난 주말에도 학원 가야 해. 오랜만에 휴일인데 나도 좀 쉬면 안 돼?"

"아이고. 내가 말을 말아야지. 그만하자, 엄마도 피곤해."

"하여튼, 저러니까 남자친구 하나 없지. 야, 너 그렇게 무뚝뚝하면 대학 가도 인기 없어."

소희 씨는 결국 진희가 폭발할 때까지 약을 올렸습니다. 자유분방하고 얽매이기를 싫어하는 소양인은 흥미로운 경험을 쫓아다닙니다. 깊이 생각하지 않고 쾌활하기에 가벼워 보이기도 합니다. 자아도취 기질이 있어 잘난 체하는 것으로 비치기도 합니다. 감정에 따라 하고 싶은 말을 다 하지요. 기분 좋을 때는 한없이 천사처럼 굴다가도 기분이 상하면 가시 돋친 말을 서슴없이 내뱉습니다. 가시 정도가 아닙니다. 소양인 남성인 경우에는 소양인 상병처럼 포크레인 얘기를 자꾸 꺼내는 태음인을 향해 포크를 들고 달려들지도 모릅니다.

소양인의 요구지향적이고, 투정하고, 타인을 약 올리고, 가시 돋친 듯한 신경질적인 언어를 어떻게 해결하면 좋을까요? 먼저, 자신 스스로 이런 언어를 알아채는 것이 우선입니다. 굳이 바꿀 필요 없다고요? 그러다가 언젠가 자신의 말투 때문에 호되게 당할 날이 있을지도 모른다니까요.

다음 단계는 나쁜 언어습관을 차츰 고쳐나가는 거예요. 최종적인 목표는 소음인의 언어로 옮겨가는 겁니다. 즉, 소음인의 순응 지향적이고, 투정을 참아보고, 타인의 마음을 달래주고, 말에 가시가 제거된 순화된 언어를 쓰는 거죠. 이것이 바로 소양인의 성공적인 의사소통법의 첫째 목표라고 보면 좋을 것 같습니다. 더나아가 태양인, 태음인의 언어까지 골고루 습득하여 네 가지 언어를 상황에 맞게 쓰는 유연함을 키우면 더 좋겠지요.

상황2 무한긍정언어–의식언어–봄언어

사실 예로 든 이야기는 소양인의 극단적인 한 부분만 보여주기 위한 것이라 다소 과장된 면이 있을지도 모릅니다. 소양인을 싫어하냐고요? 아닙니다. 저도 소양인 껍데기를 쓰고 있으니 제2의 나와 같은 소양인이 싫을 리가 있나요.

지금부터는 소양인의 장점을 말해볼까 합니다. 지금까지 쭉 공부를 해왔으니 소양인에게 얼마나 커다란 장점이 있는지 알고 계시지요? 바로 무한 긍정의 힘입니다.

이런 성향이 잘 드러나는 이야기 하나 들려드리고 말을 계속해보도록 하겠습니다.

영업의 귀재라 불리는 양 부장은 직원들과의 미팅이나 중요한 회의가 있을 때 빼고는 사무실에 앉아 있는 법이 없습니다. 그는 입버릇처럼 이렇게 말합니다.

"사무실에 하루 종일 어떻게 앉아 있지? 갑갑해 죽고 말 거야."

그는 일을 벌이기 좋아해서 한꺼번에 여러 가지 일을 하는 것을 즐깁니다. 긍정적인 결과에 자기만족을 느끼며, 남들의 칭찬을 먹고살지요. 양 부장이 외근 나갔다 회사로 다시 들어오는 날은 회식이 있거나 술이 당기는 날입니다. 소양인 양 부장은 음주가무를 즐깁니다. 술을 마시는 이유도 놀러 가는 이유도 다양합니다. 기분이 좋아서 마시고, 기분이 나빠서 마십니다. 날이 좋아서, 날이 나빠서, 날이 아무렇지도 않아서, 머리를 식히러 나갑니다. 도깨비도 아닌데 말이죠. 이런 면은 소양인 상병과 일부분 통하네요. 눈 치울 때 부르지도 말라는 말 속에 담긴 의미가 무엇입니까. 힘든 일 안 하고 놀고 싶다는 뜻 아니겠습니까.

"오늘 회식 있는 거 다들 알지? 퇴근 시간 땡 치면 나가자고."

양 부장은 시계 바늘이 6자에 오자마자 바로 자리에서 일어섭니다. 양 부장이 일어서자 직원들도 기다렸다는 듯이 일어납니다. 소양인에게 야근이라니요. 있을 수도 참을 수도 없는 현실입니다.

"부장님은 역시 센스 짱이시라니까."

"내가 놀고 싶어서 그런다."

식사를 하고 술이 한 잔씩 들어가자 이야기가 술술 나오기 시작합니다. 요즘 실적인 부진한 김 대리가 넋두리를 풀어놓습니다.

"부장님, 저 요즘 의기소침해져서 일할 맛이 안 난다니까요."

"일단 한 잔 해, 김 대리."

"감사합니다."

"흔한 얘기지만 사람이 안 될 때가 있어. 힘든 거 다 겪었으니 이제 잘 될 일만 남은 거야."

"부장님은 언제나 기운이 넘치십니다."

"나야 너무 넘쳐서 탈이지. 지난 주에 와이프랑 뮤지컬 보러 갔다가 갑자기 해야 할 일들이 계속 떠오르는 거야. 앉아 있을 수가 있어야지. 중간에 나왔다가 아내한테 지금까지 시달리고 있다니까. 김 대리를 위해 힘 나는 가무를 선사하지. 우리 자리 옮길까?"

소양인 양 부장은 남들이라면 심각하게 생각할 일도 가볍게 여깁니다. 관계를 맺는 일에도 별다른 어려움을 느끼지 않습니다. 타고난 열정과 기쁨이 다른 사람에게 쉽게 전달되어 함께 있으면 즐겁고 신이 납니다. 분위기를 화기애애하게 만드는 데 선수입니다. 사교성이 좋아서 여러 사람 속에서도 단연 돋보이지요.

하지만 긍정적인 사고 이면에는 부정적인 생각을 몰아내고자 하는 두려움이 깔려 있다는 사실을 아셔야 합니다. 다양하게 벌이는 많은 일은 불안이나 갈등에서 벗어나기 위한 일종의 도피 행위일 수도 있어요. 그래서 소양인들이 부정적인 것을 직면하기 어려워하고, 한 가지 일에 흥미가 떨어지면 중간에 쉽게 그만두는 거라니까요. 이쪽도 좋고 저쪽도 좋다고 하는 바람에 줏대가 없다는 소리도 종종 듣지요. 아, 이 소리는 태음인들도 종종 듣는 소리네요.

이들의 무한 긍정 언어 뒤에는 부정적인 감정이 숨어 있다는 것을 기억해주세요. 소양인 스스로도, 다른 사람도요. 그래야 제대로 소통할 수 있습니다. 자신의 감정을 잘 들여다보세요. 아니라고, 나는 아니라고 아무리 우긴들 자신의 부정적인 감정을 외면하고 있다니까요!

과학적으로 뇌는 긍정과 부정의 감정을 함께 경험합니다. 그런데 소양인은 부정적인 감정이 일어날 때 이것을 무시하고 너무 긍정적으로만 바꾸려고 해요. 이런 오류에 빠져서는 안 됩니다. 뇌에서 부작용이 일어날 수도 있어요.

그러니 부정적인 감정이 일어나면 그 뿌리를 찾아가세요. 그 원인을 해결하는 것이 먼저입니다. 나아가 근거 없고 막연한 긍정적인 생각을 부정의 칼날로 도려내어보세요. 현실적인 차원에서 부정적인 사고도 직면해야만 진정한 의사소통을 하게 됩니다. 아무리 신나는 일이 연속적으로 일어나도 삶이 항상 즐겁거나 행복한 것만은 아닙니다. 소양인이 부정적인 감정도 느끼고 수용하게 된다면 더 깊이 있는 인생을 맛볼 수 있을 겁니다.

3 | 인생을 바꾸는 사상체질 의사 소통법

소양인의 또 다른 언어의 패턴은 경박한 언어 사용입니다. 소양인 자체가 좀 가볍다는 소리를 듣기는 하지만 그게 단지 행동만은 아닐 겁니다. 그들의 말투를 보세요. 다시 소양인 상병의 언어를 좀 볼까요?

"저 눈 다 치워야 해! 저 눈 다 못 치우면 우리 점심도 못 먹어. 이 자식아 눈이 중요한 게 아니야, 밥이 중요한 거야."

당장 해야 할 일을 앞두고 그것보다 먹는 것 타령을 하고 있는 소양인 상병의 말이 어떻습니까? 철부지 어린아이 하나가 앞에 있는 것 같지 않나요?

사회 초년생인 나경 씨의 예를 살펴보죠. 나경 씨는 최근 프랜차이즈 카페에 취직했습니다. 특성화 고등학교를 졸업하자마자 바리스타 자격증을 땄습니다. 하고 싶은 일이 많아서 이외에도 자격증을 몇 개 더 땄지만 바리스타는 그중에서 가장 흥미를 느꼈던 일이라 고민 없이 선택했습니다. 나경 씨는 사람들을 만나는 것을 좋아합니다. 사람을 상대하는 일이 힘이 들 때도 있지만, 사람 속에 있을 때 힘을 얻습니다. 며칠 전 매니저가 나경 씨에게 부탁을 했습니다.

"나경 씨, 이번 주 주말에 오픈 조인데 집에 일이 좀 생겼어. 나랑 바꿔주면 안 될까?"

"네, 괜찮아요."

금세 매니저의 얼굴의 환해졌습니다.

"내가 이래서 나경 씨를 좋아한다니까. 부탁도 잘 들어주지, 손님들 밝게 대하지. 지난 달 우수 사원도 나경 씨였지요?"

"네."

"고객들도 사람을 알아보는 거죠. 암튼 고마워요."

"저도 일찍 끝나고 좋죠 뭐."

오픈 조를 하면 새벽부터 일어나야 해서 힘듭니다. 하지만 주말 저녁 내내 그동안 미뤄두었던 드라마를 몰아서 볼 수 있다는 생각에 벌써부터 기분이 들뜨기 시작합니다. 그동안 업무를 새로 배우고 적응하느라 좋아하는 드라마도 제대로 보지 못했습니다. 오랜만에 맥주를 마시며 느긋하게 저녁 시간을 보내려고 마음먹 습니다. 놀고 싶은 건 소양인 모두의 마음입니다. 특히 음주가무 가 빠지면 안 되겠죠.

토요일 오전부터 손님이 몰리기 시작했습니다. 게다가 주말부 터 시작되는 특별 이벤트 기간엔 3시부터 5시까지 음료를 50퍼 센트 할인해주기로 했습니다. 본격적인 전쟁은 점심때부터 시작 됐습니다. 유동 인구가 많은 쇼핑몰 근처인 데다 주변에 대형 빌 딩도 많아서 고정 고객도 많은데 이벤트까지 겹치자 길게 늘어서기 시작한 줄은 끝이 보이지 않았습니다.

원래 오픈 조는 3시 퇴근이지만 날이 날이니 만큼 이벤트가 끝나는 시간까지 2시간은 기본으로 더 일을 해야 합니다. 오후 조 직원은 3시까지 와야 하는 걸 깜박 잊고 4시가 넘어서야 출근을 했습니다. 늦게 온 직원은 별로 미안한 기색도 없이 옷을 갈아입으러 들어가더니 한참 지나서야 나왔습니다.

나경 씨는 짜증이 나기 시작했습니다. 웨이팅 줄은 여전히 길었지만 오후 직원이 업무교대를 하자마자 빠져버렸습니다. 5시가 되려면 20분이나 남았지만 시간이 거의 다 됐으니 상관없겠다는 생각이 들었습니다. 화장실에서 친구에게 오늘 하루 종일 있었던 일을 카톡으로 주고받으며 한참 수다를 떨었습니다. 화장을 고치고 새로 산 립스틱을 바르니 기분이 조금 좋아졌습니다. 탈의실에서 옷을 갈아입고 나오는데 매니저가 불러 세웠습니다.

"나경 씨, 오늘 5시까지 근무인데 어디 갔었어요?"

"화장실이 너무 급해서……."

"그래도 그렇지 일도 다 끝나기 전인데. 그리고 오늘은 이벤트가 있는 날이잖아요. 뒷정리도 좀 도와야죠."

"초과 근무 했거든요. 오후 조가 늦게 온 게 잘못이죠. 제 탓만은 아니잖아요."

나경 씨는 자신도 모르게 톡 쏘듯이 말하고 인사를 하는 둥 마는 둥 하고 카페를 나섰습니다. 퇴근길에 나경 씨는 엉망이 된 기분을 풀기 위해 좋아하는 맥주 번들을 사서 돌아왔습니다. 한 캔씩 마실

때마다 시원하게 구겼습니다. 혼자 여섯 캔을 다 마시고 화장실에서 시원하게 볼일을 본 후 뻗어서 잤습니다. 어때요? 당장 눈을 치우는 일보다 내 기분, 내 배고픔이 먼저인 이 둘 닮아 있지요?

다음 날, 나경 씨는 계속 울리는 전화 소리에 잠에서 깼습니다. 오픈 시간이 2시간이나 지나 있었습니다. 매니저를 비롯해 직원에게 걸려온 전화가 10통도 넘었습니다. 결국 1주일 후에 사표를 내고 말았다고 하네요.

소양인은 자기 기분에 따라 일을 처리하는 경향이 짙습니다. 남을 잘 도와주기도 하지만 책임감을 갖고 일을 끝까지 마무리하는 것은 약합니다. 충동적이고 자신이 하고 싶은 대로 하려는 경향이 많아서 잘되면 '내 덕분'이지만 잘못되면 '남 탓'을 하기도 합니다. 남의 요청을 잘 받아주고 도와주지만 기분이 상하면 상황에 상관없이 짜증내는 말을 내뱉기도 합니다. 소양인 상병은 말끝마다 '이 자식아, 저 자식아' 하며 짜증을 부립니다. 자기 자식도 아닌데 말이죠.

그렇기 때문에 소양인은 특히 주의를 기울여 사회생활을 준비해야 합니다. 인내를 가지고 준비하고 계획하는 습관을 길러야 하지요. 당장 눈앞에 있는 즐거움만 찾다가 업무를 제대로 수행하지 못할 수도 있으니까요. 그렇지 않으면 나경 씨처럼 사표를 내야 하는 상황을 맞닥뜨리게 될 테니까요. 소양인 상병은 그나마 군인이니까 다행이라고나 할까요. 하지만 앞으로 복학해서 취업할 일이 까마득할 텐데 말이죠. 그나저나 저는 또 왜 남 걱정을 벌써부터 하고 있는 걸까요. 참나, 누가 소음인 아니랄까봐 말입니다.

소양인은 자신의 충동적이고 가벼운 언어를 심사숙고하고 신중한 언어사용을 하는 연습이 필요합니다. 장기적 안목으로 쏘아붙이듯이 말하는 습관을 고치는 훈련을 해야 하죠. 시간과 과정을 소중히 여기고, 말을 내뱉기 전에 자신을 깊이 들여다보는 연습을 합시다. 자신의 부족한 점을 보완하면 어디서든 사랑 받으며 성공할 수 있을 겁니다. 아시겠죠, 모든 소양인 여러분?

지금까지 소양인이 주로 쓰는 언어의 취약점을 인식하고 해결하는 방법을 찾아보았는데요. 방향을 바꿔서 이제는 소양인의 언어에 대한 전반적인 해결책과 우리가 소양인을 대할 때 어떻게 해야 할지에 대한 해결책을 간결하고 핵심적으로 살펴보도록 하지요.

해결1 소양인 본인의 경우
감정언어를 걷어내고 말의 속도를 줄이고 사실언어로 말하라

소양인은 밖으로 내지르는 말을 주로 씁니다. 이런 걸 '발산언어'라고 하지요. 평소 모든 일을 즐겁고 빠르게 하기 때문에 상황에 관계없이 좋은 게 좋은 것이라고 생각하며 말하기 쉽습니다. 말이 빠르고 속도를 제어하기 힘든 점도 문제입니다. 자칫 잘못하면 상황을 왜곡시킬 수 있거든요. 혹은 설레발치는 행동이나 대화로 엉뚱한 방향으로 일을 진행시킬 위험도 있습니다. 즉, 소양인의 생각과 언어의 속도는 다른 체질보다 빠릅니다.

이런 점을 조금 바꾸는 것만으로도 소양인에는 크게 도움이 됩니다. 그럼 어떻게 하면 좋을까요? 자신이 말하는 속도를 의식하면서 천천히 말하도록 연습하는 것입니다. 소양인의 감정언어를 구체적 사례를 통해 살펴볼까요?

소양인의 감정언어

"그래서 결론이 뭐야? 좋은 게 좋은 거 아냐? 된다는 거야, 안 된다는 거야?"

소양인의 사실언어

"좋은 데요. 결론이 뭐에요? 이런 점은 보충해야 하지 않을까요?" ○

"결과적으로 우리 팀에 승산이 있을 것 같네. 고생 많았어." ○

차이점이 뭔지 알아차리셨나요? 평소의 긍정적인 화법을 살리되, 지나치게 감정적이지 않은 대화로 풀어나가는 겁니다. 소양인은 자신도 모르게 말에 감정을 쏟아부을 때가 많기에 상대가 어떤 기분이 들지 헤아리지 못하는 경우가 많습니다. 내 감정이 소중한 것처럼 상대의 감정 또한 소중합니다. 기분대로 말하기보다 객관적으로 사실을 말하는 연습을 하면 도움이 될 겁니다.

자, 결론을 시원하게 말씀드리지요. 소양인이 명심해야 할 언어전략은 감정과 사실을 분리해야 한다는 것입니다! 다시 한 번 강조하겠습니다! 감정과 사실의 분리입니다! 감정에 치우쳐 팩트를 놓치는 오류를 저지르면 안 됩니다. 자신의 욕구와 사실을 분리하는 연습도 필요합니다. 현실에서 겪은 팩트를 자신이 감정적으로 어떻게 왜곡시키는지 관찰해보세요. 그리고 제발 거기에 빠지지 마세요. 거듭거듭 당부합니다.

해결2 소양인을 대할 때
태음인의 수용적인 언어로 받아라

소양인은 기분파입니다. 그들은 기분에 따라 표현의 편차가 심합니다. 기분이 좋을 때는 천사가 따로 없습니다. 반대로 기분이 나쁠 때는 악마가 나타납니다. 말로 천당과 지옥을 넘나들지요. 1시간 전에는 춤추고 노래하며 흥겨워하다가 남들은 별일 아니라고 생각하는 일에 갑자기 분노지수가 치솟습니다. 그 분노는 아무 데서나 시도 때도 없이, 특히 자신보다 약한 사람들에게 분출되는 경향이 있습니다.

또 드라마나 영화의 주인공이라도 된 것처럼 멋을 내고 말도 멋지게 합니다. 어딜 가든 화제가 되는 대화를 꺼내 분위기를 주도하기에 떠들썩하게 보입니다. 뽐내는 말투와 자랑하는 말투, 재미있는 말로 사람들의 관심을 사려는 특징을 보이는 사람이 많습니다.

또 소양인이 쓰는 말들은 긍정성이 강합니다. 대화를 할 때도 흥분이 묻어나고 본인의 기분을 고스란히 드러내는 경우가 많습니다.

"나 지금 화났어."

"나 지금 기분이 엄청 좋아."

아이처럼 직설적으로 감정을 나타내기에 쉽게 티가 납니다. 어디선가 많이 본 듯하지 않나요? 떼쓰고 투정 부리는 철없는 아들 말입니다. 투정 부리는 아들은 어떻게 받아주는 게 좋을까요? 너 그러운 엄마가 달래는 방식으로 대화를 시도하면 효과가 있습니다. 다음 예시를 통해 소양인의 언어에 어떻게 반응하는 게 적절한지 살펴보겠습니다.

소양인의 언어(요구언어, 투정언어)

"엄마 나 장난감! 장난감 빨리 사줘."

태음인의 언어(수용언어, 경청언어)

"우리 아들 장난감 갖고 싶구나. 어떤 장난감을 가지고 싶니?" ○

소음인의 언어(주눅언어, 부정언어)

"미안하다. 아들아. 아파트 관리비도 못 넣었다." △

태양인의 언어(강압언어, 비난언어)

"어제 사줬잖아 이 자식아! 넌 왜 늘 장난감 타령이냐!" ×

소양인의 언어(요구언어, 조건언어)

"장난감 사주면 넌 엄마한테 뭐해줄 건데? 청소해줄래?" ×

어때요? 조금 감이 잡히나요? 유대인의 속담에 다음과 같은 말이 있습니다.

"사람에게 귀가 두 개이고, 입이 하나인 이유는, 잘 듣고 신중하게 말하라는 신의 뜻이다."

우리가 소양인과 원활한 대화를 하기 원한다면 말하는 것보다 듣는 일이 더 중요합니다. 그들의 화난 감정을 먼저 가라앉혀야 하지요. 그래야 이성이 잘 작동하니까요. 잘 듣는 것만으로도 소양인과의 대화의 절반은 성공입니다.

 이들이 하는 말을 잘 귀담아 들으면서 정신없이 흘러가는 대화의 맥락을 잘 잡도록 애써야 합니다. 소양인과의 대화 중에는 대화의 본질을 흐리지 않으면서도 상대를 배려하는 태도가 중요합니다. 그런 후 논리적인 문제해결 방향인 사실 언어로 대화를 이끌어가도록 합시다.

 우리 인간의 감정은 흥분한 상태에서는 이성이 잘 작동되지 않는 뇌의 구조를 가지고 있습니다. 특히 소양인들은 다른 체질보다 감정적으로 더 빨리 더 쉽게 흥분하는 특성을 가진 체질이기에 감정관리에 많은 신경을 써야 합니다. 소양인 상병 기억하시죠? 군대에서 하던 식으로 사회에서도 말버릇을 고치지 못하면 결국 옆에 있던 누군가 이성을 잃고 이렇게 외칠지 모릅니다.

 "야, 내가 네 자식이냐? 이 자식, 저 자식 좀 하지 마, 이 자식아!"

3 태양인, 과연 소통하고 행동합니까?

태양인은 사상체질 중에서 가장 양 기운이 많은 체질입니다. 넘치는 양의 기운을 전달해주는 태양인은 영웅이나 사극에 등장하는 장군의 면모를 보입니다. 주변에 태양인이 없다고요? 군대에 가면 많이 볼 수 있습니다. 태양인이 압도적으로 많이 모여 있는 곳 중의 하나가 군대거든요.

이들은 목에 칼이 들어와도 당당할 정도로 의지가 강하고 쉽게 타협하지 않습니다. 이런 성향은 언어에서도 분명하게 드러납니다. 태양인의 언어는 문제해결언어이면서 강하게 핍박하는 억압적인 특징을 보입니다. 앞에 나온 이야기 중에 태양 병장의 말을 기억하시나요? 말이 짧지만, 그 짧은 말 속에도 문제해결언어는 드러나 있습니다.

영웅은 난세에 나온다고 했던가요. 이 말 속에는 태양인은 소수라는 점이 전제되어 있습니다. 태양인은 자신이 태양인으로 태어난 것만으로도 큰 자부심을 느낍니다. 자신에 대한 확신과 신뢰는 누구도 따라올 자가 없습니다. 언어 또한 그들의 성격만큼이나 강하고 대화는 일방통행일 경우가 많습니다. 다음 이야기를 통해 태양인의 언어적 특성을 더 살펴보도록 하죠.

태양인 아버지를 둔 소영 씨는 성인이 됐는데도 아버지의 통제 때문에 숨이 막혀 죽을 것 같다고 하소연하곤 합니다. 며칠 전 회사에서 회식이 있었습니다.

"소영 씨, 왜 자꾸 시계를 봐. 옆에 앉아 있는 사람 불안하게."

"죄송해요. 제가……."

"설마 통금시간 같은 거 있는 건 아니지?"

"……."

업체 쪽에서 걸어온 클레임 때문에 회식 자리가 늦어졌습니다. 시작한 지 얼마 되지도 않았는데 상사보다 먼저 일어난다는 건 쉬운 일이 아니었습니다. 그 와중에도 휴대폰은 1분이 멀다고 계속

울려댔습니다. 사람들은 자주 울리는 소영 씨의 전화에 신경 쓰며 애인이냐고 놀리듯 묻기도 했습니다. 하지만 전화를 걸어대는 사람이 자신의 아버지라고 고백하는 건 너무 부끄러운 일이었지요.

전화를 받지 않자 문자가 쏟아지기 시작했습니다. 가뜩이나 가시방석인데 회사 사람들은 누구 하나 일어날 기색이 없습니다. 아버지는 지금 몇 신데 아직도 안 들어오냐, 회식에서 술 많이 마시는 거 아니냐, 늦게 들어오면 알아서 해라는 등 문자 폭탄을 보내왔습니다. 옆에 있던 상사가 슬그머니 눈치챘습니다.

"소영 씨 한 잔 받아. 처음 신입사원 환영회 때도 아버지가 10시에 데리러 오셨지 참. 소영 씨도 불쌍하네."

사수의 이 말이 자극제가 되었습니다. 소영 씨는 입술을 꼭 다물고, 휴대전화 전원을 껐습니다. 될 대로 되라는 심정으로 술도 제법 마셨습니다. 시계 따위는 보지도 않았습니다. 그날 소영 씨는 새벽까지 문 밖에 서 있어야 했습니다.

"당신 문 열지 마. 내 말 안 듣는 자식은 나도 필요 없어. 당신도 마찬가지야!"

"다 큰 애를, 그것도 회사에서 일이 있는 걸 가지고 통금 시간이 말이 돼요. 말이 돼!"

"어디서 말대답이야. 지금 제정신이야! 당신도 쫓겨나고 싶어!"

"네, 그래요. 저도 이제 말 좀 하고 삽시다."

소영 씨는 큰 소리가 오가는 것을 참고 들으며 현관문 앞에서 흐느껴 울었습니다. 한참 시간이 지난 후 어머니가 나와서 모녀는 부둥켜안고 또 울었습니다. 다음날 간단히 짐을 싸서 집을 나왔습니다. 당분간 자취를 하고 있는 친구 집에서 신세를 지기로 했습니다.

처음 아버지는 어머니에게 노발대발 하더니 며칠이 지나자 조금은 수그러진 듯 보였습니다. 하지만 아버지가 먼저 딸에게 손을 내미는 일은 없었습니다. 아버지가 꿈쩍도 안 하자 어머니는 소영 씨에게 먼저 아버지에게 문자라도 보내보는 게 어떻겠느냐고 하셨습니다.

"싫어. 아빠랑은 대화가 불가능해. 얘기를 하기도 전에 버럭 화부터 내잖아."

"그래도 어떡하니? 요새 네 아빠 혈압 또 올랐다."

"그런 말해도 소용없어. 나도 이제 숨 좀 쉬고 살고 싶어."

이 부녀의 냉전은 언제 끝날지 알 수 없습니다. 소통을 위해서는 서로 양보하는 점도 있어야 하는데 태양인은 자신이 옳다고 생각하는 것을 결코 굽히지 않기 때문입니다. 태양인의 가장 큰 장점이자 단점은 자신의 생각이 진리인 양 믿어 의심치 않는다는 것입니다. 주변 사람에 대한 배려는 생각할 겨를이 없는 듯합니다. 이런 점은 그들이 자주 쓰는 말에도 적나라하게 나타납니다.

소영 씨의 아버지는 늘 못마땅하고 화난 사람처럼 상대를 억박지르는 태도로 말을 합니다. 누구라도 그의 말에 함부로 반박하기 힘들 정도입니다. 반박은커녕 입도 벙긋하기도 전에 말이 잘리고 맙니다.

이처럼 태양인 주위에는 숨어 있는 복병이 많습니다. 그들은 태양인을 은밀하게 밀어낼 대상으로 삼습니다. 타협할 여지가 없다는 것을 알기에 자신이 희생당하지 않기 위해서지요. 누군가 태양인 병장의 말을 어겼다고 생각해보십시오. 단체로 완전군장하고 죽도록 고생을 하겠지요.

치명적인 결말로 치닫지 않으려면, 태양인은 주위의 이야기를 잘 듣고, 타인의 입장에서 생각하는 넓은 마음을 가져야 합니다. 쏟아내는 발산언어에서 받아들이는 수렴언어로 전환하는 연습도 필요합니다. 이것을 해낼 수 있다면 태양인은 덕장이 될 가능성이 충분합니다. 남들이 하기 두려워하는 것도 제일 먼저 할 수 있는 용기와 힘을 지녔기 때문에 백전백승과 더불어 존경의 대상이 될 것입니다.

상황2 싸움을 불러일으키는 시비 말투-의식언어-여름언어

평소 남을 공격하는 성향이 강하고 분노가 많은 태양인은 어디를 가든 갈등을 일으킬 불씨를 안고 있습니다. 불같은 성격이라 주변에서 호응해주지 않으면 화를 내고, 속된 말로 잘못 걸리면 맞장을 떠야 할지도 모릅니다.

참 신기한 건, 이들은 그냥 하는 말인데 듣는 사람에게는 부정적으로 들린다는 겁니다. 재주도 이런 재주가 없어요. 시비를 거는 것 같기도 하고, 일방적으로 야단을 맞는 기분도 듭니다. 때로는 너무 엄격한 말투여서 주눅이 들 때도 있지요.

태양인 장 부장의 이야기를 들어볼까요?

장 부장은 아침부터 속이 쓰려 점심엔 부드러운 음식을 먹고 싶었습니다. 그런데 직원들이 비가 온다며 자기와 상의도 없이 바지락 칼국수에 파전으로 메뉴를 정해버렸습니다. 순간 화가 올라왔지만 최근 자신의 일방적인 지시나 불같은 성미 때문에 회사 내에서 불만이 제기된 적이 몇 번 있던 터라 화를 꾹 눌러 참았습니다.

비도 오는데 가게는 이미 먼저 온 사람들로 북적이고 있었습니다. 입구에 서 있는데 급히 나오던 사람이 우산을 빼내려다 장 부장의 다리를 밟았습니다. 장 부장이 째려보자 그 사람은 움찔하며 사과를 하는 둥 마는 둥 하고는 서둘러 밖으로 나갔습니다.

자리에 앉았는데 탁자는 지저분한 채 제대로 닦이지도 않았고, 수저에 뭔가 묻어 있기도 했습니다. 온통 마음에 안 드는 것 투성이었지요. 부하 직원들도 장 부장의 눈치를 보느라 분위기가 어색합니다. 문제는 음식이 나온 후에 터졌습니다. 장 부장이 국물을 한 입 떠 넣은 순간 뭔가 씹힌 겁니다. 순간적으로 장 부장은 숟가락을 탁자에 집어 던져버렸습니다.

"젠장! 오늘 메뉴 정한 사람 누구야! 이딴 걸 어떻게 먹어!"

3 | 인생을 바꾸는 사상체질 의사 소통법

장 부장은 뒤도 돌아보지 않고 식당을 나갔습니다. 장 부장이 나간 뒤 할 말을 잃었던 직원들은 한 마디씩 던졌습니다. 그나마 상사이기 망정이네요.

"이렇게 살벌해서야 원. 다음부터는 점심도 같이 못 먹겠네."

"추진력 하나는 진짜 끝내주시는데…… 저렇게 벌컥벌컥 화를 내시니 우리보고 어쩌란 거야."

이 대리는 장 부장 밑에서 일하는 걸 유독 힘들어합니다. 태음인 이 대리는 신중한 성격에 결론을 내기까지 시간이 오래 걸리기에 부장과 대할 때마다 어려움을 겪어왔습니다. 어떨 땐 은근히 화가 나서 고집을 부리기도 했지만 사사건건 그럴 수도 없는 노릇이라 직장을 옮기는 게 좋을지 고민을 하는 중입니다. 장 부장이랑 사사건건 부딪쳐서 이러다가 제 명에 못 살지 싶었습니다.

오후 내내 사무실 분위기는 좀처럼 나아지지 않았습니다. 장 부장은 아차, 하는 생각이 들었습니다. 요즘은 단지 일을 잘하는 것만으로 회사 생활을 하는 시대가 아니기 때문입니다. 다른 직원들과의 협업이나 팀워크를 통해 성과를 보여줘야 하지요. 이럴 때 원활한 인간관계는 필수입니다.

유연성 있는 태도와 소통하는 능력은 리더가 반드시 갖추어야 할 덕목입니다. 그런데 이렇게 살얼음판을 만들어놓았으니, 그것도 말 한마디로 말입니다. 뒤늦게 후회했지만 분위기를 바꿀 만한 능력이 장 부장에게는 없었습니다. 인간관계와 소통이 생각보다 어렵다는 것을 뼈저리게 실감하는 중입니다.

그나마 장 부장이 할 수 있는 일이라고는 일찌감치 회사에서 퇴장해주는 일입니다. 퇴근하자마자 들어간 집에 아내는 보이지 않습니다. 개수대에는 설거지거리가 쌓여 있고, 집 안 여기저기에 빨랫감도 내팽개쳐져 있습니다. 한눈에 봐도 제대로 치우지 않은 게 분명합니다. 순식간에 분노지수가 올라갑니다. 회사에서 화를 참느라 애를 썼던 게 더 화가 납니다. 양복 윗도리를 집어 던지듯 벗어놓고 넥타이를 풀어 제칩니다.

"어딜 쏘다니는 거야? 들어오기만 해봐라."

괜히 집에 없는 아내에게 화를 내며 리모컨을 찾습니다. 그러나 어디에 있는지 도통 보이지 않습니다.

"리모컨은 어디 있는 거야?"

아무도 없는 거실에 장 부장의 목소리가 쩌렁쩌렁 울립니다. 하필 그때 문이 열리는 소리가 들립니다. 장 부장은 벌떡 일어납니다. 들어와서 신발도 벗지 않은 아내를 향해 냅다 소리를 지릅니다.

"이놈의 집구석은 대체 왜 이 모양이야!"

태양인의 언어는 성질 나쁜 엄격한 아버지가 가족들에게 야단치는 언어처럼 느껴집니다. 게다가 태양인은 욕쟁이입니다. 누가 보면 화난 사람 같지요. 말의 시작과 끝이 욕으로 시작해 욕으로 끝나는 경우도 많습니다.

표현력이 다소 센 태양인은 욕을 일상적으로 씁니다. 우리나라는 다른 나라에 비해 독특한 비속어가 발달되어 있습니다. 청소년기에는 특히 친구들끼리 모였을 때 기분이 좋아도 욕을 하고, 싸워도 욕을 합니다. 청소년기를 지나 성년이 된 후에는 알아서 욕을 걸러낼 법도 한데, 태양인은 욕 자체가 나쁘다고 생각하지 않습니다. 표현의 수단으로 활용한다고 여기거든요.

이런 태양인의 언어 습관은 가정에서든 조직에서든 주변 사람들에게 상처를 주고, 문제를 일으킬 수 있습니다. 그렇기에 한 호흡 멈춰 서는 게 중요합니다. 당장 그 사람의 말을 끊고 이야기를 하고 싶어도, 화가 나도, 시간을 두고 기다릴 줄 알아야 합니다. 자신이 원하는 대답이 아닐지라도 일단 들어야 합니다. 그렇지 않으면 상대방은 자존심이 상해 모욕당했다고 느낄 수도 있으니까요.

먼저 상대의 이야기를 듣고 차분한 마음으로 기다린 다음 겸손하게 배려하는 태도로 말하는 연습을 하는 것이 좋습니다. 덧붙여 태양인과 대화를 하는 타인이라면 성질 급한 태양인을 위해 간단명료하고 정확한 언어로 핵심부터 말하는 것을 잊지 맙시다.

　　태양인은 상황판단이 빠르고 리더십이 뛰어나 자신이 맡
은 업무에서 두각을 나타냅니다. 군인에게는 필수불가결한 요소
입니다. 전장에서 빠른 판단력이 없다고 상상해보세요. 끔찍하지
않습니까. 이들은 복잡한 일을 단순하게 만드는 힘이 있고, 방향
을 정확하게 보기에 경쟁하는 상황에서 더욱 빛을 발합니다. 성
취감에 타오르면 타오를수록 주도적이면서도 집중력 있게 문제
를 해결합니다.

　　반면 성과와 능력을 중요하게 여기며 모든 상황을 통제하기를
원하는 성향은 다른 사람을 무시하는 태도로 이어져 갈등과 반발
을 일으킬 수 있습니다. 자신도 모르는 사이에 타인을 통제하고
억압하는 언어를 사용하기 때문입니다.

　　이들은 무슨 일이든 마음먹은 대로 처리하며 세상을 개선하고
자 합니다. 전투적인 자세로 말이지요. 행동하는 사람들로 혁명
가나 지도자의 역할을 할 때가 많습니다. 통찰력이 뛰어나고, 사
리판단이 명확해서 과학자나 전략가를 직업으로 선택하는 것도
좋습니다. 핵심을 잘 파악하기 때문에 지식을 기반으로 하는 사

업이나 창의력을 요하는 직업과도 잘 맞습니다. 사업이라는 것도 어떻게 보면 또 다른 전쟁터입니다.

　IT업계 벤처 회사의 대표를 맡고 있는 김 대표는 창업한 지 5년 만에 '본받고 싶은 젊은 사업가'로 선정됐습니다. 인지도가 높아지면서 각종 언론에서도 주목받아 최근 인터뷰가 잦습니다.

　"최근 대기업 협력업체로도 선정되었다고 들었는데, 어떻게 하청업체가 아닌 협력업체가 될 수 있었나요?"

　"IT 관련 회사에 근무한 적이 있었는데 앉아서 하는 일이 저와 맞지 않는다는 걸 알았습니다. 잠깐 고민하다가 회사를 박차고 나왔습니다. 그래도 그곳에서 일한 덕분에 거래처 사람들을 알게 되었고, 회사를 차리고 난 후 도움을 많이 받았죠. 회사가 안정되기 시작할 무렵, 거래처와 연결된 다른 거래처들을 뚫고 다니다가 좋은 아이템이 떠올랐습니다. 하지만 좋은 아이템이 있다고 해도 당시 거래처들은 그걸 실현하는 건 불가능하다고 했습니다. 하지만 전 포기하지 않았고 결국 대기업과 협력업체가 될 수 있었습니다."

　"비결은 추진력인가요? 당당하고 자신감 넘치시는 모습이 그대로 전달되네요."

　인터뷰가 끝나자마자 김 대표는 휴대전화를 보았습니다. 그 짧은 사이에 회사에서 전화가 서너 통이나 와 있었습니다.

　"무슨 일이야?"

　"일본에서 전화가 왔는데 지난번 납품한 물건 때문에 클레임이

들어와서요. 부장님이 직접 통화했는데 소용없네요. 대표님께서 직접 얘기를 듣고 결정하셔야 할 것 같습니다."

"알았어, 상황 보고 준비해둬."

간결하고 짧은 문장 안에는 태양인의 직선적이고 단도직입적인 면모가 드러납니다. 일 하나 제대로 처리하지 못하는 직원에 대한 불신과 비난의 심리도 담겨 있지요. 김 대표는 이쪽에서 제대로 보낸 물건 납품이 늦어진 경위를 알아보고, 일본으로 곧장 날아갔습니다. 일에 차질이 생긴 이유는 일본 공항에서 생긴 작은 소동 때문이었습니다. 일사천리로 문제를 해결하고 돌아오자마자 실무자를 불렀습니다.

"파이널 체크 안 해? 이런 일이 벌어지는 동안 뭐 했어?"

"……."

"팀장 오라고 해."

김 대표는 실무자가 뭐라고 대답하기도 전에 말문을 막아버렸습니다. 이렇듯 태양인 상사는 결론부터 해결하려는 성향이 강해 자칫 독선으로 빠질 위험이 있습니다. 능력과 성과를 중시하므로 인간적인 면보다 업무적인 면을 중시합니다. 남을 배려해서 말하거나 에둘러 말할 줄을 모릅니다. 그래서 남에게 거만하다는 인상을 줄 수 있습니다.

그렇다면 태양인은 타인과 어떻게 소통하는 게 좋을까요? 또 다른 사람들은 태양인을 어떻게 대하면 좋을까요?

태양인 본인의 경우
심호흡을 하고 난 뒤 사실언어로 말하라

태양인은 발산하는 언어를 사용하기 때문에 스트레스를 받거나 생각대로 일이 풀리지 않으면 불같이 화를 냅니다. 급한 성격 때문에 앞뒤 생각도 하지 않고 말부터 내지르지요. 이런 대화법은 듣는 사람에게는 공격적으로 느껴질 수 있습니다.

그러므로 화가 나더라도 상대방의 의견을 듣는 습관을 들이는 게 좋습니다. 이 단계로 바로 가기 힘들 때는 심호흡을 하고 화를 가라앉힌 다음 감정을 과도하게 싣지 않은 사실언어로 중화시켜 줍니다. 직설적인 화법을 쓰는 태양인은 돌려 말하는 것이 더 힘들 수 있습니다. 그러나 소통을 위해 습관을 바꿀 필요가 있습니다.

태양인의 언어

"지금 그걸 말이라고 해? 다시 해!"

사실언어

"방금 말한 것을 다시 정리해주게." ○

"이렇게 해보는 건 어떻겠나?" ○

자기중심적인 생각에서 벗어나는 건 분명 어려운 일입니다. 하지만 상대의 의견을 존중하는 태도를 기르면 필요 없는 갈등이나 오해는 줄어듭니다. 조금만 부드럽게 말하는 것만으로도 인간관계 개선에 큰 도움을 받을 수 있습니다.

팽팽하게 당겨진 활시위는 긴장 속에서 파르르 떨리기 마련입니다. 우리 몸과 마음도 마찬가지지요. 스스로 긴장을 풀고 주변을 돌아보는 여유를 가지는 것이 좋습니다. 혼자 달려가기보다 다른 사람과 속도를 맞춰보면 어떨까요.

자신의 이익을 생각하지 않고 타인을 도와주는 마음을 가져보는 것도 좋습니다. 정보를 공유하고 성과를 나누며 힘든 상황에서도 협력하는 자세를 기른다면 태양인은 훌륭한 리더로 성장할 것입니다.

해결2 태양인을 대할 때
소음인의 언어로 받아라

체질별로 언어를 통해 욕구를 풀어내는 방식이 다르다는 것은 앞에서도 이미 말했습니다. 양인인 태양인과 소양인은 밖으로 표현하는 발산언어를 쓰고, 음인인 태음인과 소음인은 안으로 수용하는 수렴언어를 사용합니다.

체질을 알면 의사소통을 잘 할 수 있을 것 같지만 체질을 정확하게 구분하는 일은 의외로 어렵습니다. 하지만 거꾸로 생각해보면 상대의 체질을 몰라도 그들이 사용하는 언어를 보면 어느 정도 파악할 수 있습니다. 태양인의 언어는 단박에 알아차릴 만큼 직설적이고 직접적인 언어를 사용하죠. 그런가 하면, 간접적인 언어로 돌려 말하는 사람도 있습니다. 대체적으로 음인이에요.

최근 조직에서도 협업이 많아지는 추세입니다. 혼자 성과를 내는 사람보다 관계를 잘 맺는 사람이 유리합니다. 인간관계가 힘들어서, 다른 사람과 소통이 잘 안 돼서, 직장을 그만두었다는 사람의 얘기를 곧잘 듣습니다. 물론 모든 사람과 잘 맞을 수는 없지만 사사건건 맞지 않거나 상극인 사람이 있을 때는 삶이 고달파집니다. 그렇기에 더욱 상대의 언어방식을 알 필요가 있습니다.

흔히 극과 극은 통한다는 말을 합니다. 발산언어를 쓰는 양인은 음인의 언어인 수렴언어로 받아주면 자신이 원하는 방향으로 부드럽게 대화를 이끌 수 있습니다. 그러고 나서 최종적으로 중용언어를 사용하면 됩니다.

예를 들어 태양인이 태양인의 언어로 말하면, 태양인이든 소양인이든 태음인이든 소음인이든 소음인의 언어로 받아주는 것이 좋습니다. 엄격한 아버지의 마음을 알아주는 철든 딸과 비슷하다고 볼 수 있습니다.

태양인의 언어

"당신 집 안에서 뭐 했어? 청소도 안 하고?"

소음인의 언어

"미안해 여보. 집이 지저분하니까 기분이 안 좋지?" ○

소양인의 언어와 태양인의 언어는 발산하는 언어이기 때문에 특히 태양인과 소양인 둘이 만날 경우 갈등이 생기기 마련입니다.

태양인의 언어 "너 왜 이렇게 늦게 왔어?"
소양인의 언어 "내가 얼마나 늦었다고 그래요?"
태양인의 언어 "매번 늦잖아!"
소양인의 언어 "내가 언제 매번 늦었다고 그래요?"

각자 자기 언어로만 대화를 끌어가면 상황은 더 악화될 뿐입니다. 태양인이 윽박지르듯 말하면 소양인은 한 발 물러나 소음인의 언어를 쓰면 분위기를 전환시킬 수 있습니다. 소음인의 언어를 사용해서 자신이 잘못을 시인하고 그다음 중용언어를 통해 늦을 수밖에 없었던 이유를 사실대로 말합니다.

태양인의 언어 "너 왜 이렇게 늦게 왔어?"
소음인의 언어 "죄송합니다. 늦었습니다."

태양인의 언어 "앞으로 조심해!"

소음인의 언어 "네. 앞으로 늦지 않겠습니다."

이렇듯 태양인의 언어에는 소음인의 언어로 받는 게 제일 좋습니다. 태양인의 언어는 문제해결언어이면서 강박언어, 핍박언어이기도 합니다. 대화의 기준이 문제 중심적이기 때문에 사실보다는 결론을 빨리 내기를 원합니다. 예를 들어 1+1=2라는 답이 풀이 과정 없이 바로 나와야 직성이 풀립니다. 전화할 때도 오래 통화하지 않습니다. 즉, 결론부터 말하는 두괄식 대화법을 자주 사용합니다.

이들의 욕구를 풀어주기 위해서는 고개 숙인 언어인 소음인의 언어로 받아주는 게 좋습니다.

같은 음인이지만 태음인의 언어는 효과가 약하다는 것을 기억합시다. 만약 "너 일을 왜 이 따위로 했어"라고 했는데 "너 힘들구나"라는 식의 태음인의 언어를 쓰면 기름에 불을 끼얹는 격입니다.

또한 소음인의 언어를 쓰지 않고 바로 중용언어로 들어가는 것도 금물입니다. 물론 군대와 같은 특수한 집단 내에서의 언어 방식은 다르겠지요. 예를 들어 "당신 왜 이렇게 늦게 들어왔어?"라고 태양인의 언어로 말했는데 "나 오늘 친구 만나서 이렇게 해서 이렇게 해서 이렇게 했어"라고 사실을 말하는 중용언어를 쓰면 태양인의 화는 수그러들지 않습니다. 미안하다는 소음인의 언어로 먼저 얘기를 꺼내고 그다음에 객관적으로 사정을 설명하는 것이 효과적입니다.

4 소음인, 문자로만 소통하는 건 아닌가요?

부정을 표현하고 받아들이는 언어-의식언어-가을언어

이번에는 소음인 일병의 언어를 한번 살펴볼까요? 소양인 상병이 '이 자식, 저 자식' 막말을 하며 태음인 이병에게 핀잔을 퍼붓는 와중에도 소음인 일병은 자신이 조사한 제설작업에 대한 계획을 말합니다.

"오늘 눈이 온 양으로 봐서 약 4시간 30분 정도가 소요됩니다. 그러니 2시간은 너무 시간이 부족합니다. 넉넉히 5시간 정도 주시면 충분히 치워놓겠습니다."

이런 말도 서슴지 않고 할 정도로 잘못된 사항에 대해 자신이 생각하는 바를 분명히 말합니다. 그런데 상황이 아주 안 좋다면요? 부정적인 상황이 거듭된다면 어떨까요? 소음인은 이들이 처한 상황을 정확하게 분석하고 측정할 수 있는 사람입니다. 그리고 그것을 말로 표현합니다. 그것이 자신과 타인 사이에 놓인 보이지 않는 간격이라고 해도 말이지요.

소음인이 지닌 기막힌 능력은 '민감성'입니다. 다른 사람보다 백 배는 더 민감하게 상황을 알아차립니다. 예를 들어 연애를 하다가도 상대 마음이 멀어지기 시작하면 그것을 눈치채고 자신이 한 발 앞서 떠나는 길을 선택합니다. 사실 이별을 먼저 통보하는 것도 자존심만은 지키고 싶어서입니다. 소음인은 자존심 빼면 시체거든요.

최근 동료 때문에 고민인 사회 초년생 연지 씨의 상황을 들어보죠. 연지 씨와 지수 씨는 입사동기기도 하고 취향도 비슷해서 빨리 친해졌는데 시간이 지날수록 부정적인 생각에 자주 사로잡히는 지수 씨가 조금씩 부담스러워지기 시작합니다. 위로를 해줘도 그때 잠깐일 뿐, 매사를 부정적으로 생각하는 지수 씨가 솔직히 이해되지 않습니다.

같은 프로젝트 팀이 되면서부터 함께 외근을 나가는 등 같이 있는 시간이 길어지자 연지 씨 고민도 늘어났습니다. 하루 종일 부정적인 이야기를 듣는 것도 여간 고역이 아니었지요.

"요즘 고민 있어요?"

"고민이 있긴 한데, 얘기 하긴 좀 어렵네요."

다른 동료가 걱정을 해줘도 털어놓기 어려운 일입니다. 연지 씨가 지수 씨를 의도적으로 몇 번 피하는 일이 생기자 지수 씨는 함께 있어도 먼저 말을 거는 일이 없습니다. 연지 씨가 나타나면 슬그머니 어디론가 사라지거나 회식 자리에 빠지는 일도 있습니다. 연지 씨는 이런 지수 씨가 불편하기만 합니다.

지수 씨는 소음인의 모습을 잘 대변해줍니다. 소음인은 자신의 내면으로 향하는 폐쇄성이 짙어 부정적인 생각에 쉽게 빠집니다. 상대가 아무리 좋은 말을 해도 더 강력한 부정적인 생각이 뒤따라옵니다.

소음인 일병의 이야기로 다시 돌아가 볼까요? 아마 소음인 일병의 제안을 태양인 병장이나 소양인 상병이 받아주지 않았다면, 다시는 자신의 생각을 말하지 않았을지도 모릅니다. 이런 일이 반복되었다면 심지어 군 생활에 적응하지 못했을지도 모르죠.

한편, 소음인은 부정적 상황에서 표출되는 자신의 모습을 남에게 보이고 싶어하지 않습니다. 그런 자신의 모습이 너무 싫으면서도 자신을 이해해주지 않는 상대에 대한 미움이 커져 복수심을 키우기도 합니다.

극단적인 경우, 자신이 망가지더라도 상대를 더 망가뜨릴 수 있다면 파멸의 길을 걷는 어리석은 모습을 보이기도 합니다. 소음인 여성이 한을 품으면 더 무섭습니다. 태양인에 비할 바가 아니에요. 오뉴월에 한을 품으면 서리가 내린다는 말 아시죠? 딱 그렇다니까요.

왜 그렇게까지 하냐고요? 도대체 이해할 수 없다고요? 왜냐하면 소음인은 자존심 하나로 살아가는 존재이기 때문입니다. 그래서 자신이 하고 싶은 말도 속으로 삼키는 경우가 많습니다. 누군가에게 좋지 않은 소리를 들으면 비록 겉으로는 내색하지 않더라도 심리적으로 깊이 상처를 받습니다. 현실이 힘들어도 정신적인 것으로 승부를 보는 경향이 강해 건강에 적신호가 나타나도 몸을 잘 돌보지 않습니다.

다른 사람이 소음인을 대할 때 그들이 한을 품지 않도록 하는 것도 중요하지만 소음인 자신이 먼저 사는 법을 배워야 합니다. 살기 위해서는 경우에 따라 발산언어를 써야 합니다.

아니, 발산언어를 반드시 쓰도록 노력하세요. 필요할 때는 요구도 하고, 적극적으로 자신의 생각과 감정을 드러내세요. 그래야 병에 안 걸립니다. 이건 제 경험에서 나오는 눈물의 당부입니다.

또 다른 소음인의 예를 하나 들어보겠습니다. 연구소에서 일하고 있는 성재 씨는 출근을 하면 다이어리를 제일 먼저 꺼냅니다. 어제 정리해둔 메모를 살펴보고 오늘 해야 할 일이 무엇인지 찬찬히 훑어봅니다.

5년 동안 직장을 다니면서 아파서 결근한 이틀을 빼고는 지각 한 번 한 적이 없을 정도로 성실한 성격입니다. 말이 많지 않지만 자신이 한 말에 대해서는 끝까지 책임을 집니다. 오늘도 커피 한 잔을 마신 후 일과를 시작합니다. 그런데 갑자기 팀장님이 부릅니다. 무슨 일이 생긴 게 아닐까 하는 불안감이 들었지만 겉으로는 내색을 하지 않습니다.

"팀장님, 부르셨다고요?"

"얼마 전에 제출한 산출 자료가 정확하지 않은 데가 있어. 다시 맞춰봐야 할 것 같은데."

"네? 일이 커지겠는데요?"

"그러니까 불렀지. 자네만큼 철두철미하게 일처리를 하는 사람은 없으니까. 힘들겠지만 부탁할게."

"알겠습니다. 그래도 시간이 좀 걸릴 것 같아요."

"이틀밖에 시간이 없어. 되도록 빨리 부탁하네."

숫자와 씨름을 하고 있는 사이, 성재 씨의 휴대전화가 여러 번 울립니다. 부재중 전화에 형의 이름이 7개나 찍혀 있습니다. 서둘러 형에게 전화를 겁니다. 어머니가 세를 내주고 있는 건물이 말썽이라는 전갈입니다. 아버지가 돌아가신 후 남겨주신 유일한 유산입니다.

두 누나들을 만날 생각을 하니 벌써 머리가 아파옵니다. 누나들은 말이 많고, 논리적으로 따지고 논쟁하는 걸 좋아합니다. 성재 씨는 이쪽 말도 맞고, 저쪽 말도 맞는 것 같아 늘 수긍하기만 합니다. 생각만 해도 머리가 아파서 일을 핑계로 집에 들어가고 싶지 않은 생각마저 듭니다.

누나들은 건물을 리모델링해서 세를 놓자는 의견입니다. 건물이 오래돼서 자꾸 탈이 생기니 고치는 게 좋겠다는 것까지는 모두 동의했지만 그 돈을 어떻게 할 것인지에 대한 생각은 조금씩 다릅니다. 하지만 이미 누나들은 결론을 내린 것 같습니다.

"장남인 네가 좀 더 많이 내고, 나랑 언니는 똑같이 내면 되고, 막내 넌 어떻게 할 거야?"

"나? 난 형과 누나들이 하라는 대로 할게."

"우리 막내는 순둥이야. 순둥이."

큰누나가 기특하다는 듯 말을 하자 이번에는 작은누나가 말을 이어갑니다.

"얼마 전에 애 차를 타고 가다가 깜짝 놀랐잖아. 차가 그렇게 밀리는데 욕 한 마디 안 하고 음악 틀어놓고 그 와중에 노래도 따라하더라, 조그맣게."

갑자기 자신을 칭찬하는 분위기에 성재 씨는 부끄러워집니다. 그저 자신은 손윗사람과 말다툼하는 게 싫을 뿐입니다. 그래서 누군가 따지고 시비를 걸어도 그러려니 하고 넘어가는 일이 많습니다. 잘못된 부분에 대해서는 차분하게 조용히 말을 하지만 대부분 말은 없는 편이지요. 때로 성재 씨는 이런 점 때문에 누나들에게 타박을 듣기도 합니다. 도대체 누구 편인지 확실히 하라는 이야기도 듣고요.

소음인은 복잡한 현대 사회에서 살아가기에 큰 장점을 지니고 있는 체질입니다. 속내를 잘 드러내지 않고 방어적인 측면이 있지만 과묵하므로 말실수를 할 일이 적습니다. 태양인 병장에게 말하는 소음인 일병의 말에는 군더더기 하나 없었지요?

논리적으로 사실적인 부분은 얘기하지만 자신의 감정을 싣지는 않습니다. 이들은 차분하고 겸손하기 때문에 무난하게 사람들과 어울립니다. 그러나 그들의 내면에는 과도하게 받아들인 타인의 말들이 가득 쌓여 있습니다. 이것을 풀어주지 않으면 몸과 마음이 건강할 리 없습니다. 다른 사람들의 말을 듣기만 하지 말고 하고 싶은 말은 적극적으로 표현하기를 권합니다.

치밀하고 꼼꼼한 성격의 소음인은 어떤 일을 맡겨도 빈틈 없이 잘 처리합니다. 소음인 일병만 봐도 아시겠지요? 어떤 일을 하든지 미리 조사하고, 논리적으로 가능성에 대해서만 말하지 않습니까?

보시다시피 이들은 맡은 일은 끝까지 책임을 다하고, 예의 바르고 다정다감해서 주위 사람들과 트러블이 적습니다. 하지만 자립성이 강하고 깔끔하고 정확한 걸 좋아하다 보니 몸과 마음에 스트레스가 쌓이기 쉽습니다. 그럴 때 나타나는 언어 형태는 어떤 게 있을까요?

다음 예시를 보며 두드러지는 한 특성을 살펴보기로 하죠.

과장 1년 차인 동재 씨는 아침부터 화장실로 직행합니다. 최근 들어 화장실 출입이 더 잦습니다. 과장으로 승진 후 본격적으로 업무를 맡게 되면서부터입니다. 야근은 기본에 어떤 때는 샌드위치와 커피로 때우다보니 위장이 예민해질 대로 예민해진 상태입니다.

"이제 겨우 과장 달았는데, 이러다 과로사로 쓰러지는 거 아냐?"

거울을 보니 살이 더 빠졌는지 볼이 움푹 들어가 있습니다. 사무실 자리로 돌아오자마자 기획안을 작성하고 거래처에 메일을 보내는 등 쉴 틈 없이 업무에 열중합니다. 오후에는 팀장에게 제출할 보고서를 쓰는 일에 매달립니다. 마지막 검토를 하는 단계인데 의욕이 넘치는 신입사원이 갑자기 방향을 트는 제안을 들고 나옵니다.

"과장님, 갑자기 생각나서 찾아본 건데 방향을 약간 틀면 어떨까 하는 생각이 듭니다. 여기 자료 있습니다."

"알았어. 한번 살펴볼게."

기획서만 제출하면 되는데 이제와 방향을 틀자니 짜증이 납니다. 가져온 자료를 대충 보니 특별한 것도 없어 보입니다. 일단 팀원들의 의견을 들어보기로 합니다.

"저번보다 좀 더 구체적이고 참신해서 이게 더 나은데요?"

"그래? 저번 게 더 심플하고 임팩트 있지 않아?"

"아니에요. 이게 먹힐 것 같아요."

"그럼 자료 조사 더 부탁해."

동재 씨는 새로운 의견이 기존 시안을 버릴 만큼은 아니라는 생각이 듭니다. 하지만 어디 한번 해보자는 식으로 신입에게 자료 조사를 시킵니다. 퇴근 직전 자료를 받았지만 왠지 내키지 않습니다. 팀장이 동재 씨를 부릅니다.

"보고서는?"

"아직……."

"자네는 다 좋은데 답답할 때가 있어. 그렇게 자기 고집대로만

해서 어떻게 맞추나? 내일 오전 9시 회의 전까지 제출해."

동재 씨는 억울한 생각이 들지만 아무 말 없이 인사를 하고 나옵니다. 결국 잠도 제대로 못 자고 보고서를 작성합니다. 동재 씨와 같은 소음인은 지나치리만큼 꼼꼼하게 모든 변수를 살피는 경향이 있습니다. 신중한 모습은 좋지만 때에 따라서는 답답하게 보일 수도 있습니다. 일의 진행이 더딘 건 물론이고 주변 사람들도 지쳐서 하는 일에서 손을 떼겠다고 할 수도 있겠지요.

소음인은 지나치게 디테일한 부분에 사로잡히기보다 큰 그림을 그리고 나아가는 것이 좋습니다. 자신을 몰아붙이거나 성과를 내기 위해 채찍질을 하는 것도 바람직하지 않습니다. 오히려 자신의 생각에서 벗어나 새로운 것을 받아들이는 태도가 유연해지면 업무뿐 아니라 관계 면에서도 큰 성과를 얻을 수 있습니다.

소음인의 언어도 앞의 체질언어와 마찬가지로 긍정적인 면도 있지만 부정적인 측면도 있습니다. 위에서 살펴본 언어의 특징을 바탕으로 소음인은 어떤 언어를 사용함으로써 보다 소통을 원활히 할 수 있는지 알아봅시다.

소음인 본인의 경우
발산언어를 사용하라

소음인은 문제해결 중심의 부정적인 대화를 사용합니다. 원인 없는 결과는 일어나지 않는다는 전제를 깔고 생각하며 말합니다. 문제가 발생한 원인이 무엇인지 논리적으로 사고를 하고, 해결을 위해 순서를 생각합니다.

예를 들어 차 키를 잃어버렸다면 마지막에 누가 운전을 했는지, 그 사람의 특성상 어디에 둘 가능성이 많은지를 분석하는 식입니다. 논리적으로 추론하여 말을 하기 때문에 굉장히 건조하고, 냉소적인 대화법을 사용합니다. 그렇지만 문제를 해결하는 데는 가장 명확한 해답을 이끌어낼 가능성이 높은 체질입니다. 바로 소음인 일병이 사용한 말하기죠.

반면 소음인에게는 새침데기 기질이 있어요. 새침데기도 이런 새침데기가 없습니다. 필요한 말 외에 수다를 떠는 경우도 거의 없습니다. 소음인이 하는 말을 들어보면 기자 출신이 따로 없습니다. 육하원칙에 따라 논리가 딱 맞아떨어지기도 하지만 어떤 때는 얄밉도록 필요한 말만 골라서 합니다. 틀린 말을 하는 건 아니니 듣긴 듣지만 어쩌면 태양인 병장과 소양인 상병은 속으로 이런 소음인 일병을 꼴사나워했을지도 모릅니다.

어떻게 생각하면 인간미가 떨어진다고나 할까요. 사실 저도 반성하는 부분입니다. 가끔씩 저도 저한테 그런 생각이 들 때가 있거든요. 이런 소음인의 특성은 사실에 집착하는 특유의 성질 때문입니다. 사건자체의 해석, 원인에 따른 결과, 원리 원칙을 중시하는 소음인의 성향이 말에도 드러나는 것이지요.

소음인은 생각이나 감정을 잘 표현하지 않고, 타인과 어울리지 못해 주눅 들어 있는 경우가 많습니다. 실없는 농담을 하거나 가볍게 말하는 것도 싫어합니다. 속내를 잘 드러내지 않고 방어적인 측면이 있지만 과묵하므로 말실수를 할 일이 적습니다. 차분하고 겸손하기 때문에 무난하게 사람들과 어울리는 점은 큰 장점입니다.

그러나 소음인의 수렴언어는 본인들에게 치명적인 독이 될 수 있습니다. 더 자주 발산언어를 사용하는 것이 좋습니다. 자유롭게 표현하는 발산언어를 쓰면 엔도르핀, 도파민, 세로토닌 등 건강 호르몬이 나옵니다. 먼저 발산언어를 쓰고 그다음 중용언어를 사용할 것을 권합니다.

소음인의 언어

"엄마, 이번 시험 못 본 거 너무 미안해. 다음에 잘 볼게."

"지금 기분이 안 좋아. 나중에 얘기할게."

위의 예시처럼 소음인의 언어만 쓰지 말고 네 가지 체질언어를 상황에 맞게 적절하게 사용하는 것이 좋습니다. 발산언어와 중용언어는 소음인에게 삶의 적절성과 균형을 안겨줄 것입니다.

해결2 소음인을 대할 때
말 속에 담긴 속마음을 알아듣자

소음인은 자신의 속내를 잘 드러내지 않는다고 했죠. 지나치게 꼼꼼하고 완벽하려는 성향이 강하기 때문이에요. 이런 점이 다른 사람에게 불편을 줄 수 있습니다. 좀 더 편안한 마음과 말투로 다른 사람과 소통하는 게 중요합니다. 다음은 소음인이 흔하게 쓰는 수렴언어의 한 예입니다.

소음인의 언어

"아버지, 취직을 못해서 늘 죄송한 마음뿐입니다."

"친구야, 함께 있어주지 못해서 미안해."

이런 말 이면에는 취직을 못 하는 게 미안하지만 위로를 받고 싶거나, 친구와 함께 있고 싶거나, 일을 다른 방향으로 더 꼼꼼하게 처리하기를 바라는 마음이 숨어 있습니다. 그러므로 이들과 대화할 때에는 배려 속에 담겨 있는 속마음과 숨겨진 사실을 확인하는 게 중요합니다. 위에 나온 두 가지 말은 다음과 같이 받아 봅시다.

"네가 열심히 노력해온 것 안다. 너무 자신을 탓하지 말거라."
"괜찮아. 나도 바쁠 땐 너와 약속을 못 지킬 때도 있었는데 뭐. 건강 잘 챙기고, 다음에 만나면 맛있는 거 먹자."

소음인은 기본적으로 속내가 깊고 충직한 사람들입니다. 이들에게 신뢰를 얻는다면 생각하지도 못했던 큰 도움을 받을 것입니다. 소음인 일병의 논리적인 발언으로 태양인 병장이 함께 눈을 치우는 소득도 얻었지요.

다른 체질들은 소음인들이 발산언어를 쓸 수 있도록 편안한 분위기를 만들어주세요. 누구보다 깊은 우정으로 보답할 겁니다.

5 태음인, 소통했다고
생각합니까?

태음인은 이상적인 평화를 동경합니다. 태음인 이병이 자꾸 포크레인을 들먹인 것은 아버지에 대한 사랑도 있었지만 자신이 속해 있는 부대가 좀 더 인정을 받아 평화로워지기를 바란 데서 기인하지요.

이들은 타인의 많은 것을 다 받아들입니다. 그러다 보면 어떤 일이 생길까요? 바로 자신을 잃어버리는 일이 생깁니다. 이런 상황까지 가지 않도록 자신의 욕구를 채우는 것도 필요하다는 것을 알아야 합니다.

자신보다 남을 먼저 생각하기에 바보라고 불릴 만큼 착하고 순한 사람들이 바로 태음인입니다. 이들은 네 유형 중에서 가장 오래 살아남을 수 있는 인내력을 가지고 있으며 보다 넓은 관계를 맺을 수 있는 포용력을 지니고 있습니다. 정작 정확하게 말하는 소음인 일병보다 보다 수용적인 태음인 이병이 군대 생활도 더 잘 해낼 수 있지 않을까요?

이들은 사람의 마음을 얻는 것에 무엇보다 집중합니다. 시간이 오래 걸려도 마침내 사람의 마음을 얻고야 마는 감성적인 존재입니다. 긴 시간 동안 타인의 마음을 바라보는 일은 외롭고 아픈 일입니다. 포크레인을 운운하는 자신의 말을 이해하지 못하는 다른 체질들 속에서 태음인 이병은 얼마나 마음이 아팠겠습니까. 그런데 제대로 표현도 하지 못했지요.

그래도 이들은 타인의 공감을 이끌어낼 때까지 자신의 태도를 바꾸지 않습니다. 말하는 것보다 듣는 것을 잘 하며 용서와 위로의 언어를 쓰기에 누구라도 편안함을 느낍니다. 한없이 수용하는 모습을 보이는 태음인 여성을 소개합니다.

태음인 희자 씨와 태양인 수정 씨는 30년 넘는 친구 사이입니다. 중간중간 우정에 금이 갈 위기도 있었지만 삶의 파도를 넘어 60세를 바라보는 나이가 되니 남편보다 더 소중한 사람이라고 서로를 여길 정도입니다

희자 씨가 좋아하는 맛집 순례를 하는 날이었습니다. 얼마 전 텔레비전에서 나왔다는 시래기 집을 찾아 전주까지 왔습니다. 운전은 수정 씨 담당입니다. 희자 씨가 운전하면 수정 씨는 옆에서 열불이 나고 잔소리가 나와서 운전대는 늘 수정 씨 몫입니다.

"역시 전라도라 그런지 밑반찬이 많네. 정말 맛있겠다."

"그러네. 뭐 시키지?"

"메뉴판 줘봐. 내가 알아서 시킬게. 시래기 오리찜 시키자. 여기까지 운전하고 왔는데 고기 좀 먹어줘야지."

"그래."

"겉절이 맛있네."

"응."

"너는 정말 평생을 봐왔지만 늘 말이 짧고 심심해."

"하루이틀 보는 것도 아닌데 뭐."

"그렇지. 말이 많으면 김희자가 아니지. 하여간 매력 없어."

"내 남편처럼 말하지 마. 결혼한 지 몇 년 됐을 때였나, 남편이 그러더라. 너는 참 둔한 데다 매력이 없다고. 그러면서 산 세월이 30년이 넘었으니."

희자 씨의 말을 듣고 수정 씨는 자신의 이야기를 쏟아냈습니다. 시어머니가 또 같이 살고 싶어 한다는 눈치였습니다. 젊었을

때 남편이 딱 10년만 어머니와 살자고 해서 그렇게 했는데 자신도 늙어가는 처지에 이제 와서 또 어떻게 시어머니를 모시고 사느냐는 푸념이었습니다.

"지금도 정정하시잖아."

"그러니까 하는 말이지. 아버님도 계시겠다, 바로 옆에 딸도 살겠다. 그런데 뭐 때문에 나랑 살자는 거야. 장남이 무슨 벼슬이야. 장남이라고 꼭 모셔야 된다는 법 있어? 당신 죽으면 집이랑 땅이랑 다 누구 거냐고 하지만 그 조그만 땅이 얼마나 된다고. 촌구석 집 탐나지도 않아. 남편은 그런데도 모시자고 하니, 열불이나. 미쳤지. 늙어서까지 무슨 효자 노릇이라고 하고 싶은 건지. 젊었을 때는 자기 부모한테 전화 한 통화도 거의 안 하던 사람이 이제 와서 내 뒤통수를 때린다니까."

"그래서 뭐라고 했어?"

"뭐라 하긴. 화병 걸려서 내가 먼저 죽을지 모른다고 했지."

"잘했네. 너 예전엔 시어머니 모시고 살 때 고생 많았잖아."

"그거 알아주는 건 너밖에 없다. 식구 중에 누구 하나 내 맘 이해하고 위로해주는 사람 없다. 자식새끼도 다 마찬가지야. 걔네는 도통 나한테 관심이 없다. 관심이."

수정 씨는 희자 씨를 만나 요즘 가장 큰 고민거리를 얘기했습니다. 희자 씨는 수정 씨 이야기를 자기 일처럼 들어줍니다. 어느 정도 이야기를 쏟아내자 수정 씨는 평정심을 되찾습니다.

"너한테 얘기하고 나니까 좀 낫다. 너는 내 말을 흘려듣지 않고 잘 들어주니까 너한테 얘기하고 나면 문제가 해결되는 것 같아. 네 말대로 내가 살고 봐야지. 음식 나왔다 먹자. 오늘은 내가 쏜다."

태음인은 다른 사람의 이야기를 잘 듣지만 그것에 대해 판단하지는 않습니다. 상대가 원하는 대로 자유롭게 놓아두기에 신뢰를 받지요. 그러나 태음인은 타인은 긍정하지만 자신은 부정하는 성향이 있습니다.

태음인 이병을 보는 내내 답답해서 "이 바보야!"라고 외치거나 가슴 한가운데를 탁탁 치신 분도 있으시지요? 태음인이 진정 행복해지려면 먼저 자신을 받아들이고, 모든 사람을 다 수용하기보다 소신을 가지고 받아들이는 것이 좋습니다. 그러기 위해서는 경청과 위로의 언어뿐 아니라 때로는 강력한 태양인의 언어를 사용하는 게 좋습니다.

상황2 무조건 받아주는 언어-의식언어-겨울언어

태음인의 어떤 일이 일어나도 일단 수용하는 태도를 보입니다. 그게 꼭 나쁘냐고요? 물론 아닙니다. 조직을 이루고 있는 구성원 한 사람 한 사람이 연결되어 있다고 보기 때문에 전체적으로 크게 보는 안목을 지닌 점은 큰 장점이지요.

장점은 하나만 있는 게 아닙니다. 시작한 일은 끝까지 해냅니다. 상대를 이해하고 예의가 바르고, 매사 신중해서 조직에도 잘 적응합니다. 오너가 태음인일 경우 조직은 평화로운 상태가 될 확률이 높습니다.

그러나 움직이는 것을 싫어하고 변화에 둔감해 게으른 면도 있습니다. 말수가 적고 무뚝뚝해서 처음엔 친해지기 어렵지요. 시간이 지날수록 끊임없는 배려와 도움을 받게 되지만요.

태음인 이야기 하나 들려드릴까요?

"최 대리, 어제 줬던 자료 정리한 거 가져와봐."

"네? 아직 다 못 했는데요."

"아니, 그게 얼마나 걸린다고, 내가 오늘까지라고 하지 않았나?"

"저는 오늘 퇴근 전까지만 하면 되는 줄 알고……."

"얼른 해서 가지고 와. 사람이 왜 이렇게 빠릿빠릿하지 못해!"

"죄송합니다."

아침부터 상사에게 깨져서인지 최영석 씨는 해야 할 일을 손에 잡고 있으면서도 속도를 내지 못합니다. 상사의 말에도 합리적으로 대응하지 못하고 바로 수렴언어로 대답하고 맙니다. 점심시간이라도 아껴서 일을 해야 할 테지만 오늘은 자신이 사기로 한 날이라 점심을 안 먹을 수도 없습니다. 동료들은 오랜만에 중국집으로 가자고 합니다.

'저번에 송 주임이 냈을 때는 갈비탕이었지. 넉넉하게 일인 당 만 원으로 잡고, 짜장면, 짬뽕은 저렴하니까 탕수육이라도 시켜야 하나?'

자리를 잡으면서 영석 씨는 속으로 이런 생각을 합니다. 적당히 다른 사람과 비슷하게 가고 싶은 이유도 눈에 띄고 싶지 않아서입니다. 그러다 보니 자연스럽게 다른 사람처럼만 하자는 생각이 몸에 배게 되었습니다.

"최 대리님, 요리 하나 시켜도 돼요? 칠리 새우랑 양장피 어때요?"

"네, 네. 그렇게 하세요."

늘 활기가 넘치는 송 주임입니다. 속으로 계산을 해보니 송 주임이 샀을 때보다 돈이 더 많이 나올 것 같습니다. 영석 씨는 늘 자신이 먹고 싶고, 하고 싶은 것을 아무렇지도 않게 얘기하는 송 주임이 신기합니다. 오후 내내 열심히 일한 덕분에 다행히 퇴근 전에 자료 정리를 해서 과장 자리에 올려놓습니다.

"깔끔하게 정리 잘했네. 일 솜씨 하나는 정확해. 그리고 이거 말이야."

과장은 자신의 컴퓨터 화면을 보여주면서 설명하기 시작합니다.

"분석은 잘 됐는데, 이게 끝이야?"

"네? 제품이 출시되지 못했던 원인과 개선방안에 대해 조사하라고 한 것 아니신가요?"

"아니, 사람이 하나만 알고 둘은 몰라? 어떻게 딱 그것만 얘기했다고 그것만 하나. 여기까지 했으면 이걸 보완한 더 좋은 제품

에 대한 제안까지 하면 좀 좋아. 다음부터는 참고 좀 하게. 알았
나? 이러니 내가 일일이 안 가르칠 수가 없지."

영석 씨는 과장의 혀 차는 소리를 듣습니다. 순간 머릿속이 텅
비는 듯 했지만 자리에 돌아와 묵묵히 다음 일을 시작합니다. 과
장이 말한 것을 자신도 생각은 했지만 '원인과 개선방안'을 분석
하라고 딱 부러지게 과장이 말했기에 맡은 일을 한 것뿐입니다.

영석 씨 같은 태음인 부하 직원이 있다면 세세한 명령하기보다
는 믿고 맡기는 것이 좋습니다. 지나치게 디테일한 부분까지 설
명하면 자신의 능력을 제대로 평가받지 못하고 있다고 생각할 가
능성이 많습니다. 이럴 경우 언어는 무조건 수용하는 반응을 보
이지만 진심으로 수긍하지 못하기 때문에 일을 지연시키는 고집
으로 이어질 수 있습니다. 마지막에 포크레인을 불러달라고 기도
를 올리는 태음인 이병의 모습이 떠오르네요. 그 고집을 누가 꺾
는답니까.

태음인이 말할 때에는 경청하는 자세로 끝까지 들은 후 간결하
게 자신의 의견을 전달하는 게 좋습니다. 태음인 부하 직원의 능
력을 최대한 끌어내고 싶다면 승부근성을 걸 수 있는 일을 맡기
면 됩니다.

한편, 이들은 경쟁을 좋아하지 않고 피하려는 성향도 있습니
다. 몸과 마음이 늘 쉬는 곳으로 가기 때문에 살이 쉽게 찌며 대
부분의 일에 민감하지 못합니다. 그러나 심리적인 부분은 '자기

탓¹을 잘 하고, 여러 길을 보는 등 복잡합니다.

태음인은 마음을 단순하게 비워낼 필요가 있습니다. 외부 상황에 주의하며 빠르게 행동하도록 합니다. 갈등과 경쟁이 힘들어도 상황을 견뎌내는 뚝심을 보여줘야 합니다. 필요할 때는 발산언어를 사용하면서 상대방의 반응을 보며 중용언어로 향할 것을 권합니다.

만약 태음인 이병이 포크레인이 아니라 소음인 일병처럼 객관적이고 논리적인 말을 했다면 어땠을까요? 푸근한 성격에 합리적인 말이 합쳐져 듣는 사람에게 잘 먹혔을 것 같지 않나요? 태음인 여러분, 꼭 한 번 해보시기 바랍니다.

상황3　속마음을 숨기고 돌려 말하기-무의식언어-봄언어

태음인에겐 조금 답답한 구석이 있다고 했지요? 이 답답한 속내를 들여다 볼 수 있는 이야기 하나를 해드리겠습니다.

병호 네 집은 아침마다 전쟁을 치릅니다. 병호 엄마는 고3인 병호를 깨우려고 온갖 방법을 동원합니다.

병호가 유치원에 다니기 시작한 이래로 15년째 아침마다 고군분투하고 있습니다. 자명종을 여러 개 두어도 소용이 없고, 창문을 열고 이불을 빼앗아도 소용이 없습니다. 8시 반까지 등교해야 하는 병호를 깨우기 위해서 엄마는 7시부터 안달이 납니다. 그나마 학교가 5분 거리인 게 다행이라면 다행입니다.

아침마다 시간 차를 두고 5개의 알람이 울렸다 꺼지면 병호 엄마가 출격할 차례입니다. 방문을 열고, 창문을 열고, 이불을 걷어냅니다.

"이병호! 얼른 일어나!"

"조금만 더……."

엄마는 기다리지 않고 병호의 머리를 꾹꾹 누르며 지압하기 시작합니다. 꿈쩍도 않던 병호가 눈을 게슴츠레 뜹니다. 이때를 놓치지 않아야 잠이 살짝 깬 병호를 일으켜 세울 수 있습니다. 막대기로 병호 발바닥을 찰싹 찰싹 때립니다.

"나 좀 내버려두라고."

병호는 천천히 일어나서 느리게 한마디 내뱉고는 눈을 비빕니다. 결국 엄마에게 등짝을 세게 맞고서야 일어납니다. 태음인인 병호는 어렸을 때부터 잠자는 걸 좋아해서 가족에게 게으름뱅이라고 불립니다. 잠을 잘 때 가장 편안한 것뿐인데 가족들은 무슨 병이라도 걸린 것처럼 야단입니다. 대학에 가면 꼭 오후 강의만 듣겠다고 다짐하며 하루하루를 견뎌내고 있습니다.

하루는 병호 엄마가 명절날 할아버지 댁에서 병호의 늦잠을 얘기한 적이 있습니다. 친척들은 무슨 재미난 일이라고 되는 것처럼 큰 소리로 웃어댔습니다. 병호는 자리를 피해 슬며시 일어나 할아버지가 키우던 개를 데리고 산책을 나왔습니다.

'왜 사람들은 나의 평화를 방해하는 거지?'

안식처에서 쫓겨난 것처럼 느껴집니다. 공원에서 산책을 하다가 몇 시간이 지난 후에야 할아버지 댁으로 돌아옵니다. 엄마가 화가 머리끝까지 난 채 병호를 보자마자 소리칩니다.

"도대체 시간관념이 있니, 없니. 뭘 하다 이제 온 거야!"

"……."

"빨리 옷 입어. 너 때문에 다들 기다리고 있잖아!"

"난 개랑 산책 좀 하면 안 돼?"

병호는 겨우 한마디를 합니다. 자신의 분노를 직접 표현하지 않고 다른 방식으로 나타낸 것입니다. 태음인은 자신에게 일어난 일을 직면하지 않으려 하기에 사람들은 그들이 화가 났다는 것조차 모를 수도 있습니다. 이들은 화가 나도 그저 완강히 버티거나 아무것도 하지 않는 것으로 드러내기도 합니다.

말하는 방식도 소극적입니다. 하고 싶은 말을 제대로 하지 못하거나 빙빙 돌려 말합니다. 태음인 이병도 포크레인을 끝까지 고집하기는 하지만 말끝은 흐립니다. 분명하게 자신의 의견을 말하지 못하는 소극적인 태도지요. 이런 태음인은 겉으로 보기에는 평온한 것 같지만 언제 터질지 모르는 잠재적 문제를 안고 있습니다. 엄청나게 많은 것을 받아들이기만 하기 때문에 폭탄을 안고 있는 거나 다름없지요.

태음인은 자신의 이런 마음의 상태를 알아차려야 합니다. 보다 주도적이고 열정적으로 행동할 필요가 있습니다. 주변에서 맴도는 이방인 같은 삶에서 벗어나 자기 삶의 주인으로 살아가야 합니다. 적극적인 행동으로 많은 성취를 이루는 것이 포인트입니다. 이들은 거북이의 눈을 가진 자들입니다. 가장 느리게 세상을 보지만 가장 오래 보기 때문에 가장 많이 보고, 가장 깊이 보지요. 제발 다음 솔루션대로 하십시오, 태음인이여!

해결1

태음인 본인의 경우
발산언어를 사용하라

감성이 풍부한 태음인은 표현할 수 있는 언어가 다양하기 때문에 말을 할 때 논리적이진 않습니다. 분위기, 심리 상태, 지적 수준 등을 매순간 떠올리기에 머릿속에서 단어들이 빙빙 돌아다닙니다. 표현하는 속도가 느리고 대화의 주제에서 벗어날 때도 있습니다. 그럴 때 상대는 답답해하며 사람 말귀를 못 알아듣는다고 단정해버리곤 합니다.

태음인은 해결 중심의 느린 대화법을 사용합니다. 이미 벌어진 일일 경우 누가 어떤 문제를 일으켰는지에 따지기보다 해결할 수 있는 방법이 무엇인지 찾습니다. 끊임없이 타인을 이해하고 위로하고 받아주기 때문에 겉으로 드러나지 않아도 속으로 끙끙 앓을 때가 많습니다. 스스로 괜찮다고 생각해도 실제로는 생각보다 위험한 상태일 수도 있습니다.

그렇기에 더욱 발산언어, 즉 소양인의 언어나 태양인의 언어를 더 많이 사용하는 것이 좋습니다. 갑자기 발산언어를 쓰라고 하면 낯설겠지요. 처음엔 입 밖으로 말이 떨어지지 않을지도 모릅니다. 하지만 자신의 감정을 표현하도록 노력해야 합니다.

"친구야, 힘들 때 함께 해줘서 정말 고마워."
"결론부터 말씀드리자면 제 의견은 이렇습니다."
"미안해. 네 마음도 이해하지만 나도 이런 상황이 힘들어."

위의 예시처럼 자신의 의견이나 생각을 분명하게 전달하는 게 좋습니다. 연습하는 과정은 쉽지 않지만 결과는 만족스러울 겁니다.

해결2 다른 유형의 태음인을 대할 때
시간을 갖고 기다려주라

태음인은 평소에 자신보다 타인을 배려하는 마음이 앞서

기 때문에 말하는 방식에서도 그대로 드러납니다. 그러나 진짜 하고 싶은 말을 억누르고 있는 경우가 많습니다. 다음은 태음인의 언어의 한 예입니다.

태음인의 언어

"우리 아들 학교에서 많이 힘들었구나."
"여보, 정말 고생 많으셨어요."
"나도 신입 시절에는 그런 적이 있었지. 이해하네."

이들의 말을 가만히 살펴보면 상대를 위로함으로써 자신도 위로받고자 하는 마음이 있습니다. 태음인의 마음을 이해하고 이렇게 말해줍시다.

"엄마 덕분에 힘낼 수 있었어요. 고마워요."
"당신도 힘들었지? 나한텐 당신밖에 없어."
"부장님께서 믿어주셔서 그나마 제가 기운이 납니다. 앞으로 더 열심히 하겠습니다."

태음인은 크고 넉넉한 마음을 지닌 사람들이기에 어지간한 일에 요동치는 일은 없습니다. 하지만 자신의 의견을 강하게 내세우지 않는다고 생각이 없는 것은 아닙니다. 그럴수록 더욱 세심하게 배려하고 살펴볼 필요가 있습니다.

빨리 서두르면서 해결책을 강요하면 이들은 더욱 힘들어합니다. 시간을 들여 인내하며 그들이 표현하기를 기다려주세요. 큰 그릇은 늦게 만들어지는 법입니다.

□ **소통을 위한 네 가지 솔루션**

1. 자기 언어를 인식하기
2. 상대 언어를 이해하기
3. 상대의 언어 욕구를 채워주는 방향으로 대화하기
4. 마지막으로 중용언어(사실언어)로 정리하기

나의 체질에 따른 언어를 파악하면 상대와 객관적으로 대화하기에 효과적입니다. 공격적인 언어인지, 방어적인 언어인지 평가해보며 상대방의 언어도 이해하고 그 언어에 맞게 대응할 수 있습니다. 대부분의 대화는 서로가 서로에게 듣고 싶은 말을 유도하기 위한 과정인 것이죠. 즉, 언어를 통해 자신의 욕구를 해소하는 작용인 셈입니다.

이 언어 욕구를 내 위주로 채우는 것이 아니라 상대에게 채워주는 방식의 대화를 하면 내가 원하는 분위기를 만들 수 있습니다. 관계를 돈독하게 하고 싶다면 더 친밀해지고, 나의 요청을 수락하게 하고 싶다면 우호적으로 받아들이게 유도하게 됩니다. 결과적으로 상대 체질의 언어 욕구를 채워주는 만큼 나에게 유리한 결과가 만들어집니다. 그럼 어떻게 채워주면 될까요?

소양언어에는 태음언어로 달래주고 태양언어에는 소음언어로 진정시켜주는 방식으로, 양의 언어에 음의 언어로 응하면 유연하고 자연스럽게 계획하는 방향대로 이야기를 나눌 수 있습니다.

그리고 마지막으로 부드러운 분위기에 방점을 찍는 사실적인 언어로 정리하는 것을 권합니다. 대화 분위기가 나에게 호의적으로 흐르더라도 내 쪽에서 중용언어로 맺음을 해야 유리한 결과가 만들어진다는 사실을 잊지 마시기 바랍니다.

특히 회사 안에서의 업무 처리로서 클라이언트를 설득하거나 외부 관계자들과 조율이 필요할 때 유용한 방법이 될 것입니다.

비위를 맞추는 것과는 다릅니다. 체질을 이용한 커뮤니케이션 전략이죠. 심리학적 접근과도 유사하지만, 사상체질을 기준으로 접근한다면 거리감이 무의식적으로 좁혀져 더욱 효율적일 수 있습니다.

중용언어, 사실언어는 무엇을 말할까요? 문제가 발생한 것에 대한 인과관계를 밝히고 그 원인을 찾아 해결하기 위한 원칙과 질서를 제시하면서 그 기준을 상대에게 설명하는 방식을 가리킵니다. 네 가지 체질을 제어하는 균형 있는 언어로, 가장 논리적이죠. 게다가 수많은 데이터베이스를 근거해 도출되는 관계 안에서의 판단 원칙이므로 합리적인 언어이기도 합니다.

누구나 중용언어를 적재적소에 자연스럽게 구사하기는 어렵습니다. 하지만 문제나 갈등에 해결점을 찾고 싶거나, 중요한 결과를 내야 하는 일이 있다면 내 체질언어를 진단하고 상대의 체질언어를 면밀히 파악하는 노력과 훈련을 지속적으로 한다면 중용언어를 효과적으로 사용할 수 있게 될 것입니다.

□ 체질별 언어 사용

1. 소양인(열린언어)-투정부리는 언어(철없는 아들의 언어)
요구하는 언어, 자극시키는 언어, 시비 거는 언어

소양언어를 열린언어라고 하는 이유는 소양인과 소양 껍데기를 쓰는 사람의 언어를 보면 알 수 있습니다. 모든 것에 가능성을 두고 이런 말, 저런 말을 던져서 반응을 살피는 언어기 때문입니다. 또 누구에게나 자유롭게 모두 이야기한다는 측면에서 열린언어로 이해하시면 좋습니다.

소양언어에는 어떤 비밀도 없습니다. 언어가 나오기까지 많은 생각의 과정을 거치진 않죠. 자신의 치부까지도 모두 드러내는 어린아이의 언어와 같습니다. 부모에게 투정 부리고 떼를 쓰며 원하는 것을 요구하고, 시비를 거는 듯 자극시키는 말의 태도가 마치 철없는 아들로 보입니다. 툭 내뱉듯 말하거나 조르는 식으로 말하는 버릇이 있는 분들은 소양언어에 가깝다고 할 수 있습니다.

2. 태양인(직접언어)-야단치는 언어(가부장적인 아버지의 언어)
윽박지르는 언어, 호통하고 지시하는 언어, 강압적인 언어, 구속하고 통제하는 언어

태양인이나 다른 체질이더라도 태양 껍데기를 사용하는 사람은 직접적인 언어를 사용하며 여과 없이 노골적으로 표현합니다. 이것을 '직접언어'라고 할 수 있습니다. 직설적으로 이야기하고 때로는 상대방에게 야단치듯이 말하기도 합니다. 호통하고 지

시하는 것이 익숙한 말투기도 하죠. 말로서 강압적으로 구속하고 통제하려는 경향도 짙습니다. 마치 엄하고 강한 아버지의 모습과 같습니다.

태양언어가 체득된 사람에게는 사실상 악의는 없습니다. 다만 상대를 주눅 들게 하고 상처를 주기 쉽죠. 내가 이런 언어라면 음의 성질을 가진 언어로 순화하도록 노력하고, 상대가 이런 언어를 쓴다면 음의 언어로 다스려주는 것이 좋습니다.

3. 소음인(닫힌언어)–야단맞는 언어(철든 딸의 언어)
순응하는 언어, 자숙하는 언어, 논리적이고 객관적인 언어

소음언어를 닫힌언어라고 하는 이유는 소음인이나 소음 껍데기를 사용하는 사람들은 한번 토라지면 한 달이고 두 달이고 심지어 일 년 동안 말 한마디를 떼지 않을 정도로 입을 닫는 성향이기 때문으로 이해하시면 쉽습니다. 소양인과는 반대로 필요한 말만 하려고 합니다. 스스로 정리되지 않은 말은 하지 않죠. 그래서 표현이 객관적이고 논리적입니다.

그렇지만 소극적인 성향으로서, 주로 상대의 말에 순응하고 자숙하려는 자세입니다. 비유하자면 야단맞는 듯이 보일 정도로 위축된 경우가 많습니다. 양의 언어를 쓰는 사람에게는 상대적으로 소음언어로 대화하는 것이 효과가 있지만, 같은 음의 언어를 쓰는 사람에게는 양의 언어 대화 방식이 유리하다는 것을 기억하시기 바랍니다.

4. 태음인(간접언어)-받아주는 언어(착한 어머니의 언어)
위로하는 언어, 경청하고 인정하는 언어, 배려하는 언어

태음인은 감성적인 성향이 크죠. 태음 껍데기를 쓰는 사람들도 마찬가지입니다. 이처럼 태음언어가 은유적, 비유적, 간접적인 성격을 갖습니다. 그래서 간접언어라고 합니다. 시적 표현이라고 이해하셔도 좋습니다.

이야기를 먼저 듣고 헤아리면서 배려하려는 자세로, 상대의 감정을 받아주고 위로하는 언어입니다. 자애로운 어머니의 나긋나긋한 말투와도 같습니다. 부드러운 성향이라는 장점이 있는 반면, 논리적이지 못하고 비약적인 단점도 있습니다.

이 태음언어는 태양언어보다 소양언어로 대화하는 사람에게 더 효과적이며 소음언어가 익숙한 사람에게는 호응을 얻기 쉽지 않다는 것을 염두에 두세요.

소양언어와 태양언어의 공통점은 속도감이 있는 '빠른언어'입니다. 자신이 하고자 하는 메시지를 서두에 꺼내는 습관이 있습니다. 그다음에 근거나 예시를 뒤에 연결해서 가지치기로 뻗어나가는 '발산언어'이기도 합니다. 또한 어떤 문제가 발견되면 계속 의문을 갖는 '질문언어'의 습성을 갖고 있습니다.

반면, 소음언어와 태음언어는 '느린언어'입니다. 한 가지 포인트에 집중적으로 파고드는 '수렴언어'면서 그런 성향이 문제를 해결하기 위해 답을 찾으려는 '해결언어'라는 점이 양의 언어와 다른 점이죠.

현실언어

이성언어

부정언어

태양언어 **직접언어**	소음언어 **닫힌언어**
소양언어 **열린언어**	태음언어 **간접언어**

빠른언어

발산언어

문제언어

느린언어

수렴언어

해결언어

현실언어

이성언어

부정언어

긍정언어

감성언어

이상언어

한편 태양언어와 소음언어도 공통점을 갖습니다. 태양인과 소음인은 실제 일어나는 일과 실체가 있는 것에 먼저 반응하는 성향이 있습니다. 그런 의미에서 현실지향적이죠. 언어도 마찬가지입니다. '현실언어'와 논리가 있는 '이성언어'를 쓰기를 선호합니다. 실질적인 것을 중요하게 여기다 보니 문제 발생에 대한 위기의식도 갖고 있습니다. 그만큼 '부정언어'가 내재되어 있기도 합니다.

소양언어와 태음언어 역시 공통점이 있습니다. 감정 표출이 우선인 소양인과 은유와 비유가 능한 태음인은 현실적인 성향은 약

공격언어	방어언어	FACT	중용언어
태양언어	소음언어	사실관계 원인해명 원칙제시 기준설명	균형언어 논리언어 합리언어 DB언어
소양언어	태음언어		

------------- 대화강도   ------------- 대화순서

합니다. 쓰는 언어도 '이상언어'가 중심입니다. 이상을 쫓는 사고방식은 감성적이죠. 그래서 '감성언어'가 더 발달되기도 했습니다. 이상적이고 감성적인 삶 속에는 현실의 문제를 고민하기보다 좋은 게 좋은 것이다, 라는 낙천적인 생각이 깔려 있는데, 이런 점이 '긍정언어'의 기반이라고 볼 수 있습니다.

소양인과 태양인은 인간관계에서 갈등을 겪을 때 주로 공격적인 언어를 사용합니다. 격양되는 감정을 잠재우기 좋은 방법은 방어적인 언어로 대하는 것입니다. 즉, 태양언어에는 소음언어로, 소양언어에는 태음언어로 받으면 분위기가 훨씬 부드러워질 수 있습니다. 이때 사실언어나 중용언어로 상황을 정리하면 서로 감정 소모나 마음의 상처가 최소화되고 이야기가 좋게 끝나게 됩니다.

소음인과 태음인이 방어언어로 먼저 시작하는 경우는 어떻게

하면 좋을까요? 섣불리 양의 언어로 대응하지 않아야 합니다. 감정이 상해 역효과가 생기기 때문이죠. 차근차근 사실언어나 중용언어로 대화하면 쉽게 상황이 풀릴 수 있습니다.

　그렇다면 대화 강도나 순서는 어떤 방법이 최선일까요? 앞서 설명했듯이 가장 효과적인 해결 순서는 공격언어를 방어언어로 받은 뒤 사실언어나 중용언어로 정리하는 겁니다. 이때 대화 강도로 상호호응을 따져보는 것이 중요합니다.

　강도로는 태양언어가 소양언어보다 세고, 소음언어가 태음언어보다 셉니다. 공격적인 태양언어를 방어적인 태음언어로 받으면 어떨까요? 태음언어를 쓰는 사람이 제압당할 확률이 높습니다. 위축되고 주눅 들어서 제대로 대화를 이어가기 힘들어집니다.

　강도는 같되, 성격이 다른 언어로 대응해야 합의점을 찾을 수 있다는 것을 명심하시기 바랍니다.

4

폼 나게, 나답게 살아가는 법

"우리는 언제쯤 행복해질까?"

태음인 여사는 사우나나 찜질방에서 땀을 빼는 것을 좋아한다. 친구들에게도 종종 찜질방에 가자고 한다. 소음인 여사 또한 평소 몸이 차가운 편이라 흔쾌히 받아들였다. 그러나 열이 많은 소양인 여사와 수분이 부족한 태양인 여사는 이 말을 듣자마자 난리가 났다.

"따분하게 무슨 찜질방이야. 수영장 가자, 수영장."

소양인 여사는 콧소리를 섞어 애교 있게 말한다.

"야! 마사지숍에서 모여!"

남의 말을 듣기도 전에 자기주장부터 하고 보는 태양인 여사다. 하지만 이번 모임엔 소음인 여사가 조곤조곤 설득을 해서 태음인 여사의 뜻에 따르기로 한다. 하지만 찜질방에 들어오는 소양인 여사, 태양인 여사 표정은 영 좋지 않다. 그 모습을 본 태음인 여사, 그냥 있으면 차라리 나았을 것을 가뜩이나 심기 불편한 두 사람의 마음에 불을 지피고 만다.

"집에 무슨 일 있어? 남편하고 싸웠어? 부부 싸움은 칼로 물베기라잖아."

보다 못한 소음인 여사가 이들이 찜질방을 싫어하는 이유를 체질적으로 설명해준다. 그러나 역시 분위기 파악 못 하는 태음인 여사, 태평하기만 하다.

"걱정 마. 처음에는 싫겠지만 자주 다니다 보면 나처럼 좋아질 거야."

소양인 여사는 헛소리 집어치우라는 말을 하고 싶지만 입술을 악물고 참는다. 일단 옷을 갈아입고 간식으로 싸온 먹을 것을 들고 휴게실로 간다. 그러고는 금방 옆에 있던 처음 보는 아주머니들과 함께 먹을 것을 나눠 먹으며 수다를 떠는가 싶더니 5분도 지나지 않아 영업을 하기 시작한다. 소양인 여사는 다단계 사업을 하고 있다. 이것을 보던 소음인 여사는 친구의 행동이 못마땅하기만 하다.

"저거 사기야. 자기 살 깎아먹는 짓이라니까. 세상에 공짜가 어딨니? 그 일 그만두고 자격증이나 따."

소음인 여사의 '자격증 따'라는 말은 소양인 여사가 자주 듣는 레퍼토리다. 이 와중에 태양인 여사는 그새 어디에서 구했는지

방석과 화투를 준비해서 고스톱 칠 준비를 완벽하게 해놓았다. 오랜만에 둘러 앉은 네 친구. 고스톱 치는 모습도 그야 말로 성격이 고스란히 드러난다.

소양인 여사는 초반에 많이 따거나 말거나 상관없이 고스톱 그 자체에 흠뻑 빠져 즐거워한다. 좋은 패가 들어오면 남들이 다 알 정도로 입이 벌어지고 동공이 커지며 말을 더듬으며 어찌 할 바를 모른다. 태음인 여사는 안전 빵으로 광을 팔고 온갖 심부름으로 고리를 뜯으며 행복해한다. 소음인 여사는 이런 놀이를 혐오하고 재미없어 하지만 좋아하는 친구들이기 때문에 바꿔줄 잔돈까지 준비한다.

고스톱 전반전은 양인인 소양인, 태양인 여사가 우세하다. 그러나 첫 끗발이 개 끗발이던가. 게임의 주도권은 서서히 소음인 여사와 태음인 여사에게로 넘어간다. 소음인 여사는 본인의 패, 바닥에 깔린 패, 남의 손에 들고 있는 패까지도 완벽하게 분석하여 컴퓨터처럼 고스톱을 친다. 오락을 싫어하지만 친구들과 어울리기 위해, 그리고 소양인 여사와 태양인 여사의 독주를 막기 위해 철저히 상황을 분석한다. 태음인 여사는 광만 팔고 심부름만 하는데도 야금야금 돈을 모으기 시작한다.

돈을 잃기 시작한 소양인 여사와 태양인 여사는 슬슬 화가 난다. 결국 돈을 다 잃어버릴 지경이 되었다. 가장 먼저 판돈이 떨어진 소양인 여사는 만만한 태음인 여사에게 손을 벌린다.

"뭐야, 혼자 다 따고. 나 돈 좀 빌려줘."

"어? 그래."

태양인 여사는 씩씩대며 현금인출기에 가서 현금을 빼온다. 다시 후반전이 시작된다. 역시 달라지는 건 없다. 소음인 여사는 아까보다 훨씬 더 안정된 모습으로 명상까지 하고 난 후 다시 고스톱에 집중한다. 태양인 여사는 맹렬하게 승부욕을 불태운다.

"고! 못 먹어도 고다, 이거야."

고스톱을 칠 때면 한결같은 소양인 여사와 태양인 여사의 전략이다. 이들은 오직 한 가지 전략밖에 없다. 고! 그래서 독박도 자주 쓴다. 반면 소음인 여사와 태음인 여사는 확실할 때만 고를 외친다. 다른 점은 소음인 여사는 혼자서 고를 할지 스톱을 할지 결정하고 포커페이스를 유지하지만 태음인 여사는 매번 물어본다는 것이다.

"나 이번에 고 해? 스톱 해?"

태음인은 놀고 있는 한 사람에게 패를 보여주며 묻고 또 묻는다. 결국 정신 사나워진 소양인 여사가 성질을 내며 판을 뒤엎는다.

"에유, 난 다 잃고 재미없어. 안 해. 안 할래."

결과를 보니 소음인 여사와 태음인 여사의 완승이다. 소음인 여사는 친구들에게 돈을 다시 돌려준다. 장난으로 하는 게임이었기 때문이다. 그러나 태음인 여사는 자기가 노력해서 얻은 돈이기에 돌려주지 않겠다고 한다.

"난 안 줄 거야. 여태까지 한 심부름이 얼만데. 나 돈 없어. 하나도 못 땄잖아."

웬 오리발이냐고? 아니다. 태음인 여사는 진심이다. 왜냐하면 처음부터 본인의 돈이 얼마 있었는지조차 모르고 있기 때문이다. 소음인 여사가 돈을 돌려주자 가장 먼저 덥석 받는 소양인 여사. 그러나 태양인 여사는 자존심이 상해 자신이 잃은 것이니 받지 않겠다고 한다.

"그럼 그 돈 나 줘."

욕심은 있는데 자존심 없는 태음인 여사는 상황파악을 하지 못하고 그 돈을 자기에게 달라고 한다. 소음인 여사 단칼에 거절한다.

"안 돼. 형평성과 원칙에 어긋나잖아. 차라리 이 돈으로 저녁을 살게."

소음인 여사의 말대로 하기로 한 네 친구는 한판 오락이 끝난 후 찜질을 한다. 가장 뜨거운 불가마방에 소음인 여사와 태음인 여사가 들어간다. 태음인 여사는 오랫동안 버티지만 소음인 여사는 금방 나온다. 몸에 수분이 적기 때문에 오래 버틸 수가 없는 것이다. 태양인 여사는 고스톱 치며 올랐던 혈압도 내릴 겸 근육의 긴장도 풀 겸 찜질방 안에 있는 마사지숍에 간다. 소양인 여사는 얼음방을 찾아 들어가 몸과 마음을 다스린다.

'내가 미쳤지. 고스톱은 왜 쳐가지고.'

소양인 여사는 얼음 방에서 고스톱을 통해서 생긴 화를 다스리며 소음인 여사와 앞으로 더 이상 고스톱을 치지 않겠다고 결심하고 또 결심한다. 하지만 매번 똑같은 상황이 반복된다. 찜질이 끝나고 목욕탕에서 만나기로 했는데 태음인 여사가 보이지 않는다.

고스톱을 치면서 광을 팔고 심부름을 하고 불가마에서 땀을 너무 많이 흘려서인지 잠이 들었다. 소음인 여사는 태음인 여사를 깨워 목욕탕에 데려간다. 소양인 여사와 태양인 여사는 때밀이 아주머니에게 때를 밀기 시작한다. 소음인 여사는 자기 몸을 남에게 맡기는 것도 싫고 남이 만지는 것도 싫어서 태음인 여사에게 등만 밀어달라고 부탁한다. 그런데 난데없는 태음인 여사의 한마디.

"아주머니, 친구가 두 명이나 밀었는데 저는 공짜로 해주면 안 될까요?"

소음인 여사가 기겁을 한다. 이게 도대체 무슨 헛소리인가! 그런데 때밀이 아주머니는 흔쾌히 허락을 한다. 알고 보니 그 아주머니도 마음 착한 태음인. 차마 거절하지 못하는 것이다.

"요즘 시국이 진짜 뒤숭숭하죠? 우리 같은 서민들은 언제쯤 행복해질까요?"

"다 때가 있기 마련이죠."

"제가 때가 많다고요? 너무 죄송해요. 덤으로 미는 땐데 대충 밀어주세요."

"그럴 수 있나요? 밀려면 제대로 밀어야죠. 시원하신지 모르겠네요."

그러면서 열심히 때를 민다. 그러거나 말거나 소양인 여사는 머리를 감고 샤워를 하며 전신거울에 비친 자기 몸을 바라본다.

"어쩜, 이리 고울까. 아직 죽지 않았네. 죽지 않았어."

"그러네, 네 나이에 그 정도면 미스코리아다!"

소음인 여사가 웃으며 말한다. 태음인 여사도 고개를 들고 '그런가?'라고 말하려다 그건 아닌 것 같은데, 말을 해야 할지 말아야 할지 헷갈려 한다. 그러나 소양인 여사는 친구의 말 한마디에 벌써 기분이 좋아졌다. 소음인 여사와는 다시는 고스톱 치지 않겠다는 결심도 이미 잊어버린 것 같다.

"어머머머! 네가 웬일이야? 바른 말만 하는 너한테 이런 얘기를 다 듣고. 요즘 네가 변한 것 같기도 하다. 우리 다음에 또 찜질방 와서 고스톱 치자, 애."

"나이 드니까 마음 편하게 사는 게 제일인 것 같더라. 우리도 행복하게 편하게 살자."

소음인 여사가 웃으며 말한다. 가장 먼저 나간 태양인 여사가 문을 열더니 소리친다.

"자자, 빨리 씻어. 고기 먹으러 가자."

태양인 여사의 한마디에 다들 웃음꽃이 피며 나갈 채비를 서두른다.

1   내 삶의 주인으로 살자

언제나 현재가 있을 뿐

"우리도 행복하게 편하게 살자."

이 말은 한 청강자를 떠올리게 합니다. 삶의 현장에서 저
를 알아보셨던 분이었습니다. 물건을 사러 매장에 들어갔는데 그
곳 지점장이 제게 인사를 하더군요. 소음인인 그녀는 벼랑 끝에
서 한 남자를 만났지만 내내 삶이 고단했다고 합니다.

우울증, 공황장애와 같은 아픔을 겪으며 그럼에도 불구하고 부

단히 아내로서 엄마로서, 삶을 살아냈습니다. '나'라는 존재를 지우며 남편에게 자식들에게 헌신해온 삶이 행복한 것만은 아니었을 테죠. 남들은 자신의 삶을 칭찬했지만 그녀에게는 전혀 위로가 되지 않았습니다.

그러다 너무나 힘든 시기에 제 강의를 듣게 되었다고 했습니다. 많은 사람들이 정신병이라고 치부하는 자신의 아픔을 병이 아니라 아픔을 겪는 한 인간으로서 인정해주는 것 같아 위로가 되었다고요. 자신이 누구인지 잃어버리고 살아가느라 미치기 직전의 상태였다고 했습니다.

강의에서 "지금까지 어떻게 살아왔어요? 살아만 있으면 됩니다"라는 말에 자신의 존재를 회복할 수 있었다죠. 강의 내내 카타르시스를 느끼며 마음에 뭉쳐 있던 것이 자연스레 녹아내린 듯했다고 합니다. 그 후 자기 삶이 환해지는 것을 경험했고요.

"소장님께서 강연 중에 소리에 놀라지 않는 사자처럼, 그물에 걸리지 않는 바람처럼, 당당하게 자신의 삶을 살아가라고 하셨던 게 특히 기억이 나요."

종종 인용하던 부처님 말씀 《숫타니파타》의 한 구절이었는데 그녀는 그 말을 듣는 순간 전율을 느꼈다고 했습니다. 삶의 길에서 주춤거렸을 때, 사람들의 말에 상처를 입으며 말도 못하고 속으로 삼켰던 일들이 떠올라 하염없이 눈물이 쏟아졌다고 했죠. 하지만 누가 뭐라고 하든, 최선을 다해 살아왔으니 앞으로 자신의 길을 살아가면 된다고 느꼈습니다. 터널 같던 삶에 빛이 들어온 것만 같다고 했습니다.

제 강의가 그렇게 훌륭하냐고요? 그렇다고 말하고 싶지만 저도 양심이 있죠. 그건 아니고요, 다만 그녀에게 자신을 이해하고 위로해줄 한마디가 필요했던 것인지도 모르겠네요. 힘들고 외로운 삶에 대한 언급과 공감으로 커다란 위로를 얻게 됐다는 그녀의 말에 저 또한 위로를 받았습니다.

맛있는 것을 먹고 친구들과 찜질방이나 카페에 가고, 수다를 떨어도 진정으로 자신을 이해하고 위로해줄 누군가가 없었던 것이죠. 어쩌면 체질이 다른 사람들이 서로 깊이 이해한다는 것 자체가 욕심일까요? 소양인 여사와 태양인 여사가 찜질방에 가기 싫어하는 게 체질적으로 타고난 신체적 조건 때문인데 그것조차도 알지 못해 사소한 다툼이 벌어지기도 하니까요.

평생을 살았다고 해서 서로를 잘 알 수 있을까요? 대부분의 사람들이 아니라고 하죠. 아무리 긴 시간을 살을 부비고 살아도 '나는 이 사람을 잘 안다'고 자신 있게 말할 수 있는 사람은 없을 겁니다.

소음인 아내들은 이따금 남편에게 말합니다. 이대로 눈을 감고 싶다고, 일어나기 싫다고. 그러나 남편은 미쳤냐며 쏘아붙일 뿐입니다. 이해까지는 바라지 않아도 그네들은 그저 공감과 위로의 말 한마디를 바랐던 것이겠죠.

그녀와 인사를 하고 돌아오는 길에 행복한 삶을 위한 가장 중요한 기준이 무언지 고민했습니다. 결국엔 내가 내 삶의 주인이 되어 살아가는 것이라는 생각이 들더군요. 내 삶의 주인으로 산다는 것은 무엇일까요? 이미 가버린 과거를 붙잡고 후회하지도 말고, 아직 오지 않은 미래를 두려워하지 않으며, 오직 지금 눈앞에 펼쳐지는 현재를 잘 살아가는 것 아닐까요?

저는 매번 강의 현장에 들어서는 순간, '현재'라는 시간 속에 있는 것을 실감합니다. 동시에 '무엇'인가를 실행하죠. 우리 삶은 매순간 이어지는 현재의 연속입니다. 복잡한 상황 속에서도 딱 떠오르는 '한순간'에 충실한 것이 행복으로 이어지는 시간인 듯 싶네요.

지금까지 사상체질에 대한 전반적인 이론과 자신이 어떤 체질에 속하는지 체질별 특징을 살펴보았습니다. 그리고 행복한 삶을 살아갈 수 있는 기본 토대를 만들어주는 의사소통 방식을 배웠죠. 이제 한 걸음 더 나아가 체질별로 드러나는 삶의 세 가지 요소를 이해하고 어떻게 하면 이것을 삶에 적용해 삶의 질을 높이고 스스로 주인 되는 삶을 살아갈 수 있는지 말해보고자 합니다.

삶을 이루는 세 가지 요소: 존재, 소유, 행위

현재를 잘 살아가기 위해서는 우선 자신이 누구인지 살펴보는 일이 필요합니다. 삶을 이루는 기본 양식을 나누는 기준은 사람마다 다르겠지만, 삶의 영역을 구체적으로 살펴보기 위해 저는 세 가지 양식으로 나눠보았습니다.

존재Being, 소유Having, 행위Doing입니다. 이 세 가지는 모두 필요한 것이며 한쪽으로 지나치게 기울어질 경우 삶의 균형이 무너집니다. 앞선 예에서 보듯 소양, 태양, 소음, 태음 네 친구는 같은 양인과 음인끼리는 비슷한 양상을 보입니다. 하지만 이 세 가지 삶의 영역에서 추구하는 크기와 방식은 또 다릅니다.

삶은 변화하는 과정입니다. 그렇기 때문에 사람마다 어디에 중심을 두고 살아왔는가에 따라 존재와 소유와 행위의 무게가 다를 겁니다. 누군가는 태양인 여사처럼 소유에 집착하며 살아가며 때로 소유와 행위를 혼동하기도 합니다. 소유는 지니고 있는 것, 즉 명사로 볼 수 있다면 행위는 의미 있는 일을 위해 움직이는 상태, 동사에 해당됩니다. 존재는 형용사에 비유할 수 있습니다. 우리에게는 이 세 가지가 모두 필요합니다. 소유만으로 살아갈 수 있는 사람은 없고, 마찬가지로 존재나 행위만으로 살아가는 사람도 없습니다.

세 가지가 모두 중요하지만 그 중에서도 저는 '행위'에 특히 주목합니다. 왜냐고요? 행위를 통해 본질을 바라보고 변하는 삶의 과정 속에서 계속 바뀌는 자신의 모습을 그대로 인정하는 것이 중요하니까요. 자신의 행위를 관찰하면서 진정 자신이 무엇을 원하는지 깨닫는다면 스스로 존재에 대한 새로운 관점을 얻게 되리라 믿습니다.

　너무 무게 잡는 이야기였나요? 쉽게 풀이하자면, 사상체질을 크게 두 가지 면에서 이해하기를 당부합니다. 먼저 타고난 기질에 노력이 결합할 때 빚어지는 시너지 효과를 배우라는 것입니다. 많은 사람이 같은 체질을 타고났지만 성공한 사람은 엄청난 노력을 해온 이들입니다.

　또 한 가지는 타고난 기질의 강점을 북돋워주는 것입니다. 동양적 관점에서 보면 한 가지 강점은 다른 측면에서 약점이 되기도 하는 양면성을 지니고 있기에 지나치지 않게 균형을 잡는 것도 필요합니다.

　유형에 따라 자신에게 편한 것만 계발하며 살아가는 사람도 있습니다. 예를 들어, 소양인은 사람 만나는 것을 좋아하기 때문에 밖으로 나돌기 쉽습니다. 소양인 여사는 찜질방에서도 낯선 사람을 만나 영업을 하지 않습니까. 그러나 지나치면 가정에 소홀하게 되고 여러 가지 문제가 발생하게 됩니다.

　태양인은 전체를 파악하기보다 전략이나 전술 등 자신이 관심 있는 부분의 키워드만 찾아냅니다. 태양인 여사는 승부에 집념을 보입니다. 재미로 치는 화투였는데도 자신이 진 것에 금세 분노하며 현금인출기를 찾아 밖으로 나가는 것 보셨죠? 이렇듯 어떤 유형이든 한쪽으로 쏠리면 편협해지고, 한계에 부딪쳐 더 이상 삶의 영역을 넓히지 못하고 맙니다.

거듭거듭 말씀드리지만, 사상체질의 궁극적 목적은 최대한 중용으로 가까이 가는 것입니다. 타고난 체질을 바꾸려고 억지로 노력하는 것이 아니라, 자신의 체질을 바탕으로 강점을 살리되 약점은 보완함으로써 음양화평지인에 다다르는 것이죠. 균형 잡힌 시각은 어떤 외부적인 요소에도 흔들림 없이 존재 자체만으로 빛나는 삶을 살게 합니다. 그럼 지금부터 본격적으로 행복의 문을 여는 이야기로 들어가볼까요?

BHD모델이란?

BHD모델은 삶의 양식을 존재 이유, 소유 내용, 행위(행동) 양식 세 가지를 기준으로 파악하기 위한 방식이라고 할 수 있습니다. 존재와 소유는 철학적인 영역입니다. 행위(욕구 또는 동기)는 심리학적 영역으로 욕구에서 생깁니다. 인간의 행위는 거의 무의식적으로 그 사람의 인생 태도로 굳어져 자신도 모르게 드러나는 경우가 많죠.

존재 이유와 소유 내용은 '의식'에 해당되는 부분이며, 행위 양식은 욕구로서 '무의식'에 해당됩니다. 앞에서도 잠깐 말했지만 무의식은 의식보다 큰 부분을 차지합니다. 흔히 빙산의 모습으로 의식과 무의식을 설명합니다. 수면 아래 잠긴 부분이 무의식, 수면 위에 보이는 부분이 의식입니다. '빙산의 일각'이라는 말 들어보셨죠? 전체 중에서 아주 적은 부분을 말할 때 쓰는 비유인데 이 정도면 의식과 무의식이 어느 정도 차이인지 아실 겁니다.

BHD모델은 철학의 핵심 테마인 존재와 소유, 심리학의 핵심 테마인 욕구와도 연결되어 있기 때문에 인간의 전체적인 모습을 이해하고 적용하는 데 유용하리라 생각합니다. 구체적으로는 기업체나 조직, 가정에서 개인의 생활을 풍요롭게 하고 조직의 성과를 향상시키는 데도 도움이 됩니다. 뿐 아니라 개인과 개인 사이에서 벌어지는 갈등을 해결하고 관계를 개선하는 데 도움이 되는 통찰을 얻을 수도 있습니다.

우선 사상체질과 연결해서 세 가지를 차근차근 살펴볼까요? 소유 내용과 존재 양식은 겉으로 드러난 의식의 심리로 보고, 행위 양식은 무의식적인 몸의 심리로 볼 수 있습니다. 사상체질 심리철학은 몸의 심리가 주된 주제입니다. 몸을 우선시하기 때문에 무의식의 심리학이라고도 말할 수 있죠.

이를 바탕으로 세 가지 테마를 연결하는 고리를 보면 위로 갈

수로 힘이 약해집니다. 즉, 우리에게 미치는 영향력이 약해지는 것이죠. 맨 아래에 있는 행위 양식이 가장 센 힘을 가지고 있고 이것에 의해 우리가 살아간다고 해도 과언이 아닐 정도입니다.

따라서 맨 아래층에 있는 행위 욕구를 해결하면 소유나 존재의 문제는 더 쉽게 해결됩니다. 궁극적인 목적은 존재, 소유, 행위에서 자유로워지는 것이며, 네 가지 체질의 특성이 한 사람 안에서 두루 나타나는 것입니다.

그렇다면 이것을 어떻게 삶에 적용할 수 있을까요? 하늘에서 부여받은 존재 이유를 잘 알아차리고, 땅에서 부여받은 소유 내용을 또 잘 알아차려야 할 것입니다. 그리고 삶의 방향을 어디에 둘지 생각하며 행위 양식을 생각해야 합니다. 삼라만상의 모든 것이 조화를 꿈꾸듯 우리도 하늘과 땅의 조화 가운데 멋진 인생을 살아갈 수 있습니다.

조금 어려운 얘기였나요? 앞의 이야기로 한번 풀어보죠. 소음인 여사가 고스톱을 치기 위해서 철저히 준비했지만 딴 돈을 친구들에게 돌려주거나 소양인 여사를 칭찬하는 모습을 보세요. 자신의 부여받은 존재 양식 아래 행위 양식의 변화가 따라 오니까 관계가 개선되는 것처럼 보이지 않나요? 작고 사소한 말이나 행동만으로 관계에 변화가 일어나고 우리의 삶은 너그러워지고 편해지는 게 아닐까요?

이렇듯 체질별 존재, 소유, 행위는 다양한 양식으로 드러납니다. 다음에 이어지는 글에서는 각각의 체질별 특징을 살펴보고 자신이 원하는 삶을 살아가려면 어떻게 해야 하는지 구체적으로 살펴보고자 합니다.

2 나는 어떻게 살아왔고 어떻게 살아갈 것인가?

무엇보다 행동이 중요하다고 생각하는 소양인

위의 이야기에 등장했던 우리 소양인 여사의 또 다른 이야기입니다. 소양인 여사는 늘 가던 미용실의 디자이너가 바뀌자 단골 미용실을 바꾸기로 했습니다.

"찾으시는 디자이너 선생님이 계신가요?"

"여긴 처음인데, 잘생기고 스타일 좋은 분으로 해주세요."

소양인 여사는 훈남 디자이너에게 머리를 맡기기로 합니다. 헤어 디자이너는 이런저런 말을 건네며 소양인 여사의 머리를 손질합니다. 소양인 여사는 처음 보는 남자 디자이너와 농담을 주고받고 웃고 떠들며 이야기를 하다가 언제인가부터 물 만난 물고기처럼 신나게 온갖 유흥정보를 쏟아냅니다. 놀 만한 장소며 지난번 나이트에 가서 부킹했던 이야기까지, 말하는 중에 웃음이 떠나질 않습니다.

"모이기로 하면 내가 다 연락 돌리고 장소까지 알아보는 타입이거든. 내가 빠지면 모임이 안 돼. 그러고 보니 선생님, 내 첫사랑하고 비슷하다. 연예인 누구 좀 닮았네."

수작 부린다고 보일 정도로 소양인 여사는 남자 헤어 디자이너에게 스스럼없이 대합니다. 이 디자이너가 첫사랑과 정말 비슷한지, 연예인 누구를 정말 닮았는지는 소양인 여사에게 중요하지 않습니다. 그저 지금 만난 사람, 즉 이 디자이너와의 대화가 즐거우면 그뿐입니다. 자신이 이 분위기를 재미있게 주도하고 있느냐가 소양인 여사에게는 포인트입니다.

이렇듯 소양인은 자신이 존재하는 이유를 즐겁게 살기 위해서라고 생각합니다. 세상을 긍정적으로 바라보고 즐기는 삶을 지향하죠. 소양인에게 사실상 가장 중요한 가치는 '쾌락'입니다. 긍정적으로 세상을 보고 즐기는 성향이 강한 소양인이 추구하는 자아실현의 최고 단계는 타인으로부터 '이 사람과 함께하고 싶다'는 욕구를 끌어내는 것입니다. 그래서 소양인은 다른 체질을 가진 사람들에게 같이 즐기고 싶다는 생각이 들만큼 매력적이고 강한 끌림으로 다가옵니다.

소양인은 다른 체질에 비해 이성에 대한 집중도가 높습니다. 심리학적인 표현으로 '성적 대상의 확보'라고도 하는데요. 이 용어를 오해하지 않으셨으면 합니다. 외모든 능력이든 자신을 돋보이게 하는 대상을 가까이 두고 싶어 하는 것을 뜻합니다. 이것이야말로 소양인에게 내재되어 있는 소유의 특징입니다. 하지만 소양인은 자신의 이성 집중도를 실제로 잘 느끼지는 못합니다.

소양인은 이성에게 잘 보이는 것에 가치를 둡니다. 소양인의 이런 특성을 이해하고 어떨 때 동기가 부여되고 행동하는지 알아차린다면 도움이 될 것입니다.

소양인은 본능에 충실한 욕구를 지니고 있으며 정신적, 신체적으로 건강한 삶을 살아가고자 하는 긍정적인 양의 성질을 띠고 있습니다. 기본적으로 먹고, 자고, 배설하는 생리적 욕구를 중요하게 여기기에 이것을 채우는 일은 최상의 컨디션을 유지하게 합니다. 호르몬적으로 보면 도파민, 엔도르핀, 옥시토신 등의 신경 전달물질을 방출하게 하는 행위 방식이자 소유 방식이고 존재 방식이죠.

이들을 만족시켜주는 방법 역시 생리적인 욕구를 채워주는 일

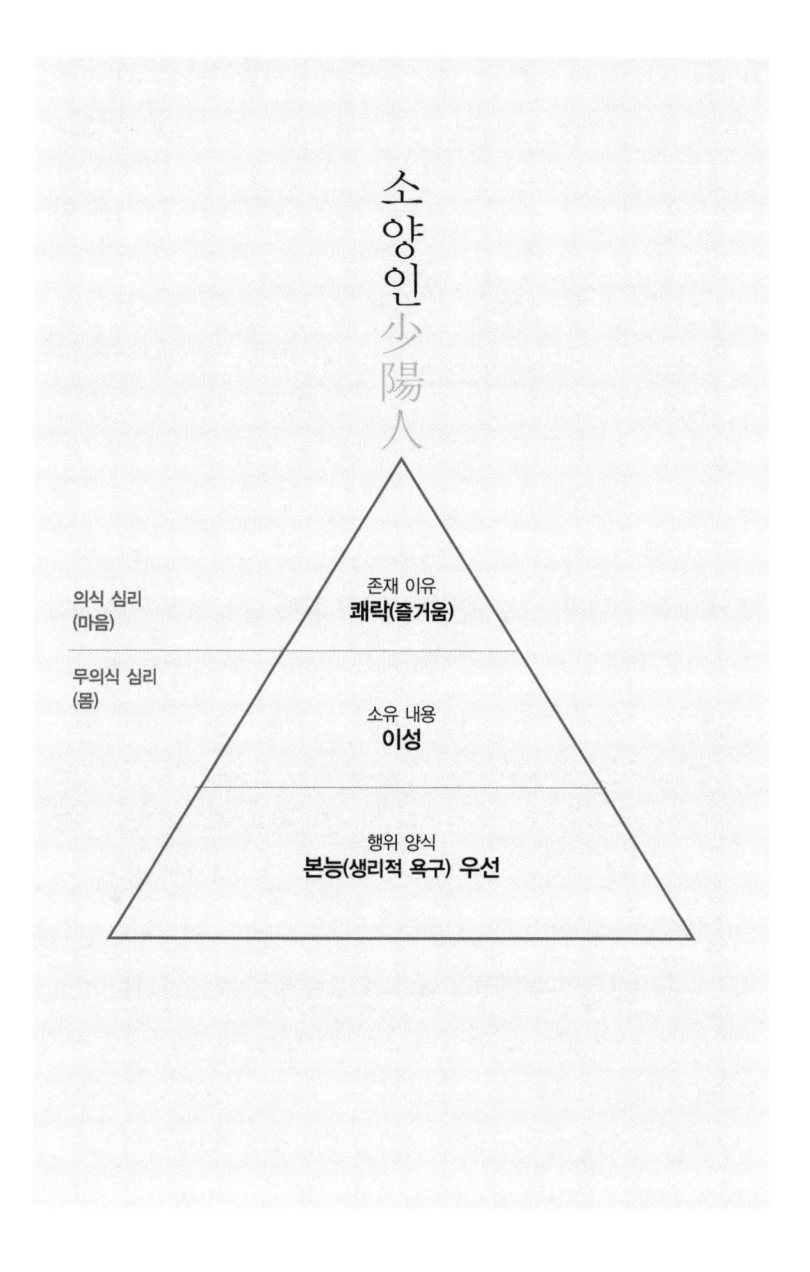

소양인
少陽人

의식 심리
(마음)

무의식 심리
(몸)

존재 이유
쾌락(즐거움)

소유 내용
이성

행위 양식
본능(생리적 욕구) 우선

입니다. 쉬운 예로 맛있는 것을 사주거나 좋은 선물을 안겨주어 기분을 좋게 만들 수 있습니다. 직장생활이나 가정생활에서도 이런 점을 실행하면 좋은 관계를 유지할 수 있습니다.

소유만 하면 잘 살고 있다고 생각하는 태양인

태양인 여사는 동창회에 30분 일찍 도착했습니다. 그러고는 가장 늦게 나타난 소양인 여사에게 화를 내며 호통을 칩니다. 그것을 본 태음인 여사는 불쌍하니까 용서해달라고 합니다.

"시간이 이렇게 늦었는데 왜 미리미리 연락하지 않는 거야?"

"길이 좀 막혀서 그렇지……."

있지도 않은 얘기를 하며 일단 그 상황을 모면하려 하는 소양인 여사입니다. 소양인 여사의 사과와 태음인 여사의 간절한 요청에 태양인 여사는 상황을 마무리하고 마이크를 잡습니다. 지난 모임에서 진행했던 봉사활동 내용과 성과에 대해 이야기합니다.

"이번에 우리 남편이 이사로 승진했습니다. 오늘 점심을 제가 쏘겠습니다."

태양인 여사의 말에 나머지 사람들은 박수를 치며 기뻐합니다. 태양인 여사는 마이크를 잡은 김에 앞으로 있을 모임이라든가 몇 몇 불참하거나 자신의 의견에 제동을 거는 일들에 대해 비판을 시작합니다.

태양인은 자신이 통제할 수 있는 세계, 자신의 권력 등을 시험해보고 싶어 합니다. 경제적인 것에 대해서도 과시하고 싶은 욕구가 강하고요. 때로는 자신이 가고 싶지 않은 모임이나 집안일과 관련된 행사 등에는 참석하지 않습니다. 우선 계좌로 돈을 송금하며 바쁘다고 핑계를 대며 자신이 할 도리는 다했다고 큰소리치며 자신만만해합니다.

태양인 행위의 원동력은 '존경의 욕구'입니다. 존경의 욕구가 무너지면 심하게 화를 내며, 불안해하고, 욕을 하거나 심지어 폭력이 나타나기도 합니다. 그들은 남들에게 존경받았을 때 가장 큰 에너지를 얻고 몸에서도 좋은 호르몬이 나옵니다. 남들 앞에 '얼굴이 서야' 흡족한 마음이 들기 때문입니다.

태양인이 지향하는 소유의 특징은 '물질'입니다. 밍크코트에 화려한 액세서리를 걸친 태양 여사의 모습이 눈에 훤하네요. 이들에게 물질은 현실적인 물질 또는 값비싼 물질로 돈으로 환산할 수 있는 것을 의미하기 때문이에요. 이들은 보석처럼 물질적 가치가 있는 것에 상당한 소유욕을 가지고 있습니다. 남들이 가지지 못한 값비싼 물질을 소유함으로써 타인의 존경을 받으려고 하는 무의식적인 욕구죠.

태양인이 존재하는 이유는 '책임과 권한'으로 표현할 수 있습니다. '나 이런 사람이야'라고 드러내는 삶에 익숙하죠. 이들은 의식적으로 존경받고 싶어 하며, 물질을 소유하려 하며, 그에 따른 책임을 지고자 하기 때문에 주도적이고 리드하는 역할을 주로 맡습니다.

자신이 맡은 일에 책임을 다하고, 권력에 목말라 합니다. 때로는 그 권력으로 타인과 집안을 통제하려 들기도 합니다. 특히 태양인 남성은 존경에 대한 욕구가 강하기 때문에 자식, 아내, 직원, 친구들로부터 무시당했다고 생각하면 상당히 폭발적으로 문제를 일으킵니다.

반면 만족스러울 경우엔 온화하고 책임감이 강해지며 크게 한턱 쏘면서 만족해합니다. 차를 사도 자신의 라이프 사이클과는 상관없이 배기량이 큰 차, 집을 사도 평수가 큰 집을 소유하려 하죠.

이런 태양인의 인생관을 이해하면 그들과 더 원활하게 관계를 유지할 수 있는 힌트를 얻을 수 있습니다. 더불어 친구나 가족 사이에서도 그들에게 동기를 부여할 수 있는 방법을 찾아낼 수 있죠. 만약 태양인 연인을 사귀려면 존경의 모습을 보이는 게 좋습니다.

좋은 물건을 선물하거나 주도권을 넘겨주세요. 결과적으로 이

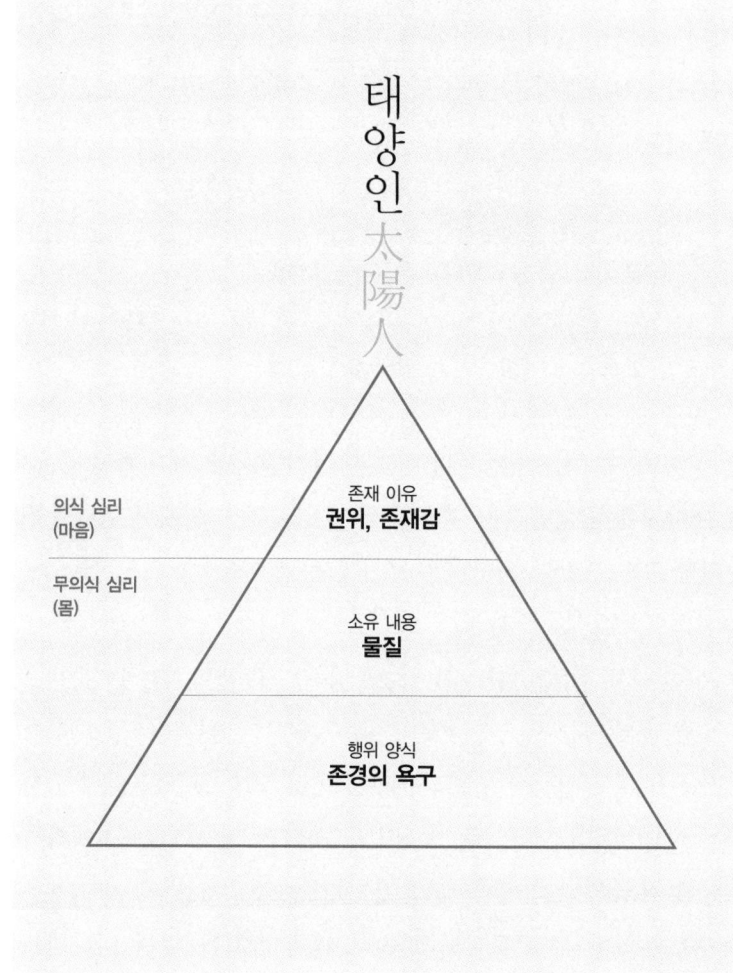

4 | 폼나게, 나답게 살아가는 법

들은 책임감을 느끼며 행동할 것입니다. 존경의 욕구를 표현하는 방법은 어려운 것이 아닙니다. 장점을 찾아 진심으로 칭찬하는 것입니다. 틀림없이 더 좋은 관계로 발전하게 될 겁니다.

존재만 하면 잘 살고 있다고 생각하는 소음인

이번엔 소음인 여사의 아들 이야기입니다. 새내기 소음 군은 대학교에 합격했다는 기쁨도 잠시 입학과 동시에 시험공부를 준비합니다. 장학금을 받아 부모님의 부담을 줄여드리고 싶은 마음 때문이에요.

"이번 주에 신입생 환영회 있는데 올 거지?"

"어? 글쎄……."

소음 군은 신입생 환영회라든가 동아리 모임 등 모임자체를 자신이 지금껏 짊어지고 온 짐에다 또 하나의 짐을 얻는 것이라서 상당한 부담을 느낍니다. 모임이 생기는 것을 그렇게 반기거나 좋아하지 않죠. 친구들과의 의리나 관계 유지를 위해 내키지는 않지만 모임에 나갑니다.

동창회에 잘 나가지 않는 진짜 이유는 어떤 목적도 없이 모여서 먹고 마시고 노는 모습이 시간 낭비라고 생각하기 때문입니다. 또 당연히 학생의 본분은 학업이기 때문이기도 하죠. 그래서 자신이 해야 할 일에 대해 본인의 미션(임무)이라는 생각을 자연스레 하게 됩니다.

'불참하게 되면 학교생활에 문제가 있을까? 안 가면 벌금 내야 하는 거 아냐?'

벌금을 내야 한다는 이야기를 듣고 어쩔 수 없이 소음 군은 엠티에 합류하게 됩니다. 그곳에서 마음에 드는 여학생을 발견합니다. 소음 군은 엠티를 다녀온 후 엄청 고민을 하다가 그 여학생에게 용기 내어 말을 걸었어요.

"우리 같이 도서관에서 만나서 공부해보자. 내가 성적 잘 나오게 선배에게 얻어놓은 족보랑 노트 필기한 거 빌려줄게. 너만 봐."

소음인은 자신의 마음을 직접적으로 전하지 못합니다. 오랫동안 속내를 숨기다가 많은 시간이 지난 후에 자신의 속내를 밝히죠. 자신이 미적미적하는 사이, 그 사랑은 떠나고 맙니다.

소음인 행위의 원동력은 '자아실현의 욕구'입니다. 현실을 즐기기보다 견디며 살아가기에 이상을 향한 노스탤지어의 손수건이 필요한 것일까요. 이들은 네 가지 체질 중에서도 가장 높은 차원의 욕구에 의해 움직이는 사람들입니다. 자아실현이 이루어지는 방향으로 모든 에너지를 집중시키기에 두뇌를 많이 쓰며 공부를 많이 하는 경향이 있어 학자나 선생의 길을 가는 사람도 많죠.

4 | 폼나게, 나답게 살아가는 법

반대로 몸의 욕구를 잘 돌보지 않아 건강은 좋지 않은 편입니다. 예를 들어 소음인에게 흔하게 나타나는 위장병도 원인을 살펴보면, '생리적 욕구'는 거의 무시하다시피 하며 꿈을 이루려고 하는 욕구에 모든 에너지를 쏟기 때문입니다. '자아실현의 욕구'에 에너지를 쏟아서 원하는 것을 이루는 것은 좋지만 지나칠 경우 건강에는 치명적일 수 있으니 소음인 여러분, 조심하세요. 저도 만성 위장병으로 고생하고 있거든요.

그런데 왜 소음인은 이토록 자신의 꿈을 이루려 하는 것에 무의식적으로 에너지를 많이 쏟을까요? 극복하기 힘든 몸의 특성을 지식을 소유하는 것으로 보상받기 위해서입니다. 강의할 때 저는 '소음인은 복수한다'는 표현을 종종 하는데 자아실현의 욕구를 방해하는 사람을 가려내서 복수한다는 것으로 풀이하면 됩니다.

물론 실제적인 원한을 품고 복수한다는 뜻은 아닙니다. 실제로 그런 일이 일어나면 큰일이죠. 은혜와 괴롭힘을 정확히 계산하여 되돌려준다는 의미입니다.

이런 맥락에서 보면 소음인은 비판적이고 냉소적으로 보입니다. 인과응보, 아니 땐 굴뚝에 연기가 날 수 없다는 원칙적인 신념으로 인해 건조하게 느껴지기까지 하죠. 논리에 타당성이 있고, 주장을 시작하면 쉽게 굽히지 않는 대쪽 같은 성향도 지나치면 해가 되니 자신을 잘 살펴보세요.

소음인의 존재 이유는 '원칙과 인내'입니다. 스스로 생각하고 정리한 사실이 원칙에 따른 완전한 문장으로 나타나기 전까지는 절대로 표현하지 않습니다. 어떤 일이든 심사숙고하여 최소한 두세 번의 '정신적 퇴고'를 거친 후 간결하게 한 문장으로 말합니다. 소음인이 하는 말이나 글, 행동에는 반드시 의미(그것이 대중이 생각하는 방향과 다를지라도)가 있고, 자신만의 원칙이 있다는 것을 염두에 두면 좋습니다.

본인이 소음인이라면 어떤 '자아실현의 욕구'를 가지고 있는지 관찰하고 스스로 꿈을 이루고자 하는 욕구에 의해서 움직인다는 것을 인정해보세요. 소음인 지인을 만났을 때도 마찬가지입니다. 이들이 지향하는 자아실현의 모습이 어떤 것인지 이해하고 나면 좋은 친구가 될 수 있습니다.

소음인은 신뢰를 중요하게 여기는 이들이지만 실제적으로 관계를 구축하기는 어려운 유형입니다. 가장 높은 단계의 욕구에 걸려 있기 때문입니다. 그들은 자신의 꿈을 이루어주는 사람들과 어울리며 그렇지 못한 사람과는 어울리지 않습니다.

그래서 소음인을 내 사람으로 만드는 일은 어렵습니다. 이들과 가까운 사이가 되고 싶을 때는 그들이 존재 이유로 삼는 삶의 가치와 원칙을 알아주고 격려해주세요. 그들이 소유한 지식에 대해 긍정적인 피드백을 주는 것도 도움이 됩니다.

4 | 폼나게, 나답게 살아가는 법

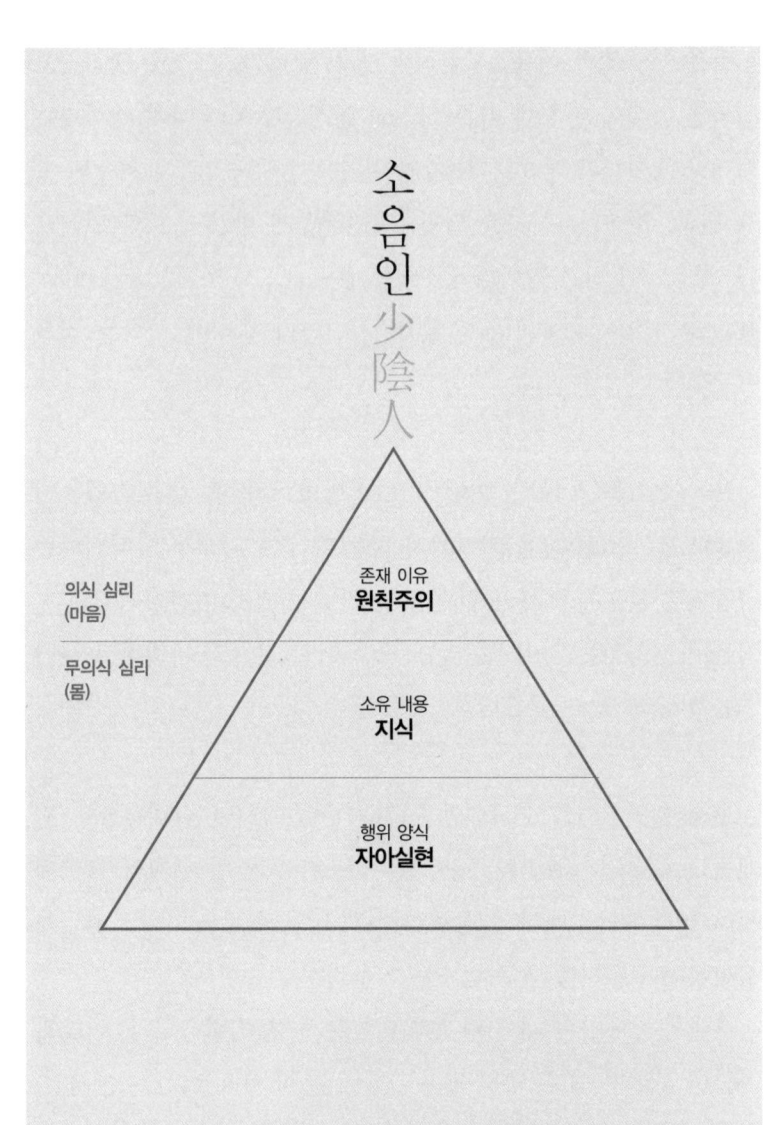

소음인 少陰人

의식 심리
(마음)

존재 이유
원칙주의

무의식 심리
(몸)

소유 내용
지식

행위 양식
자아실현

예를 들어 "네 꿈이 뭐야? 나도 최선을 다해서 돕고 싶어. 나도 너와 비슷한 꿈을 자지고 있어. 우리 같이 그 꿈을 이루자"라고 말한다면 그들은 마음의 문을 열 것입니다. 그러나 입에 발린 섣부른 칭찬은 금물입니다. 진짜인지 아닌지 귀신처럼 알아보는 능력도 갖고 있으니 말입니다.

소음인 자녀가 있다면 아이가 어떤 욕구와 동기에 의해 움직이는지, 무엇을 소중히 여기는지, 어떤 감정을 느끼는지, 어떤 분야를 좋아하는지 세심하게 관찰하기를 권합니다. 특히 아이가 좀처럼 마음을 열지 않고 내성적이어서 어렵다고 느낀다면, 자녀와의 관계회복에 좋은 계기가 될 것입니다.

조직 안에서 소음인 부하의 능력을 이끌어내려면 그들의 내적 원칙을 존중해주는 것이 좋습니다. 다소 보수적이고 어려워 보일지도 모르지만 그들의 특징을 최대한 이해해주면 큰 도움이 될 것입니다. 더 나아가 자아실현의 욕구를 잘 관찰해서 마음껏 펼칠 수 있는 장을 마련해주세요. 그들은 완전히 몰입하여 최고의 성과를 낼 것입니다.

행위, 소유, 존재를 넘어서서 생각하는 태음인

하루는 태음인 여사가 모임에 늦게 나타났습니다.

"어떻게 된 거야? 왜 이렇게 늦었어?"

"똑같은 이름의 가게가 옆 동네에 있었지 뭐야. 거기에서 기다리다가 뒤늦게 전화 받고 왔어."

태음인은 평소 너무 많은 생각에 사로잡혀 있습니다. 동시에 여러 가지 생각을 하기 때문에 일의 우선순위를 잘 가려내지 못해요. 이런 모습은 태음인의 맹점이라고도 볼 수 있으나 반대로 여러 가지 상황을 동시에 보는 통합적 사고, 조금 유식한 말로 '통섭'을 잘하는 사람이라고도 볼 수 있습니다. 그래서 태음인은 느리고 산전수전을 다 겪으면서도 큰 성취를 이루기도 합니다.

늦게 도착한 태음인 여사가 어떻게 했을까요? 사람들의 이야기부터 들어줍니다. 앉자마자 불판에 고기를 올리고 익은 고기를 잘라서 다른 사람에게 줍니다. 태음인은 어떤 목적을 가지고 사람을 챙기는 것이 아니라 순수한 사람을 좋아하는 마음으로 챙기는 것이기에 네 체질 중에서 가장 인자한 사람이며 적이 없는 사람입니다.

물질적인 도움보다는 정신적인 측면, 즉 여러 사람들의 힘든 이야기를 들어주고 다독이며 관계를 더 돈독히 하는데 힘을 씁니다. 친한 사람들에 대한 사랑과 소속감을 느끼기 위한 '인간애'를 중시하죠.

그래서 많은 태음인들이 종교 동아리나 예술 동아리, 음악 동아리를 기웃거립니다. 서로 대화가 통하고 삶의 의미를 찾기 위해서 동분서주 합니다. 사람들이 예술을 알지 못한다며 슬퍼하며 술로써 그 슬픔을 풀려고 하는 경향이 있어요.

태음인 행위의 원동력은 '안전의 욕구'을 추구하는 것입니다. 안전은 물질적이고 정신적 것 두 가지를 모두 포함합니다. 세상의 변화나 시류에 크게 동요되거나 흔들리지 않으며 살아갈 수 있는 기본 환경만 조성되어 있다면 굳이 변화와 혁신을 추구할 필요성도 느끼지 않습니다. 이런 성향은 그들을 우직하고 끈기가 있으며 믿음직스러운 사람으로 보이게 합니다.

태음인은 돈을 추구하는 경향이 짙습니다. 의외라고요? 있는 돈까지 다 퍼줄 것 같다고요? 그들에게 돈은 태양인의 소유와는 조금 다릅니다. 돈을 권력과 동일시하며 추구하는 태양인의 욕구와는 달리 안전한 삶을 유지하기 위한 수단으로 보기 때문입니다.

그들은 안전한 삶이 보장되어야 엄청난 에너지를 냅니다. 여가활동을 통해 욕구를 충족하면서 훌륭한 예술작품도 남기는 이들도 태음인입니다.

태음인이 지향하는 소유 내용은 '관계'입니다. 대인관계나 사회활동을 할 때도 무탈하게 지내고자 의도적인 노력을 하죠. 좋은 관계를 소유해서 마음과 몸에 안전을 추구하고자 하는 욕구가 바탕에 깔려 있습니다.

태음인의 존재 이유는 '포용'입니다. 어떤 상황에서도 용서하고, 받아들일 줄 아는 인덕을 가지고 있죠. 그만큼 포용력이 높고, 불리한 상황이나 어려움에 처해 있어도 초월하는 자의식을 지니고 있고요. 태음인과 가까워지고 싶으신가요? 좋은 태음인 친구를 옆에 두고 싶으신가요?

관계를 중요하게 여기고 용서를 제일의 덕목으로 가지는 점을 이해해주세요. 그들은 기꺼이 당신에게 최고의 친구가 되어줄 것입니다.

태음인을 움직이는 무의식적인 동기가 '안정'이라는 것을 이해하면 이들과 관계를 맺을 때 상당한 도움이 됩니다. 이들은 불안한 상태에서는 아무것도 하지 않으려고 합니다. 관계에서도 마찬가지기 때문에 강압적 태도보다 부드러운 말투를 쓰며 감성적으로 다가가는 것이 좋습니다.

태음인과 성공적인 관계를 맺는 방법은 편안함을 우선적으로 채워주는 것입니다. 연애를 하게 되면 자신이 어느 정도 안정된

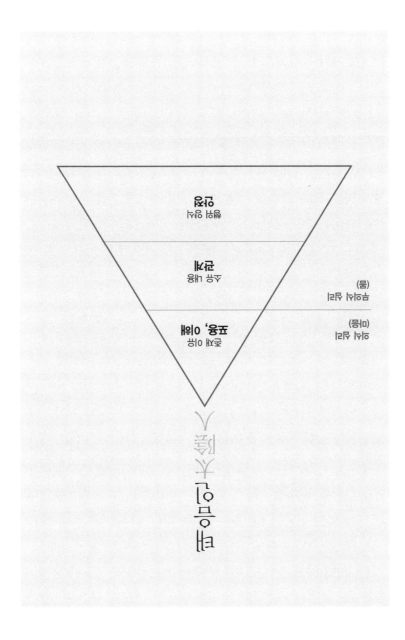

직장과 물질적 안정을 갖추고 있다는 사실을 보여주고 사람들과도 좋은 관계를 유지하고 있다는 것을 넌지시 암시하세요.

태음인은 온화하고 부드러워 보이기 때문에 사람들 속에서 두드러지지 않을 수 있습니다. 그러나 누구보다 뒷심이 세고 큰일을 해내는 존재입니다. 만약 이들의 핵심 가치를 이해하지 못한다면 그들의 드러나지 않지만 은근하고 끈질긴 저항에 애를 먹을 것입니다.

균형과 조화

체질마다 드러나는 형태는 비슷할지 몰라도 숨은 욕구와 동기는 다르다는 것을 아셨을 겁니다. 소양인은 행위, 태양인은 소유, 소음인은 존재의 부분에 알게 모르게 에너지를 쏟으며 살아갑니다. 체질마다 존재, 소유, 행위의 형태가 다른 이유기도 합니다.

네 가지 체질 중에서 BHD모델의 세 가지 영역을 가장 고르게 쓰며 살아가는 체질은 태음인입니다. 이들에게는 '평화와 안정의 욕구'가 있기 때문입니다. 모든 태음인이 이상적인 조화와 균형을 이루고 있는 것은 아닙니다. 당연히 개인차가 있죠. 태음인이라도 어느 한쪽의 비율이 강하게 나타날 수도 있고, 균형을 잃을 경우 집착을 드러내기도 하죠. BHD모델은 네 가지 체질을 더 잘 이해하기 위한 도구이지 여기에 무조건 끼워 맞추면 안 됩니다. 발에 신발을 맞춰야지 신발에 발을 맞춰서야 되나요.

여기에서 말하는 균형은 수학적인 균형이 아니라 네 가지 체질의 성향을 고루 갖추어 상황에 적합하게 살아가는 전인적 사람이 되는 것입니다. 예를 들어, 소양인의 환경과 부딪혔을 때는 소양인이 되어서 '생리적 욕구'도 추구하고, '성적인 대상의 소유'에도 신경 쓰며, '즐거움과 쾌락'도 신경 쓰자는 것이죠. 태양인의 환경과 부딪혔을 때는 '존경의 욕구', '물질'의 소유, 또는 '권력'을 통해 상황에 적합하게 적응하자는 것입니다.

소음인의 환경과 부딪혔을 때는 '자아실현의 욕구'를 발휘하여 그 상황을 잘 헤쳐 나가는 태도가 필요합니다. '지식'을 쌓고 원칙을 지니는 것을 삶의 철학으로 삼아 삶을 리드하자는 것이죠. 태음인의 환경과 부딪혔을 때는 '안전의 욕구'를 추구하고, 정신적인 '관계'를 추구하며 자기 변화를 추구하자는 것이 핵심입니다.

이처럼 네 가지 성격을 골고루 가진 사람을 사상체질에서는 '음양화평인'이라고 합니다. 음양화평인! 이제는 이 말이 입에 착 붙으셨죠? 이것을 삶과 비즈니스에 적용하면 효율적으로 성과를 낼 확률이 높아집니다. 이런 사람은 어디에서든 함께 일을 하자고 하기 마련입니다. 균형 잡힌 사람은 스스로 행복하게 느끼며 타인에게 도움을 주니까요.

만약 소양인 여사가 행위 양식('즐거움, 쾌락')에만 초점을 두지 않고 소음인 여사와는 '독서'를, 태음인 여사와는 미술관을 가거나 악기를 배우는 등 '예술' 활동을, 태양인 여사처럼 '존경의 욕구'를 충족시키며 산다면 어떨까요? 상상만으로도 멋지지 않나요?

다른 체질들도 마찬가지입니다. 서로가 서로의 모습을 잘 보고, 그들의 좋은 점을 따라해보는 겁니다. 오랜 시간을 함께한 사람들은 닮아간다는 말이 있는 것처럼 네 친구들이 서로의 모습을 닮아가며 음양화평인에 다다르지 않을까요?

다시 한 번 자신의 삶을 이루는 세 가지 요소인 존재, 소유, 행위가 어떤 식으로 드러나고 움직이는지 깊이 이해하고 수용하십시오. 그리고 원하는 삶을 자유롭고 당당하게 살아가길 바랍니다.

3　삶의 질을 높이는 방법

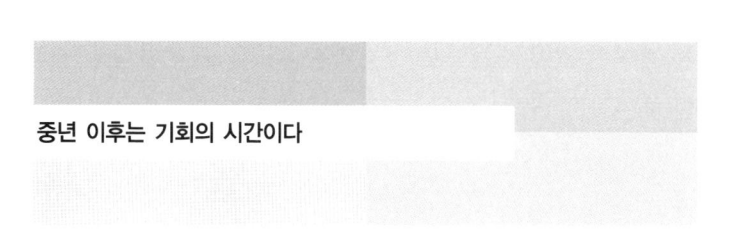

중년 이후는 기회의 시간이다

지금까지 체질별 특징과 각 체질마다 다르게 나타나는 삶
의 세 가지 양식을 살펴보았습니다. 다른 유형의 체질에 대해서
도 좀 더 깊이 이해하게 되었을 겁니다. 자신이 생각했던 것과 비
슷한 부분도 있고, 전혀 다르게 다가온 부분도 있을 테죠. 그러나
어느 쪽이든 삶의 깊이와 넓이를 확장시키는 데 도움이 되었으리
라고 생각합니다.

어떤 체질에 속하든 한 가지 공통점이 있습니다. 지금 이 순간까지 각자 치열한 삶을 살아왔고 다양한 방식으로 욕구를 충족해 왔다는 것이죠. 이제는 안정적이라고 할 만한 자리에 올랐고, 모든 것에 어느 정도 익숙해졌을지도 모릅니다. 특별한 일만 생기지 않는다면 오늘도 어제와 같이 평범한 하루를 보내겠죠. 그러다 어느 날 문득 거울을 보고 더 이상 젊지 않음을 실감하며 '나이 듦'에 대해 생각하진 않나요? 아니면, 외모 관리에 신경을 쓰는 소양인 여사가 거울을 보고 하던 말처럼 '아직 죽지 않았어'라고 생각하며 안도의 한숨을 내쉴지도 모르겠네요.

대부분 중년의 현실은 이미 다 커서 품을 떠난 자식인데도 끝나지 않는 뒷바라지의 연속인 것 같기도 합니다. 자식을 키울 때는 정신이 없어서 돌아보지 못했던 '나'가 불쑥 올라와서 깜짝 놀랄 때도 있습니다.

자식이 전부라고 믿었던 시간은 지나가고 외로움이 그 자리를 대신합니다. 옆에 아무도 없다는 생각이 들면 괜스레 눈물이 나기도 하죠. 그래도 중년 여성은 낫다고 말할 수도 있겠네요. 위의 이야기에 등장하는 네 친구들처럼 함께 여기저기 다니기라도 하니까요.

중년 남성은 친구라고 부를 만한 사람이 없어 집에 일찍 들어옵니다. 그러다 괜히 아내에게 잔소리를 듣죠. 한창 유행했던 삼식이 시리즈 기억하시나요? 삼시 세끼를 다 찾는 간이 부은 중년 남자, 하루에 무려 세끼를 집에서 먹는 남자를 부르는 말이죠. 여성분들은 깔깔거리며 웃을지 몰라도 같은 남자로서 참 쓸쓸하게 느껴지는 말입니다.

남성이든 여성이든 중년이라는 단어에는 쓸쓸함, 외로움이라는 단어가 수식어처럼 따라붙는 듯합니다. 이런 상태를 비유하는 '빈 둥지 증후군'이라는 말도 있지만 생각을 달리하면 이제야 비로소 나를 돌아볼 시간적 여유가 생겼다는 뜻 아닐까요? 더 이상 바깥에 신경을 쓰지 않아도 되죠. '나'를 바라보고 온전히 집중할 수 있는 시간이 주어졌으니까요.

누군가는 시간적 여유가 찾아온 중년 이후에야 자신이 이룬 것만으로는 부족하다는 것을 깨달았다고 했습니다. 하지만 우리는 존재 이유를 드러내기 위해 열심히 살아온 자신에게 '잘 살아왔다, 대견하다'라는 위로를 보내야 합니다. 그런 후에야 앞으로 어떤 삶을 살고자 하는지 솔직하게 탐색해볼 수 있습니다.

하고 싶었지만 그동안 못했던 일들을 종이에 적어보세요. 리스트를 작성해서 실행하는 방법을 찾아보는 것만으로도 충만함을 느끼고 기쁠 것입니다.

95세의 나이에 영어공부를 시작한 할아버지에 대한 이야기를 들은 적이 있습니다.

그분은 65세에 은퇴를 했습니다. 스스로 노인이라고 여기고 이제는 할 수 있는 게 아무것도 없다고 체념한 채 그냥 시간을 흘려보냈습니다. 그렇게 30년이 지났습니다. 95세가 되었을 때 인생의 3분의 1을 허송세월한 것을 후회하고 그때부터 자신이 하고 싶었던 일, 하지 못했던 일을 하기로 결심했습니다.

100세 시대는 이제 더 이상 낯선 말이 아닙니다. 우리에게 주어진 시간은 앞으로 더 늘어날 것입니다. 나이가 들었으니 못하겠다, 할 일이 없다고 생각하지 말고 95세의 할아버지처럼 지금 당장 하고 싶은 일들을 하나씩 하면 됩니다.

소홀했던 관계에도 손을 먼저 내밀어보면 어떨까요. 관계성 측면에서 가장 약한 사람은 태양인일 것입니다. 다행히 태양인 여사에게는 세 명의 친구가 있지만 이 관계가 오래 지속되어야 할 텐데요.

일본의 한 마을 공동체가 있습니다. 이곳은 일본에서도 최고령자가 모여 사는 곳으로 유명합니다. 이곳에서는 더 이상 나이라는 것의 의미가 없습니다. 모두 친구처럼 지내기 때문이죠. 가족이 없는 사람도 있지만 자신이 외롭다고 느끼지 않습니다. 진심으로 서로를 위하는 관계 속에서 만족스러운 삶을 살아가기 때문입니다. 만족스러운 관계야말로 행복하게 장수하는 비밀인지도 모릅니다.

삶의 질을 높이려면 타인과의 관계가 중요하지만 그보다 더 중요한 것은 자신과의 관계입니다. 자신과 소통하면서 좋은 관계를 맺는 사람들은 삶의 만족도가 높고, 작은 일에 행복과 감사를 느끼며, 하는 일에서도 안정적인 성공을 이룬 경우가 많습니다.

자신과 관계를 잘 맺으면 스스로 리더십을 갖고 자신의 삶을 경영해나갈 수 있습니다. 지금부터 각자 이해한 자신의 체질을 바탕으로 어떻게 셀프 리더십을 기르며, 이를 통해 삶의 질을 높일 수 있는지 구체적으로 살펴보도록 하겠습니다.

소양인 소음인의 '자아실현'을 배워라

소양인은 활동이 왕성해서 사람들과 관계를 잘 맺습니다. 낯선 사람에게 스스럼없이 다가가는 소양인 여사만 봐도 알 수 있죠. 이들은 창의력이 뛰어나 반짝이는 아이디어를 잘 내며 사람들 사이에서 분위기 메이커 역할도 합니다.

그러나 기분에 따라 달라지기 때문에 잘 하다가도 쉽게 싫증을 냅니다. 사람 만나는 것을 좋아하기 때문에 약속이 많고 말도 많아 탈이 날 확률이 높습니다. 눈에 보이는 성과를 탐하고 단기적으로 결과를 내려는 마음도 강합니다.

소양인은 '생리적 욕구'에 집중된 무의식적인 욕구를 소음인의 '자아실현 욕구'로 바꾸는 것이 성장의 지름길입니다. 짧은 시간에 바꿀 수 있는 의식적인 심리 전략도 있지만 오랜 시간에 걸쳐서 서서히 바꾸어 나가는 무의식적인 심리 전략이 더 필요합니다. 소양인은 지속적으로 오래 버티는 힘이 약하기 때문에 처음에는 상당히 힘들 수도 있으나 노력하면 점차 나아질 수 있습니다.

만약 소음인의 '자아실현의 욕구'로 바로 가기 힘들다면 태양인의 '존경의 욕구'를 거쳐서 가기를 권합니다. 계절의 순환처럼 봄(소양인)에서 여름(태양인)을 거쳐서 가을(소음인)로 가는 형태인 셈이죠.

소유 양식도 '성적 대상의 확보'에서 '지식'을 쌓는 것으로 에너지를 이동시키는 것이 좋습니다. 보다 쉽게 가는 방법은 태양인의 소유 양식인 '물질'의 소유를 거쳐서 가는 방법입니다. 존재 양식 또한 마찬가지입니다. '쾌락'에서 '원칙'으로 이동하는 것이 중요합니다.

이럴 경우 쾌락을 추구하더라도 단순하게 욕구를 해소하는 것에서 끝나는 것이 아니라 질 높은 수준의 쾌락을 추구할 수 있게 됩니다. 마찬가지로 좀 더 쉽게 가는 방법은 태양인의 존재 이유인 '권력'의 추구를 거쳐서 가는 것입니다.

소양인은 소음인의 방향으로 가는 과정을 통해 삶이 점점 더 발전하고 무게감이 생깁니다. 소양인이 이 길을 가는 것은 매우 어려운 일입니다. 놀기 좋아하는 아들에게 자신의 꿈을 향해 공부하라고 밀어붙이는 것과 같기 때문입니다. 날라리 아들이 과연 부모님의 말씀에 따라 열심히 공부를 하려고 들까요? 반발심을 불러 일으켜 더 공부는 하지 않고 부모님과 갈등만 깊어질 뿐입니다.

극단적인 방법보다는 어느 정도 '즐거움'이라는 행위 욕구를 채워주면서 다른 욕구로 점차 이동하는 것이 좋습니다. 당근과 채찍의 원리를 잘 적용하는 것이죠. 본인이 결심하고 변하려고 노력하더라도 작심삼일로 끝날 수 있으니 성향을 고려해 노는 시간을 주고 공부 시간을 늘려가는 겁니다. 거부반응을 일으키다가 아예 변화 자체를 싫어하게 될지도 모르니까요.

포기하지 않고 꾸준히 나아가면 어떨까요. 가볍고 변덕스러운 성정이 깊어지면서 인생에 변화가 일어나기 시작합니다. 경박하다는 말을 듣는 일이 줄어들고 스스로 책임감을 느끼며 조직에서도 목표 의식이 분명한 리더로 성장하게 됩니다. 활기차고 매력적이면서도 깊이가 있는 소양인 주변으로 많은 사람들이 모일 것입니다.

태양인은 추진력과 결단력이 뛰어난 타고난 리더형입니다. 위에서 예를 든 이야기의 결말을 떠올려볼까요? 태양인 여사가 찜질방에서 어디로 갈지 정해주고 있죠. 이들은 빠르게 드러나는 '성과'를 지향합니다.

태양인이 목숨처럼 소중하게 여기는 '존경의 욕구'는 자신의 성과를 남에게 보이고자 하는 성향 때문입니다. 그러나 이것이 지나치게 강하게 드러나면 다른 사람의 의사는 무시하고 자신의 의견에만 몰두하는 독단주의로 드러날 위험이 큽니다.

따라서 본래 타고난 카리스마 있는 성품을 살리되, 나만 옳다는 고집과 성취에 대한 욕심을 내려놓아야 합니다. 아무리 큰 그릇이라도 가득 채우기 위해서는 먼저 담겨 있던 것을 비워야 합니다. 강점은 살리되 지나친 집착과 고집은 버리는 것이 좋습니다.

태양인이 성장하기 위해서는 궁극적으로 태음인의 방향으로 가야 합니다. 즉, '안전의 욕구'로 이동하는 것입니다. 타인으로부터 존경받고자 하는 무의식적 욕구에서 자유로워지면서 스스로 '편안함'을 추구하는 상태로 변하고자 하는 노력이 필요합니다.

물론 처음엔 힘이 듭니다. 몸에 든 습관이 하루아침에 바뀌지는 않겠죠. 게다가 태음인이 누리는 정적인 편안함은 동적이고 공격적인 성향이 강한 태양인에게는 생소하게 느껴질 것입니다. 미치고 팔짝 뛸 노릇이죠. 하지만 끊임없이 노력한다면 점차 태음인의 방향으로 이동할 수 있습니다.

태음인의 '안정적 욕구'를 얻게 되면 자신에게 집중되어 있던 생각이 다양하게 바뀝니다. 타인의 관점에서 보게 되고 주변 분위기에 맞게 행동하며 자신의 신념을 겉으로 강하게 드러내기보다 내면에 간직합니다. 예전보다 훨씬 더 균형 잡힌 삶을 살게 되죠.

태양인의 소유 특징인 '물질' 중심에서 '관계' 중심으로 바꿔보세요. 남들과 좋은 관계를 유지하는 것에 초점을 맞추어 균형 잡힌 삶을 살아갈 수 있습니다. 물질뿐 아니라 정신적으로도 풍요로워집니다.

그중에서도 소음인의 '지식' 소유를 거쳐 태음인의 '관계' 소유로 이동하는 것이 좋습니다. 존재 양식 또한 소음인의 '원칙'을 거쳐 가면 한결 수월함을 느낄 것입니다. 계절에 비유하면 여름(태양인)이 겨울(태음인)로 이동하는 과정에 가을(소음인)을 거치는 것과 같은 이치입니다.

존재 이유인 '권력' 또한 태음인의 존재 양식인 '포용'으로 이동합니다. 남에게 '권력'을 행사하려는 마음을 내려놓고 전체를 아우르며 주변을 품고 사는 삶이야말로 태양인이 바람직한 삶으로 가는 첫걸음입니다. 가끔씩 벌컥 화가 나더라도 포기하지 말고 가야 합니다.

너무 힘들다고요? 방법이 있다는 것 이미 눈치채셨죠? 곧장 태음인으로 가기 힘들 경우 중간에 있는 소음인을 거쳐가면 됩니다. '자아실현의 욕구'를 거쳐 '안전의 욕구'로 이동하는 것이죠.

이렇듯 태양인은 모든 일에 리더가 되어 중심에 서고자 하는 마음을 잘 살펴야 합니다. 태양인의 주요 욕구인 '존경', '물질', '권력'을 태음인의 주요 욕구인 '편안함', '좋은 관계', '초월'로 이동시키는 것이 성장의 핵심 포인트입니다. 부드러운 카리스마를 지닌 태양인은 주변 사람들의 든든한 울타리가 될 것입니다.

소음인 소양인의 '즐거움과 쾌락'을 누려라

소음인은 매사에 성실하고 완벽하며 철저합니다. 드러나는 성과보다는 드러나지 않는 성과를 추구합니다. 단기보다는 장기적인 일에 성과를 나타내는 성향이 강하지만 소극적이고 뚝심이 적기 때문에 태음인보다는 덜 장기적인 관점으로 움직입니다.

이들의 무의식적인 심리 욕구는 '자아실현'입니다. 다른 체질에 비해 높은 가치를 추구하죠.

소음인은 '자아실현의 욕구'를 소양인의 '생리적 욕구'로의 이동하는 것이 좋습니다. 앞에서 나온 소양인 여사처럼 친구들과 어울려서 놀기도 해야죠. 너무 철저하게 계획하고 실행하는 성향은 자신도 모르는 사이에 갖은 병치레에 시달리게 됩니다.

바를 정正자를 써 가며 자신이 해야 할 일을 확인하고, 다른 사람의 일까지 자신의 스타일대로 하지 않으면 직성이 풀리지 않기도 합니다. 매사 심각하게 받아들이는 성향에서 벗어나 좀 더 삶을 즐기기를 권합니다. 보다 건강하고 행복하고 즐거운 인생이 펼쳐질 겁니다.

소음인이 '자아실현 욕구'에서 '생리적 욕구'로 쉽게 가는 방법은 태음인의 무의식적 욕구인 '안전의 욕구'를 거쳐서 가는 것입니다. 계절로 보면 가을(소음인)이 겨울(태음인)을 거쳐서 봄(소양인)으로 이동하는 것이죠.

소유 내용 또한 '지식'에서 '이성'으로 이동시켜보세요. 소음인이 이 부분을 받아들이려면 엄청난 저항을 느낄 겁니다. 인생의 기준이 무너질 것 같다고 느낄 만큼 어마어마한 혼란이 찾아올 수도 있습니다. 어떤 유형의 체질보다 사회적 기준과 윤리를 소중히 여기기 때문에 성적 대상의 소유에 대해 민감하게 반응하는 것입니다.

그러나 소음인이 건강하고 행복하게 살아가기 위해서는 이성에 대해서도 신경 써야 한다는 것을 강조하고 싶습니다. 자신의 가치관에 딱 맞는 소유방식이 아니더라도, 내가 부족한 부분의 양식을 받아들이는 일이 힘들지라도, 시간이 지나면 보다 자유롭고 행복한 삶을 누릴 수 있다고 확신하기 때문입니다.

특히 이성에게 집중하는 것이 경박한 삶이라고 여기고 본능을 스스로 억누르는 습관을 만들면 점점 부풀어 오르는 풍선처럼 어느 순간 예상치 못한 곳에서 터져 나올 수 있습니다. 자신이 다양한 욕구를 지니고 있으며 몸을 가진 인간이라는 것을 인정하는 모습이 필요합니다.

소음인은 소유하길 원하는 것도 '지식'에서 태음인의 '관계'로 이동시키는 노력이 필요합니다. 중간에 소양인의 '이성'의 소유를 거쳐 이동하면 좀 더 수월합니다.

소음인의 존재 이유인 '원칙'은 '쾌락'으로 이동할 필요가 있습니다. 그러나 마구잡이식의 향락적인 쾌락을 즐기라는 의미가 아니라 소양인이 내뿜는 긍정적인 즐거움과 기쁨을 누리라는 뜻입니다. 되도록 태음인의 존재 양식인 '초월'을 거쳐서 소양인의 존재 양식인 '쾌락'으로 이동할 것을 권합니다.

네 가지 체질 중에 가장 변화가 어려운 사람은 원칙이 강한 소음인입니다. 그래서 소음인이 소양인처럼 변화하는 것은 하늘이 무너지고 땅이 꺼지고 자신이 망가지는 듯, 처절한 느낌으로 전달될지도 모릅니다. 그러나 그 처절함 뒤에는 성장과 발전과 건강과 행복이 기다리고 있다는 것을 명심하세요.

소음인은 스스로 규율과 규칙을 정하는 데 익숙합니다. 즐거움과 기쁨을 누리는 방식도 자기 나름의 기준을 정해두고 있죠. 이들은 모든 체질 중에서 천성적으로 가장 우아한 사람들입니다. 이들이 소양인의 자리에 가서 보여주는 삶의 모습은 격조가 있으면서도 음악적인 운율로 가득 차 있는 듯 부드럽고 온화합니다. 소음인이 자신을 위해 봄처럼 환하게 웃고, 자신을 위해 예쁘게 꾸미며, 희망으로 가득 찬 미래를 맞이하기를 바랍니다.

태음인 태양인의 '존경과 권력'을 지향하라

평안하고 느긋한 성품을 지닌 태음인의 주위에는 사람이 많습니다. 이들 옆에 있으면 커다란 갈등 없이 편안함을 느끼죠. 네 친구들도 태음인이 느리고 이해력이 부족하지만 이러니저러니 해도 태음인 여사가 있어서 이들의 관계가 유지된다는 걸 알고 있지 않을까요?

태음인은 뚝심이 있고, 인내심이 강합니다. 한번 일을 맡으면 끝까지 갑니다. 그래서 간혹 고집을 부리면 이게 아니다 싶어도 계속 밀고 나가려는 어리석음에 빠질 때가 있습니다. 마음속으로 여러 가지 복잡한 생각이 많아서 일의 추진이 늦기도 하고, 주변 사람들에게 음흉하다는 오해를 사기도 합니다.

이들은 보이지 않게 일하며, 단기적인 성과보다 장기적인 성과에 강합니다. 무의식적인 심리가 '안전의 욕구'를 지향하고 있기 때문입니다. 그렇기에 '안전의 욕구'를 넘어 태양인의 '존경의 욕구'로 이동하는 것이 좋습니다.

단지 안전을 추구하는 삶에서 타인으로부터 존경을 받고, 자신을 존경하는 모습을 보완해야 합니다. 더 편하게 태양인의 욕구로 이동하기 위해서는 소양인의 '생리적 욕구'를 거쳐가는 방법이 있습니다. 잘 먹고, 잘 자고, 하고 싶은 말을 표현하는 일에 집중해보는 것입니다.

소유 내용 또한 '물질'로 이동할 것을 권합니다. 소양인의 소유 내용인 '성적 대상'의 소유를 거치면 조금 쉽게 이동할 수 있습니다. 정신적으로 내면에 집중되었던 삶에서 벗어나 물질적인 삶으로의 이동이 필요하기 때문입니다.

존재 이유 또한 '초월'에서 '권력'으로 이동하는 것이 좋습니다. 세상만사에 지나치게 초월적인 모습에서 벗어나 살아가기 위해서 때로는 권력도 필요하다는 것을 인식해야 합니다. 직접 나서서 행동으로 보여준다거나 주도적으로 갈등을 해결하는 등 자신을 중심으로 생각하고 주변을 통제하는 연습을 해볼 것을 권합니다.

너무 힘들겠죠? 압니다. 충분히 이해하고말고요. 자, 그렇다면 어떻게 하는 게 좋을까요? 그렇죠, 소양인의 존재 양식인 '쾌락'을 거쳐 이동하는 겁니다. 자기 몸을 돌보는 삶을 먼저 추구한 다음 권력을 향해 삶의 에너지를 모으는 것이죠. 궁극적으로 태음인은 '안전과 초월'만 추구하는 삶에서 벗어나 '존경', '물질', '권력'이라는 삶의 또 다른 영역에 도전하는 것이 성장의 열쇠가 될 것입니다.

태음인은 자신만 양분을 빨아들이며 자라는 나무 한 그루의 모습이라기보다 모든 생명을 보듬고 키우는 숲의 모습에 가깝습니다. 기본적으로 포용력이 크고 타고난 마음 그릇이 넓은 태음인이 태양인의 강한 리더십까지 지닌다면 덕장으로서의 면모를 보이며 세상에 나서 크게 떨칠 것입니다.

어둠과 빛이 모두 필요하다

앞에서 살펴본 바와 같이, 한 체질에서 반대되는 체질로의 이동은 삶의 질을 높이는 방법입니다. 지금까지는 자신보다 주변을 돌보는 데 온힘을 쏟아온 시간이었을 것입니다. 그러나 이제부터는 진정 자신을 돌볼 때입니다. 인생 전체를 놓고 본다면 한숨 돌리면서 제2의 삶을 생각해야 하는 시기죠.

제2의 삶을 어떻게 보낼지 방향을 결정하는 것에 따라 앞으로 남은 시간이 달라질 것입니다. 앞으로 삶의 현장에서 내 삶의 주인으로 살아가기 위해 사상체질을 바탕으로 다음 세 가지를 실천해보기를 당부합니다.

첫째, 파도를 타듯 시시각각 변하는 '현재'를 유연하게 살아가세요. 내가 누구이며 어떻게 마음이 작동하는지 이해했다면 지금부터는 현재의 삶에 충실하기로 마음먹어야 합니다. 살아가기에 바빠서, 가족을 돌보느라 고단해서, 그동안 정말 하고 싶었지만 하지 못했던 일부터 시작해보세요.

아주 작은 일이라도 괜찮습니다. 천 리 길도 한 걸음부터라고 하지 않던가요. 여전히 지나온 삶에 미련이 남아 발걸음을 떼기 어렵다면 아무 것도 하지 않고 조금 쉬어보는 것도 좋습니다. 내 삶의 질을 높이는 일은 그냥 이뤄지는 것이 아닙니다. 지금까지와는 다른 행동을 해보는 유연함이 필요합니다.

둘째, 소중한 '관계'를 회복하세요. 아무리 잘난 사람도 혼자서는 살 수 없고 세상사람 모두가 칭송하는 업적을 세운 사람이라도 그 일을 결코 혼자서 해낸 것은 아닙니다. 인생의 질은 관계의 질이 결정합니다. 다른 사람과 관계가 원활하지 못하면 스트레스는 물론 마음에 병이 들기도 합니다.

반대로 주변 사람들과 관계가 원만해지면 즐겁고 행복해집니다. 집 안에서든 조직에서든 타인의 단점보다 장점을 찾아주고 적극적으로 칭찬해보세요. 조언이나 충고가 필요한 경우에도 함부로 말을 하지 않도록 조심하세요. 오해가 생기더라고 끝까지 믿어주고 다른 사람이 해주길 바라기보다 자신이 먼저 좋은 일을 하면 행복한 관계를 만들어 갈 수 있을 것입니다.

셋째, 흥미를 느끼는 분야의 '공부'를 하세요. 독서든 강좌든 배움이 있는 곳은 어디든 찾아가서 경험하기를 바랍니다. 자신의 경험적 테두리 안에서 멈춰 있으면 언젠가는 한계를 만나기 마련입니다. 자기 분야에서 전문가가 되도록 꾸준히 공부하되 새로운 분야에 대한 호기심을 놓치지 않길 바랍니다.

남이 시키는 일만 하는 수동적인 사람은 평생 전문가가 될 수 없습니다. 공부는 현대사회에서 성장과 성공의 필수조건입니다.

공부하는 모임을 통해 새로운 관계망이 형성되고 이로 인해 인생의 즐거움은 물론 일에서도 새로운 활력을 찾을 수 있습니다.

　이 모든 것은 나를 아는 데서부터 시작합니다. 나를 안다는 것은 장점뿐만이 아니라 개선점도 안다는 뜻이죠. 장점과 단점은 따로 떨어진 것이 아니라 빛과 그림자 같은 관계입니다. 사람이 건강하고 조화롭게 살아가려면 빛도 필요하지만 어둠도 필요합니다. 24시간 내내 낮만 지속되거나 밤만 계속되는 삶은 생각만으로도 괴로울 테죠.

　빛이 어둠이 되고 어둠이 빛이 되는 삶의 자연스러운 섭리처럼, 자신의 장점과 단점은 고정된 것이라기보다 상황에 따라 역할이 달라질 뿐입니다. 그렇기 때문에 자신이 타고난 체질만 고집할 이유가 없습니다. 도움이 되는 것이라면 다른 체질의 특성도 받아들이는 것이 좋습니다.
　자신이 양인이라면 음인의 섬세한 부분을 통해 배려하는 모습을 배워보세요. 음인이라면 양인의 적극적이고 진취적인 모습을 배워 추진력 있게 나아가는 힘을 얻어 보세요.

　사상체질은 각각의 좋은 성품과 능력을 살리면서 동시에 다른 체질의 특징을 받아들이는 과정입니다. 한쪽 날개로만 날 수 있는 새는 없습니다. 갖고 태어난 특성이 오른쪽 날개라면, 다른 체질의 특성은 왼쪽 날개입니다. 양 날개 힘을 주고 훨훨 날아올라 저 넓은 하늘을 마음껏 비행하기를 바랍니다.

4 행운이 가득한 인생의 터닝 포인트를 만드는 법

치유와 회복을 불러오는 시간

지금까지 우리의 삶은 얼마나 많이 가지고 성취했는지 남에게 보이는 것으로 평가된 적이 많았습니다. 남들보다 더 많이 일하고, 더 빨리 뛰면 행복에 다다를 수 있다고 믿었는지도 모르겠네요. 그렇게 보낸 시간이 모두 헛된 것은 아닐 겁니다.

세상 모든 경험은 그 자체로 의미가 있기 때문이죠. 그러나 앞으로의 삶은 어떨까요? 여전히 같은 모습으로 살고 싶으신가요?

아니면 조금이라도 다르게 살고 싶으신가요? 다르게 살고 싶다면 어떤 변화를 원하시나요?

삶의 전환점이 찾아왔다고 느낀다면 그동안 억눌러두었던 무의식적인 욕구를 좀 더 정확하게 바라보는 것이 좋습니다. 사회적으로 승인된 욕구와 달리 내면 깊숙이 숨어버렸거나 해결되지 못한 것은 무엇인가요? 지금 당신의 마음에 비어 있는 부분은 무엇인가요?

아무리 숨 가쁘게 살아왔어도 마음 한구석 어딘가가 허전하다고 느낀다면 인생의 터닝 포인트를 맞이할 때가 왔다는 신호입니다. 우리 마음은 늘 우리가 행복하기를 바랍니다. 그렇기에 이런저런 방법으로 메시지를 보내옵니다. 때로는 부정적인 모습으로 찾아오기도 하죠. 악몽을 꾸면 잠에서 깨는 것처럼 우리 마음은 부정적인 것을 더 강렬하게 느끼기 때문입니다.

중년 이후 찾아오는 우울증, 공허감, 분노, 슬픔, 무기력 등은 "너 정말 어떻게 살고 싶냐?"라고 삶이 던지는 질문입니다. 이 질문에 제대로 응답하면 제2의 삶을 충만하고 행복하게 살 수 있는 길이 열리지만 외면하고 도피하면 그럭저럭 시간만 때우는 재미없는 인생이 기다릴 뿐입니다.

예전보다 훨씬 더 많은 걸 가졌고 살만해졌다면 예전보다 더 행복해야 하는데 이상하게 그런 생각이 들지 않는다면 남들이 추구하는 삶을 사느라 자신의 욕구를 제대로 돌보지 못했을 가능성이 높습니다. 어쩌면 남들이 추구하는 욕구가 자신의 욕구였다고 착각하고 살아왔는지도 모릅니다.

지나온 삶이 혹시 타인의 시선으로 얼룩진 삶은 아니었나요? 치열하게 살아온 시간 속에 스트레스와 질병, 떨쳐낼 수 없는 욕심까지 따라오지는 않았나요? 이제는 자신이 진짜 원하는 것을 찾고 균형을 잃은 삶에 치유와 회복을 불러올 때입니다.

좋은 기운을 부르는 주거 환경

주거 환경은 우리가 생활하는 시간의 많은 부분을 차지하는 만큼 중요한 의미를 지닙니다. 진정한 쉼과 소통, 가족과의 교감을 통해 삶의 질을 높이는 곳이기도 하죠. 체질에 따라 넓고 트인 곳을 선호할 수도 있고, 작고 아늑한 곳을 좋아할 수도 있지만 대체로 우리나라 사람들은 타인에 대한 시선이나 과시욕으로 무조건 넓고 큰 곳을 선호하는 경향을 보입니다. 자신의 체질이나 무의식적인 욕구와는 상관없는 결과라고 볼 수 있죠.

그러나 체질에 맞지 않는 주거 공간에 오래 살다 보면 왠지 모르게 답답함을 느끼기 마련입니다. 편안하고 행복한 삶의 터전에 있을 때 행운이 찾아오며 주변 사람들과 공감하고 교류하는 진정한 소통이 열립니다. 집이든 사무실이든 주된 주거 환경이 안정되면 내면의 평화는 물론 하는 일에도 집중력이 높아집니다.

소양인은 남에게 보이는 것을 중시하기 때문에 빚을 내는 한이 있더라도 이름 있고, 좋은 곳에 살려고 합니다. 이런 행동 양식은 이들에게 가정을 소홀히 하거나 사치에 빠지는 부작용을 낳을 수 있습니다. 따라서 주거 환경은 '자아실현의 욕구'를 실현할 수 있는 쪽으로 잡아주는 것이 좋습니다. 예를 들어 액자에 '인생의 목표'를 적어두는 것도 한 방법입니다. 소양인의 행동 방식을 소음인의 행동 방식으로 변화시켜서 균형을 추구하도록 만드는 것이죠.

'물질'적 소유보다 '지식'에 대한 욕구를 불러일으키도록 서재나 공부방을 따로 만들면 부족한 부분이 채워질 것입니다. 식사메뉴나 해야 할 집안일을 적어 냉장고에 붙여두고 원칙을 수행하도록 하는 것도 도움이 됩니다. 소소한 변화부터 시작해보세요.

태양인은 무의식적으로 '도전과 성취'를 지향하기 때문에 작은 공간보다 큰 공간을 선호합니다. 그러나 실질적으로 태양인의 운기를 끌어올리는 가장 좋은 주거 환경은 '안전의 욕구'를 충족시키는 곳입니다. 아늑한 환경을 조성하면 더 좋습니다. 예를 들어 집의 위치와 구조도 지진이나 천재지변에 대비할 수 있는 곳이거나 내부 인테리어도 편안함을 느끼는 데 초점을 맞추도록 합니다.

집은 물리적으로 먹고 자는 곳 이상의 공간입니다. 어떤 환경이냐에 따라 정신적인 상태가 달라집니다. '물질'을 소유하고자 하는 성향이 강한 태양인 자신이 자신에게 익숙한 소유 내용을 넘어서 사람들과 좋은 '관계'를 맺을 수 있는 공간의 의미로 환경을 꾸미기를 권합니다. 예를 들어, 관계성이 강한 추억이 담긴 사진이나 액자를 인테리어 소품으로 사용하는 방법도 있습니다. 컬러 또한 강렬한 존재감을 드러내는 방식보다 짙은 회색이나 편안한 색이 좋습니다.

소음인은 꼼꼼하고 원칙적인 성향이 강하기 때문에 실용적이고 세세한 부분까지 점검한 후 집을 선택합니다. 만약 빚을 내서 집을 사야할 경우 자신이 가지고 있는 예산 범위 내에서 빚을 갚을 수 있을 정도까지만 고려하는 것은 물론 직접 리모델링을 할 정도로 세심하고 알뜰합니다. 그러나 주거 환경은 지나친 '자아실현 욕구'에서 벗어나 '생리적 욕구'를 만족시키는 방향으로 전환하는 것이 좋습니다. 맛있는 음식 먹기, 예쁜 옷 사기, 멋진 사진 붙여놓기 등 의식주에 해당하는 '생리적인 욕구'를 접할 수 있는 기회를 자주 갖도록 합니다.

자신이 좋아하는 상대의 사진을 액자로 만들어 가까운 곳에 두고 자주 보며 생활하는 것도 한 방법입니다. 그들을 향한 마음을 직접 표현하도록 노력하는 것도 강하게 권합니다. 자신이 좋아하는 물건으로 집을 꾸미고 옷장도 입고 싶은 옷으로 채웁니다. 단 주의할 것은, 의식 자체가 내면으로 향하기 쉬우므로 직장이나 집 등 특정한 장소에만 오래 있지 않도록 합니다. 밖에 자주 나가 삶에 변화를 주고 즐기기를 바랍니다.

태음인이 무의식적으로 바라는 것은 '편안함과 안정'이기 때문에 이들은 집을 구할 때도 직장 가까운 곳, 살기 편한 곳을 선호합니다. 예를 들어, 시장이 가깝고 톨게이트 가까이 있는 경우 등입니다. 사는 데 크게 지장이 없으면 무난하게 살아갈 만한 곳을 선택하는 것이죠.

그러나 이런 방식에서 벗어나 좀 더 적극적으로 행동할 수 있도록 자극을 주는 환경을 조성하는 것이 좋습니다. 집 안에도 타인으로부터 받은 '존경'의 결과물인 '상장'이나 '훈장' 등을 걸어두어서 '존경의 욕구'를 충족하는 것도 한 방법입니다. 일부러 값비싼 물건을 진열해두고 즐기는 것도 권합니다.

'권력'을 상기시키는 제복이나 운동선수 때 입은 운동복을 가까운 곳에 두고 외부를 지향하는 마음가짐을 가져봅니다. 지나친 안일함으로 게으름이나 중독에 빠지지 않도록 태음인의 삶에 경계가 되어줄 것입니다.

마음과 몸의 조화를 이루는 운동법

　현대는 몸으로 나타나는 질병 외에 마음의 질병이 더 큰 문제로 드러나는 시대입니다. 각 체질마다 신체적, 정신적 질병이 다르게 나타나기에 치료나 예방법도 다를 수밖에 없습니다. 지나친 스트레스로 심신이 지쳤다면 회복을 향한 변화의 계기를 마련해보세요. 건강한 몸에 건강한 정신이 깃드니까요.

　소양인은 '생리적 욕구'를 중요하게 여기기에 본능적으로 먹고, 자고, 성적인 것을 배설하는 데 에너지를 집중합니다. 배설은 몸속에 든 노폐물을 몸 밖으로 배출함으로써 체내의 항상성을 유지해 생명 활동을 원활하게 돕습니다.

　그러나 심리적으로 좀 더 깊이 펴보면 마음속에 불편함이나 아픔, 자극 등을 담아두지 않는다는 의미이기도 합니다. 이런 점에서 소양인은 '생리적인 욕구' 표출로 평온함과 안정감을 얻는다고 볼 수 있죠. 또한 몸과 마음이 조화를 이루고 있다는 의미이기도 합니다.

　이와 같은 사실은 소양인이 병이 잘 걸리지 않는다는 일반론을 뒷받침합니다. 반면 한 가지에 집중하지 못하고 급하거나 부주의

하기 때문에 교통사고나 각종 사고들이 발생할 수 있습니다. 이론적으로 소양인은 신장, 방광, 생식기 부분이 약하지만 현상에서는 열이 많고 신체적으로 건강한 모습을 많이 보아왔으며 전체적으로 건강해서 신장, 방광, 생식기도 그렇게 약한 편이 아닌 것을 종종 보곤 했습니다.

소양인은 전체적으로 성질이 급하고 주의력이 부족하므로 마음을 가라앉히는 명상이나 가벼운 산책 등을 하면 좋습니다. 에너지가 대부분 상체로 몰려 있으므로 하체를 단련할 수 있는 운동을 권합니다.

태양인은 '존경의 욕구'를 추구하기 때문에 무엇이든 너무 열심히 일해 신체적 피로에 시달릴 수 있습니다. 소음인과 비슷하게 위가 약한 편이고 간도 매우 약한 편이라서 속을 너무 불편하게 만드는 음식은 피하는 것이 좋습니다.

매사 주도권을 놓지 않으려는 성향 때문에 불안과 분노를 잘 느낄 수 있으며 그로 인해 스트레스에도 취약한 편입니다. 코티졸이나 아드레날린 등의 스트레스 호르몬이 많이 배출될 수 있습니다. 타인으로부터 존경받고자 하는 지나친 욕구를 내려놓고 평화로운 삶에의 욕구로 돌릴 수 있도록 마인드 컨트롤을 연습할 것을 권합니다.

지나치게 열심히 일하거나 성공에 집착해서 자신의 몸과 마음을 혹사시키는 것에서 벗어나야 합니다. 타인과 협력하며 자연스럽게 일을 성취해나가는 방식에서 즐거움을 느껴보세요. 긴장과 신경을 이완시켜 주는 호흡법을 배우거나 스트레칭을 하면 도움이 됩니다.

소음인은 '자아실현의 욕구'가 크기 때문에 다른 욕구를 돌보지 않는 경향이 있습니다. 우울증, 불면증, 소화불량, 설사 등 신경성 질환이나 위장 질환이 쉽게 생길 수 있습니다. 몸과 마음을 편안하게 하고 찬 음식 대신에 따뜻한 음식을 섭취하는 게 좋습니다. 과식은 소화 장애를 일으키는 가장 큰 원인이므로 주의해야 합니다.

이상을 추구하는 것을 잠시 내려놓고 몸으로 느끼는 '생리적 욕구'도 적당히 충족시키는 방법을 찾아보세요. 기초적인 신체적 욕구가 충족되지 않으면 자신도 모르는 사이에 몸과 마음에 불균형이 생기며 병이 깃들기 마련입니다.

가벼운 운동을 지속적으로 하는 것이 좋으며 너무 무리한 운동을 하면 도리어 부작용이 많이 생깁니다. 가장 권하는 운동은 걷기입니다. 자주 걷는 것만으로도 신체 온도가 높아지며 생리적 기능이 회복됩니다. 특히 우울과 불안이 많은 유형이라 세로토닌과 옥시토신 등의 호르몬을 많이 방출시켜 상쾌한 기분을 회복하도록 합니다.

태음인은 '안정의 욕구'가 다른 무엇보다 우선이기 때문에 지나친 안정지향적인 삶은 정신을 나태하게 하고 몸을 비대하게 만드는 경향이 있습니다. 겉보기에 몸이 커서 강해 보이지만 실제로는 몸이 약한 분들이 많습니다. 기본적으로 폐가 약해 감기에 걸리면 기침을 자주 하며 목감기에 잘 걸립니다. 혈액 속에 중성지방과 콜레스트롤의 수치가 높아서 중풍 등의 뇌질환과 몸이 비대해지는 것을 조심해야 합니다.

'안정의 욕구'에서 '존경의 욕구'로 이동하기 위해서는 지나친 안일함을 주의하는 게 좋습니다. 돌아다니기 싫어하는 편이지만 등산이나 강한 운동으로 몸을 움직일 것을 권합니다. 시간이 없을 때는 목욕이나 반신욕을 해서 땀을 내는 것으로 비슷한 효과를 낼 수 있습니다. 특히 태음인은 땀만 내면 모든 것이 좋아진다는 것을 명심하여 최대한 땀을 방출하는 전략이 필요합니다.

학습 방법과 진로 선택

체질마다 각기 다른 훈육 방식을 갖습니다. 각 엄마들이 아침에 자녀를 학교에 보내면서 벌어지는 풍경을 보도록 하겠습니다.

4 | 폼나게, 나답게 살아가는 법

소양인 엄마 "용돈 줄게. 간식 사먹고 신나게 놀다가 와. 틈틈이 공부도 하면
　　　　　더 좋고."

태양인 엄마 "너 반장이 아니더라도 반장이라고 생각하고 자신감을 가져. 너
　　　　　희 반에서 일어나는 모든 문제는 자기 일이려니 생각해라. 리더
　　　　　십을 발휘해서 문제도 해결하고, 아이들을 잘 관리하고!"

소음인 엄마 "학생은 자신의 본분을 지켜야 해. 학생은 공부가 최우선이니 공
　　　　　부에 열중하는 거 잊지 말아라. 예의바르게 선생님들께 인사 잘
　　　　　하고, 친구들과도 잘 지내고."

태음인 엄마 "공부도 중요하지만 인생을 넓게 보며 불쌍한 친구들 도와줘. 밥
　　　　　먹기 전에 기도하고, 간식은 불쌍한 친구들이랑 나눠먹고. 특히 음
　　　　　악, 미술 시간은 인생의 참된 의미를 생각할 수 있는 귀한 시간이
　　　　　란다."

이번엔 시험 결과를 보고 난 엄마들의 반응입니다.

소양인 엄마 "엄마가 족집게 과외 붙여줄 테니 걱정하지 마. 다음에는 성적이
　　　　　잘 나올 거야. 다음 시험에 성적이 올라간 만큼 용돈 올려줄게.
　　　　　네가 사달라는 것도 사줄 테니 엄마랑 내기 한번 할까? 엄마도
　　　　　그렇게 공부했단다."

태양인 엄마 "수단과 방법을 가리지 말고 무조건 성적을 올려. 아니면 집에 들
　　　　　어오지도 마."

소음인 엄마 "너의 성적이 중요한 것이 아니라 최선을 다했느냐 안 했느냐가

더 중요한 거야. 그것은 너에게 스스로 질문을 던지렴.”

태음인 엄마 “성적이 중요한 것이 아니란다. 성적보다는 학교생활을 통해서 좋은 사람이 되는 것이 먼저란다. 그다음이 성적이니 다음에 조금 더 열심히 해서 성적을 올리면 돼.”

자녀가 친구와 싸워서 맞고 들어왔을 때는 어떨까요? 엄마들의 체질별로 반응을 살펴봅시다.

소양인 엄마 “그걸 못 피하고 맞고 왔냐? 돌이라도 들어야지. 너를 도와줄 수 있는 친구가 없어? 맞을 때까지 다들 보고만 있었던 말이야? 그리고 꼭 기억해. 이길 싸움만 해. 질 것 같으면 피하고. 강한 자가 살아남는 것이 아니고 살아남은 자가 강한 거야!”

태양인 엄마 “너희 나이대는 다 싸우면서 크는 거야. 그리고 일단 싸우게 되면 이기도록 해라. 싸움은 이기려고 하는 거지 지려고 하는 게 아니야. 안 되겠으면 내일 당장이라도 운동이라도 시작하렴. 강한 자만이 살아남는 세상이란다. 이긴 사람이 강한 거야!”

소음인 엄마 “네가 왜 맞았는지 엄마랑 토론을 하도록 하자. 누구의 잘잘못을 한번 가리고 모든 상황을 짚어보자꾸나. 네 잘못이 아닐 때는 엄마가 모든 책임을 지고 학교에 가서 선생님과 너를 때린 아이의 엄마도 한번 만나보고 너의 억울한 마음을 풀어 주마. 옳고 정의로운 자가 강한 거야!”

태음인 엄마 “너 괜찮니? 많이 아팠지. 병원 가야 되지 않겠어? 어떡하지? 정

힘들면 내일 하루 쉬렴. 그 친구는 안 다쳤니? 좋은 사람이 훌륭한 거야!"

체질별 엄마들이 자녀들에게 하는 말을 잘 들어보면 그 훈육방법이 확연히 다르다는 사실을 알게 됩니다. 그럼 체질별로 어떤 학습이나 분야, 진로가 맞는 걸까요? 체질별로 진로를 선택할 때 신경 써야 할 동기는 다음과 같습니다.

소양인은 '생존의 동기'입니다. 태양인은 타인을 '지배하려는 동기'입니다. 소음인은 조직에 '소속하고자 하는 동기'입니다. 태음인은 '목표를 이루고자 하는 동기'입니다. 자신이 지닌 동기를 확인하면 어떻게 에너지를 발휘하고 적극적으로 움직일 수 있는지 알 수 있습니다.

새로운 것을 배울 때도 이런 동기를 적용하면 도움이 됩니다. 소양인은 신체적, 생물학적, 본능적인 형식으로 기억하는 경우가 많아요. 몸을 직접 움직이면서 배우는 체험적인 학습 방법이 도움이 된답니다. 소양인 엄마가 학교에 보내며 앉아서 공부를 하는 것보다는 놀기도 하라는 신체적 활동에 대해 언급하지 않습니까.

태양인은 공간적, 물리적, 시간적으로 기억하는 것을 편하게 여겨요. 자신에게 잘 맞는 공간이나 장소, 시간을 활용하면 좋죠. 태양인 엄마는 공간적, 물리적으로 학급에서 일어나는 일이나 문제에 초점을 두고 그것을 해결하라고 합니다.

소음인은 언어적이고 지식적인 형식과 연관시키는 것이 도움이 됩니다. 책을 읽거나 글을 쓰는 형태로 정리해보는 습관을 들여 보세요. 소음인 엄마는 학생의 본분을 공부하는 것으로 꼽지 않습니까.

태음인은 상황적이고 감정적인 상태에서 기억력이 높아집니다. 태음인 엄마는 감정적인 부분, 착하게, 불쌍한 친구 등을 언급합니다. 따라서 적극적으로 질문을 하거나 상황에 직접 참여할 때 능력을 발휘할 수 있겠죠.

체질별로 역량을 좀 더 살펴보면 소양인은 '동기에 충실한 사람'입니다(동기 60%, 감정 10%, 지식 30%). 야외활동에도 적응을 잘하고 다방면으로 아이디어를 낼 수 있는 직업이 잘 어울립니다. 외교관, 사업가 등 활동적인 일에서 성과를 냅니다.

태양인은 '동기와 감정에 충실한 사람'입니다(동기 50%, 감정 40%, 지식10%). 리더십이 뛰어나고 군주와 같은 면모를 보여서 직장에 매여 있기보다 작더라도 자기 사업을 하는 것이 잘 어울립니다.

소음인은 '지식에 충실한 사람'입니다(동기 10%, 감정 30%, 지식 60%). 늘 열심히 인생을 사는 소음인은 활동적이지는 않기에 야외에서 하는 일보다는 사무실에서 일하거나 안정된 직업이 좋습니다. 잔잔한 물과 같은 면이 있어서 예술가나 상담가도 좋고, 바위처럼 대쪽 같은 성향이 강하므로 교육자나 종교인도 잘 어울립니다. 그러나 섬세한 만큼 소화 기능이 약해서 규칙적으로 식사를 하지 못하거나 신경을 많이 쓰면 위에 탈이 납니다. 되도록 규칙적으로 식사할 수 있고 과도한 스트레스를 받지 않는 직업을 권합니다.

태음인은 '감정에 충실한 사람'입니다(동기 10%, 감정 60%, 지식 30%). 사람들 사이에 일어나는 갈등을 잘 해결하므로 상담가나 협상전문가도 좋습니다. 예술적인 측면에서도 파격적인 바람을 일으킬 수 있습니다. 각 체질 별로 동기, 감정, 지식 중에 어느 쪽의 비중이 높은지 살펴보고 그것에 맞는 학습 방법을 실천한다면 더 좋은 효과를 얻을 수 있습니다.

성과를 만들어 가는 방식도 체질별로 다른 형태를 보입니다. 소양인은 실험을 통해 사고를 확장하는 유형으로 먼저 실험하고 후에 사고가 완성됩니다. 태양인은 경험으로 사고를 완성한 후 나중에 사고가 확장됩니다. 소음인은 검증으로 사고를 완성한 후 확장시킵니다. 태음인은 가설을 먼저 한 후 계획을 통해 완성시키는 방식으로 일을 진행합니다.

업무강도가 높아지거나 해결책이 보이지 않으면 체질별로 어떤 모습을 보일까요? 소양인은 흑백논리로 상대를 비판합니다. 분노와 불만을 드러내는 방식이죠. 태양인은 일을 지금 당장 실현시켜야만 한다는 강박적인 마음에 시달립니다. 대상에 대한 질투와 혐오가 뒤섞여 있다고 볼 수 있습니다. 소음인은 불안한 마음이 되어 자신을 비하하고 낮추게 됩니다. 태음인은 일단 피하거나 숨고 싶은 마음이 강해져서 무력감과 우울감이 찾아옵니다.

자신의 일에 전적으로 만족하면 행복한 일이지만 그렇지 못한 경우 스트레스를 많이 받으며 살게 됩니다. 어떤 일을 하고 있든지 내가 이 일에서 얻는 것이 무엇인지 긍정적으로 생각하는 연습이 필요합니다.

체질별 유리한 재테크 방법

현실의 삶을 유지하기 위해 기본적으로 경제문제는 중요합니다. 경제적 기반이 제대로 되어 있지 않으면 인간의 세 가지 욕구(존재, 소유, 행위)는 조화를 이루지 못하고 오로지 한 가지에 치우칠 수밖에 없게 됩니다. 자신의 타고난 특성과 욕구를 돌아볼 여유조차 없이 경제적인 문제에 매달릴 수밖에 없기 때문이죠.

일반적으로는 직업을 통해 경제적인 기반을 확립하는 동시에 자신의 욕구를 표출합니다. 직업과 적성이 잘 맞는 경우도 있지만 때로는 자신과 맞지 않는 일을 하며 괴로워하는 일도 생기죠. 또는 욕구와 경제문제를 잘 충족시키는 일을 하면서도 불안한 미래 때문에 재테크에 관심을 갖는 사람들도 많죠.

저는 사람들에게 간혹 묻습니다. 얼마만큼의 돈이 있으면 삶에 만족하겠느냐고 말입니다. 대답은 천차만별이고 얼마라고 얘기했다가 조금 더 금액을 올려 부르기도 합니다. 재테크 방식 또한 제각각입니다. 어떤 사람은 적은 종잣돈으로도 적극적으로 재테크를 하는 반면, 어떤 사람은 소극적인 태도를 보이며 무조건 안정적인 재테크에 힘을 쏟습니다. 돈을 벌고 쓰는 모습 또한 체질별로 다른 형태를 보이죠.

그러나 어떤 식으로 일을 하며 돈을 벌든 명심해야 할 것은 돈은 따라오게 해야 하는 것이지 쫓아가는 대상이 아니라는 것입니다. 기를 쓰고 쫓으면 쫓을수록 잡히지 않는 욕망이기 때문입니다. 아이러니하게 들릴지 몰라도 돈으로부터 자유로운 마음을 지녀야 원하는 경제력을 구축할 수 있습니다.

무엇인가에 과도하게 집착한다는 것은 이미 균형과 조화를 잃었다는 얘기입니다. 중용이라는 중심에서 멀어졌다는 뜻이죠. 결과적으로 마음의 평정이 깨지면 삶은 보이지 않는 곳에서 균열이 생기기 시작합니다. 체질에 맞는 직업과 재테크 방법을 살펴보는 이유 또한 우리가 진정으로 돈을 벌어야 하는 이유와 돈을 쓰는 가치를 통해 삶의 의미를 추구하기 위해서입니다.

소양인은 외향적이고 활동적이기 때문에 항상 바쁘고 부지런

312

해 보입니다. 찜질방에서조차 소양인 여사는 다단계 사업 때문에
영업에 열심이었죠. 한편 이들은 창의적인 아이디어로 승부하는
일에도 재능을 나타냅니다. 생각이나 감정을 창의적으로 쓰고,
새로운 일에 상상력을 동원하는 유형입니다.

타인과의 소통에 능하므로 사회적, 신체적 문제도 잘 해결하는
직업도 잘 어울립니다. 기자, 외교관, 홍보, 영업 등 전문직업뿐
아니라 시각적 감각이 뛰어나므로 미술 관련 종사자도 괜찮습니
다. 하지만 본인의 성향에만 충실해서 잦은 이직을 하는 것은 금
물입니다.

직장 생활에서는 성공을 바라는 마음을 갖고 높은 직급이나 성
과에 목표를 두면 일에 대한 동기부여가 상승합니다. 목표를 이
룰 때마다 여행을 계획하거나 자신에게 선물을 주면 직장 생활에
활력을 줄 수 있습니다. 기초적인 쾌락에 즐거움을 느끼므로 성
취의 대가 또한 자신에게 즐거움을 주는 게 좋습니다.

평소 즐거움을 찾아다니기에 다른 체질에 비해 금전 지출이 많
은 편입니다. 소양인이 재테크를 하는 방법은 생리적 욕구를 해
결하기 위한 수단이 될 수 있습니다. 단순히 쾌락을 만족시키는
방법보다 꿈을 위해 준비할 수 있도록 합시다.

급하게 투자하는 방식보다 장기적인 이익이 나는 방향으로 전
환해 차근차근 계획을 세워봅니다. 시원시원하고 적극성을 띠는
재테크 성향을 보이지만 끈기와 인내가 부족하다는 점을 고려해
서 단기적 이익을 추구하기보다 장기적으로 바라보고 믿을 만한

전문가와 의논하는 게 좋습니다.

태양인은 진취적이며 개혁적이며 후퇴할 줄 모르고 앞으로 밀고 나가는 습성이 있습니다. 리더십이 강하고 진취적인 유형입니다. 도전과 책임의식이 강하며 협상하고 통제하는 일에 적합하므로 사업가, 발명가, 정치가 등이 어울립니다.

신체를 직접 사용하여 기계나 기구를 다루거나 수리하는 직업도 좋습니다. 선천적으로 폐의 기능이 좋으므로 성악가 같은 직업도 잘 맞습니다. 단, 독단적인 면이 강하므로 섬세하게 사람을 대하는 일이 필요한 일은 적절하지 않습니다. 도전의식이 강하므로 최고의 지위나 직급에 대한 비전을 설정하는 것이 좋습니다.

태양인은 물리적 서열이 높은 곳에서 사람을 움직이는 일에 상당한 에너지를 발산합니다. 재테크를 하는 이유도 본질적으로 존경을 받기 위해서입니다. 이에 따라 돈을 지출하는 횟수나 액수도 크겠죠. 그러다보면 자칫 물질에 너무 집중한 나머지 재테크를 잘못된 방향으로 끌고 갈 수 있습니다.

안목을 넓혀서 자신의 안정과 마음의 평화를 위한 방향으로 전환하는 것이 좋습니다. 방법적인 측면에서 더 좋은 전략을 취하게 되어 결과도 크게 달라질 것입니다.

소음인은 완벽주의적인 기질을 갖고 있는 데다 신중하고 치밀합니다. 한 가지 주제에 깊게 파고들어 탐구하는 능력이 뛰어나기에 자연세계나 과학적 정보를 연구, 분석 가공, 설명, 기록하는 일에 능력을 발휘합니다. 조직하는 능력이 탁월하고 방법을 설정한 후 반복적으로 행하는 일에도 능숙해서 관습적인 면모를 보이기도 합니다.

소음인은 물리적 서열보다 보이지 않는 서열, 즉 심리적인 서열에 관심이 많습니다. 이들은 삶이 잘 정돈되고 명분이 분명할 때 엄청난 몰입과 성과를 이뤄냅니다.

직장인이라면 성과 로드맵을 만들어서 성과가 자신의 삶의 질을 높이는 데 어떤 영향을 미치는지 파악하면 조직에서 더 큰 능력을 발휘할 것입니다.

재테크에 가장 관심이 없는 체질이지만 그나마 자신의 꿈을 실현하기 위한 간단한 수단으로 치부하며 큰 비중을 두지 않습니다. 재테크는커녕 돈에 대한 개념이 명확하지 않아 경제적인 곤란을 겪을 경향성이 높습니다.

투자할 때 수익률이 낮더라도 안정한 곳에 투자를 하기에 수익이 큰 기회가 있어도 놓칠 확률이 높습니다. 좀 더 적극적으로 모험을 시도해보세요. 어떤 형태로든 변화는 소음인의 인생을 더 좋은 방향으로 이끌어 줄 겁니다.

태음인은 세속적인 욕심을 넘어서 타인의 삶에 관심을 보입니다. 혼자 일하기보다는 팀원이나 동료들과 함께 성장하는 비전을 품는 것이 좋습니다. 공동의 목표를 정하고 성과에 대해서도 공동으로 공유하는 방식으로 움직이거나, 조직의 비전과 자신의 비전을 일치시키는 것도 권합니다.

본능적으로 안정을 지향하기 때문에 상대와 감정적인 대립이 크거나 불필요한 갈등이 자주 생기는 직업은 피하는 것이 좋습니다. 마음이 불안하거나 스트레스를 받으면 불면증이나 우울증이 올 수도 있습니다. 지나치게 복잡하거나 치밀함을 요구하는 직업도 적합하지 않습니다.

재테크는 자신의 안일함이 우선이기 때문에 조금 이기적이고 속물적인 태도를 보이기도 합니다. 변화를 싫어하고 게으른 면이 있어서 투자를 해놓고도 잊어버리는 경우도 있죠. 적금의 만기일이나 이자 상환 날짜 등을 잊어 손해를 보기도 합니다. 조직이나 가족을 위해 전체적으로 재테크 전략을 세우면 도움이 될 것입니다.

체질별 효과적인 스트레스 관리법

지금까지 간단하게 각 체질별 주거 환경, 심신 건강, 학습 방법과 진로, 재테크에 대해 살펴보았습니다. 마지막으로 스트레스를 관리하며 마음을 쉬게 하는 방법을 이야기하고자 합니다. 체질마다 특성이 다르듯이 스트레스 요인과 그에 따른 증상도 제

각각입니다. 발생하는 질병과 이에 대한 치료나 대처법도 다를 수밖에 없죠.

스트레스는 만병의 근원이라고 하듯 육체적인 질병뿐 아니라 마음마저 병들게 합니다. 스트레스를 풀러 찜질방에 갔던 네 친구들 중 소양인 여사와 태양인 여사는 찜질방에서 도리어 열이 뻗쳐 스트레스가 쌓였을지도 모릅니다. 자신의 체질과 스트레스의 원인 등을 알면 체질이 맞지 않은 친구들끼리 찜질방에 가더라도 각자 즐길 수 있겠죠?

먼저 발산하는 체질을 가진 양인들은 스트레스를 극도로 받으면 갑자기 폭력적이 되거나 화를 참지 못합니다. 반면에 수렴하는 체질을 가진 음인들은 안으로 억누르다보니 불안과 우울로 치닫게 되죠.

같은 양 체질과 음 체질이어도 발산하고 수렴하는 방식에는 조금씩 차이가 있습니다. 태양인은 스트레스를 참지 못하고 내지르지만 소양인은 그럴 수도 있다는 식으로 넘기곤 합니다. 소음인은 예민하기 때문에 자잘한 일에도 스트레스를 받지만 태음인은 사소한 일에는 크게 동요하지 않습니다. 불가마 안에서도 가장 오래 버티던 태음인 여사입니다.

스트레스가 심해지면 육체적, 심리적 균형이 무너지고 삶의 현장에까지 영향을 미칩니다. 가정이나 직장, 학교생활이 원활하게 이루어질 리 없습니다. 인간관계는 연이은 갈등을 낳을 것이고, 업무나 학업에서도 성취나 진보는커녕 평소에 잘 하던 것조차 실수할 확률이 높아집니다. 스트레스를 관리하고 해소하는 것은 삶의 행복감을 높이는 중요한 요소입니다.

삶의 행복은 특정한 하나가 충족되었다고 찾아오는 게 아닙니다. 돈은 많지만 건강을 해친 경우 행복하다고 느낄 사람은 없겠죠. 마찬가지로 건강하지만 생존에 위협을 받을 정도로 경제적 토대가 만들어지지 않았다면 행복감을 느끼긴 어렵습니다.

동서고금을 막론하고 행복의 조건에 대한 한 가지 공통점이 있습니다. 행복은 바로 자신의 마음 상태에 달려 있다는 것입니다. 말기 암 환자라고 행복하지 말라는 법이 있는 것이 아니듯, 하루 한 끼만 먹는다고 해서 불행한 사람인 것은 아닙니다. 사람은 누구나 어떤 조건에 있더라도 행복할 수 있고, 행복할 권리가 있죠.

마음이 행복의 가장 중요한 기준이라면 어떤 상태를 유지하는 것이 좋을까요? 타인의 시선에 바쁘게 움직이며 자극에 반응하는 나를 잠시 내려놓고 마음의 소리에 집중하는 시간을 가져보세요. 체질에 맞는 힐링법을 배우면 행복한 마음을 유지할 수 있습니다.

소양인은 낙천적이며 사람과 즐기는 것을 좋아합니다. 먹는 자리에도 빠지지 않죠. 순간적인 행복과 즐거움을 추구하기 때문에 주로 엔도르핀과 도파민이 분비됩니다. 칭찬과 인정을 받을 때

동기가 부여되기 때문에 타인에게 얻는 인기가 중요합니다. 기분의 편차가 심한 체질이지만 일이 마음대로 풀리지 않아도 절망하기보다 쉬운 방법을 찾아서 빨리 해결합니다.

이들에게 스트레스를 일으키는 주요 요소는 사람과의 이별, 임신으로 인한 활동력 감소, 성생활의 단절, 힘에 의한 강압적인 통제, 여가 활동의 부족 등입니다. 스트레스를 많이 받으면 감정적으로 불편한 점을 타인들에게 크게 호소하거나 과소비로 마음의 허전함을 채우려는 경향이 있습니다.

명상이나 요가로 마음을 안정시키는 것이 좋으며 기운이 위로 과하게 상기되는 것을 예방하기 위해서 상체 쪽을 많이 풀어주기를 권합니다. 또 너무 빠르고 급한 생각을 멈추고 쉬기를 바랍니다. 마음을 가라앉히기 위해 식물을 키우거나 물고기를 기르면 도움이 됩니다. 너무 많은 일을 한꺼번에 하는 것보다 계획에 따라 움직이고 지나치게 이상적인 목표는 주의해야 합니다. 결론을 먼저 생각하며 쉽게 도달하려는 생각 또한 자주 점검해봅니다.

선천적으로 약한 장부는 신장, 방광, 생식기인데, 아로마테라피를 적용해보면 로즈메리향이 좋으며 이뇨작용과 피부노화를 방지하는 데 도움이 됩니다. 마사지로 약한 허리와 엉덩이 쪽을 풀어주는 것도 좋습니다.

태양인은 양의 체질로 불과 같고 발산하는 체질이며 공격성이 강한 남성호르몬인 테스토스테론과 사랑의 호르몬인 페닐에틸아민과 많이 연관되어 있습니다. 폐 기능이 강해서 소리도 잘 지르죠. 정신적으로 건강한 상태에서는 소음인의 장점이 나타나지만 자기 뜻대로 되지 않아 스트레스를 많이 받은 상황에서는 타인의 압력에 폭발하는 성향이 있으며 막나가는 모습을 보이기도 합니다.

주요 스트레스 요인은 부상이나 질병으로 인한 활동력 통제, 사업 실패, 경제력 감소, 상사와의 갈등으로 인한 영향력 감소 등을 들 수 있습니다. 이로 인해 나타나는 증상은 분노와 짜증, 상실감으로 인한 무기력증, 피곤함, 감정적인 과민반응 현상, 급한 성격으로 인한 숨 막힘 증상, 어깨와 목 쪽에서 나타나는 극도의 피곤함 등입니다.

성격상 스트레스를 받으면 쌓아두기보다 발산하며 분노로 이어지기 때문에 주위 사람과의 관계에 문제가 생길 확률이 높습니다. 자신의 독단성을 인정하고 분노에서 빠져나오는 연습을 하는 게 좋습니다.

이들에게는 물과 그늘이 있는 낮은 곳이 좋으므로 관련된 장소에서 명상하는 것을 추천합니다. 명상을 하면 안정의 호르몬인 옥시토신이 생성됩니다. 의도적으로 편안한 분위기를 만든 후, 자신의 모습을 되돌아봅니다.

심호흡을 통해 분노와 흥분을 가라앉힙니다. 자신이 지나치게 서두르지는 않았는지, 욕심이 지나쳐 남에게 강요하지는 않았는지 살펴봅니다. 능력을 과대평가하지 말고, 다른 사람의 의견이나 충고를 받아들이도록 합니다.

명상과 호흡을 배우면 마음을 가라앉히고 혈압을 떨어뜨릴 수 있습니다. 결론부터 내리기보다 기다리면서 바라보는 법을 배우는 것이 좋습니다. 머리와 얼굴에 기운이 많이 솟구칠 수 있으니 머리와 얼굴 마사지를 하면 도움이 됩니다. 상기된 기운을 가라앉히는 데 효과가 있는 클래식 음악을 듣는 것도 한 방법입니다. 특히 간이 약한 것을 조심해야 하는데 이러한 증상에 효과적인 티트리 차를 권합니다.

소음인은 매사에 분석적이라 스트레스를 달고 다닙니다. 일을 정확하고 완벽하게 해낼 때 만족감을 느끼지만 바로 이런 점 때문에 힘들어 하죠. 기분이 좋으면 태음인의 장점이 나타나서 모든 것을 용서할 만큼 너그러워지지만 반면 스트레스를 심하게 받으면 태양인처럼 공격적으로 변합니다.

결벽증이 있다는 소리를 들을 만큼 깔끔하기 때문에 한 번 입은 옷은 반드시 세탁하고 깔끔하지 않은 사람이라도 옷을 벗어서 한곳에 차곡차곡 모아둡니다. 항상 같은 곳에서 양말, 셔츠, 속옷 등을 찾아 입습니다.

소음인의 스트레스 요인은 가까운 사람과 이별했을 때 느끼는 상실감, 결혼이나 생활 여건의 변화로 인한 낯섦, 수면장소와 식사시간의 변화 등입니다. 몸과 마음이 예민하고 섬세하기 때문에 사소한 일에도 스트레스를 받습니다.

스트레스가 지속되면 불면증, 불안감, 과다 걱정, 상황을 파국으로 몰고 가는 심리, 신체적인 감기증상, 설사나 위의 통증 증상, 손발이 차갑고 저린 증상 등이 나타날 수 있습니다. 병에 걸릴 경우 진행 속도가 느리지만 회복 또한 느립니다.

대외적으로 활동할 수 있는 운동과 취미생활을 통해 사람과 자주 만나는 것이 좋습니다. 이들에게는 행복과 흥분의 호르몬인 도파민이 필요합니다. 몸을 따뜻하게 해서 혈액순환을 돕고, 온몸을 이완하도록 합니다.

마음과 몸을 이완시켜주는 방법으로 나무가 있고 바람이 있는 곳에서 햇볕을 쬐는 것도 좋습니다. 여의치 않다면 집 안에 화분을 기르는 일도 도움이 됩니다. TV 코미디 프로그램을 보면서 실컷 웃거나 콘서트나 연극을 보러 가는 것도 권합니다. 스스로 자신을 칭찬해주고, 자기표현을 많이 하는 연습도 필요합니다.

소음인의 가장 큰 골칫거리인 불면증과 불안을 해소하기 위한 아로마테라피는 라벤더향이 좋습니다. 조심해야 할 장부는 위장, 심장, 췌장이며 늘 배를 따뜻하게 하고 따뜻한 물과 음식을 섭취하는 습관을 기르도록 합니다. 음식도 한꺼번에 많이 먹기보다 조금씩 자주 먹습니다. 핫팩으로 배를 따뜻하게 해주는 것이 좋으며 배 부분을 가볍게 자주 마사지해줍니다.

태음인은 안정적이고 편안한 일을 선호합니다. 이들 곁에는 항상 사람이 많습니다. 타인과 함께 있을 때 나오는 옥시토신은 태음인과 가장 닮은 호르몬입니다. 마음을 비워서 현 상태를 유지만 해도 만족합니다. 수렴하는 체질이기 때문에 스트레스가 심할 경우 점점 자기 내부에 빠져 끝도 없는 게으름을 피우거나 관계에 어려움을 겪을 수 있습니다.

편한 것을 좋아하므로 빛이 있고 따뜻한 곳이 좋습니다. 그러나 한번 편해지면 끝없이 편해지려는 성향이 있습니다. 당연히 집 안에서는 편한 트레이닝복을 즐겨 입습니다. 타이트한 셔츠보다는 헐렁한 티를 더 즐겨 입고, 집에 들어오면 편안하게 잘 눕습니다. 타인과의 갈등 상황에서도 편안함을 추구하려는 이들은 쉽게 양보함으로써 갈등을 피하려 합니다.

태음인은 자신의 편안한 생활을 계속 유지되지 못하는 상황이 지속될 때 가장 큰 스트레스를 받습니다. 본능적으로 안전을 중요하게 여기기 때문입니다. 주요 스트레스 요소는 의지하던 가족이나 친구의 사망, 건강, 친한 사람과의 이별, 입학과 졸업과 같은 안전을 방해하는 큰 변화, 자신의 오래된 습관에 대한 강제적인 교정 등입니다. 이로 인한 증상은 건망증, 갈등 회피, 집중력 저하, 약물 중독, 과식과 폭식, 지나친 과음 등으로 나타납니다.

이들에게는 가슴을 뛰게 할 사랑의 호르몬인 페닐아틸아민이 필요합니다. 복부와 허리 부분을 중심으로 이완하는 스트레칭을 하거나 따뜻한 물에 몸을 담그는 것도 도움이 됩니다. 자전거를 타면서 공원 산책하기, 땀을 흠뻑 흘리도록 운동을 하면 복잡한 생각을 몰아낼 수 있습니다.

의지적으로 하면 된다는 마음을 다지며 사무실과 집을 깨끗이 정리하는 것도 좋습니다. 최대한 단순하게 생각하며 작고 쉬운 일부터 실천해보세요. 태음인을 위한 아로마테라피는 유칼립투스향을 권합니다. 호흡기 계통의 살균효과와 혈액순환에 도움이 될 것입니다.

대장과 폐장, 기관지 등이 약하므로 대장의 건강을 위해 야채를 데쳐 먹는 것이 좋으며 건강한 폐와 기관지를 위해서 조금 숨이 찰 정도로 운동할 것을 권합니다. 지속적으로 등산이나 계단 오르기 등을 하면 폐 기능이 좋아집니다.

마음을 성장시키는 영화

우리나라 사람들은 영화를 참 많이 봅니다. 다른 사람과 함께 영화를 보면서 관계를 돈독히 하기도 하고 즐거운 시간으로 서로의 감정을 소통합니다. 스트레스를 풀 수도 있고, 다른 사람의 삶을 보고 내 삶을 반성하기도 하고 배우기도 합니다. 영화 속 세상과 사람들을 통해 대리 만족을 하거나 카타르시스를 느끼기도 하죠. 영화 자체를 즐기며 혼자 보는 사람들은 자신의 정서적·지적 활동을 높이는 시간을 보냅니다.

영화 〈라라랜드〉 생각이 납니다. 열정과 꿈을 찾아가는 영화입니다. 현실에 충실해서 살다 보면 어느새 시간이 흐르고 나이가들고 나의 꿈은 잃어버립니다. 중년이라는 시기가 그런 나이겠죠. 하지만 언급한 것처럼 여유를 가지고 돌아보면 인생의 터닝 포인트이자 자신의 잃어버린 꿈을 찾을 수 있는 시기기도 합니다.

"사람들은 다른 사람들의 열정에 끌리게 되어 있어. 자신이 잊은 걸 상기시켜주니까."

영화 주인공이 꿈을 잃어버리고 현실에 묻혀 살아가는 상대에게 하는 말입니다. 꿈과 열정을 잃었다면 다시 찾아보는 건 어떨까요. 한 편의 영화는 나를 성장시켜 주는 하나의 도구가 될 수 있습니다.

소양인의 마음을 성장시키는 영화는 소음인 성향의 영화입니다. 소양인은 즐거운 삶에 치우쳐 있기 때문에 인생의 본질에 가깝게 접근할 수 없다는 맹점이 있습니다.

그것을 바라보게 하는 것이 소음인의 성향이 강한 영화입니다. 강한 인상을 남겼던 〈올드보이〉나 〈도가니〉, 〈내부자들〉 등의 영화들은 인간의 고뇌와 아픔, 복수, 괴로움 등을 주제로 다룹니다. 어떻게 보면 감상하는 내내 불편한 감정이 들 수도 있습니다. 하지만 그런 과정을 겪으면서 깊이 생각하게 되죠. 영화를 통해 인생을 진지하고 깊이 있게 통찰하게 된다면 삶에 대한 방향 전환이 어느 정도 가능할 것입니다.

태양인의 마음을 성장시키는 영화는 태음인 성향의 영화입니다. 평소 태양인이 즐길 법한 영화와는 정반대인 영화이죠. 〈건축학개론〉은 간직하고픈 첫사랑을, 〈나니아 연대기〉는 초월적 세계관을 담고 있습니다.

소음인의 마음을 성장시키는 영화는 소양인 성향의 영화입니다. 〈과속스캔들〉, 〈전우치〉, 〈어벤져스〉 등의 영화는 인생의 쾌락, 즐거움, 육체적인 행복, 놀이 등을 다루는 영화이죠. 이런 즐겁고 유쾌한 영화를 보면서 매사 무겁게 바라보는 습관을 버리고 인생의 고통과 아픔에서 잠시 벗어날 지도 모릅니다.

단순한 쾌락을 누림으로써 행복을 찾을 수도 있습니다. 인생에 대한 지나치게 심각한 태도에서 벗어나 가벼운 행복을 맛보기를 권합니다. 실컷 웃고 나면 이렇게 살아도 좋다는 생각이 들 겁니다.

소음인에게 추천하는 영화

베테랑 | 도둑들 | 전우치 | 타짜 | 괴물 | 가문의 영광 | 해적 | 투사부일체 | 과속스캔들 | 써니 | 어벤져스 | 맨 인 블랙 | 007시리즈 | 인디아나 존스 | 라이온 킹 | 쥬라기 공원 | 몬스터 대학 | 쿵푸 팬더

태음인 성향의 영화들은 삶의 고통을 초월하는 형태로 유머와 해학을 즐기며 타인을 돌보고 관심을 주는 주제를 다루죠. 태양인이 지닌 경쟁과 결과에 집착하는 삶을 넘어 사랑과 봉사, 인류애를 지향하는 삶의 통찰을 얻을 수 있습니다. 영화의 주된 내용은 전투, 폭력, 승리, 인간의 공격성 등에 대한 것입니다. 〈명량〉, 〈실미도〉, 〈헝거 게임〉과 같은 영화입니다. 갈등이 생길 때마다 회피하고자 하는 태음인의 태도에는 이런 영화가 도움이 되기도 합니다.

태음인에게 추천하는 영화

명량 | 태극기 휘날리며 | 신세계 | 해운대 | 실미도 | 연평해전 | 아저씨 | 최종병기 활 | 말죽거리 잔혹사 | 역린 | 분노의 질주 | 헝거 게임 | 혹성 탈출 | 미션 임파서블